Objektorientierter Softwareentwurf

Springer
Berlin
Heidelberg
New York
Barcelona
Hongkong
London
Mailand
Paris
Singapur
Tokio

Ruth Breu

Objektorientierter Softwareentwurf

Integration mit UML

Mit 156 Abbildungen

Springer

Dr. Ruth Breu

Institut für Informatik
Technische Universität München
80290 München

Ruth.Breu@in.tum.de

ACM Computing Classification (1998):
D.2.1–2, D.2.9, D.3.2, F.3.3, K.6.3

Die Deutsche Bibliothek – CIP-Einheitsaufnahme
Breu, Ruth: Objektorientierter Softwareentwurf: Integration mit UML/Ruth Breu.
Berlin; Heidelberg; New York; Barcelona; Hongkong; London; Mailand; Paris;
Singapur; Tokio: Springer, 2001
ISBN 3-540-41286-7

ISBN 3-540-41286-7 Springer-Verlag Berlin Heidelberg New York

Springer-Verlag Berlin Heidelberg New York,
ein Unternehmen der BertelsmannSpringer Science+Business Media GmbH
http://www.springer.de

© Springer-Verlag Berlin Heidelberg 2001
Printed in Italy

Umschlaggestaltung: KünkelLopka Werbeagentur, Heidelberg
Satz: Belichtungsfertige Daten von der Autorin
Gedruckt auf säurefreiem Papier   SPIN: 10770665   45/3142 GF – 5 4 3 2 1 0

Vorwort

Dieses Buch ist für Leserinnen und Leser geschrieben, die eine kompakte, tiefgehende Einführung in die Konzepte und Techniken und die Methodik objektorientierten Modellierens mit der Unified Modeling Language (UML) suchen. Im
Vordergrund steht dabei nicht die ganze Bandbreite an Notationen der UML.
Vielmehr wird ein Gerüst von Kernkonzepten aufgebaut, anhand dessen die
grundlegende Bedeutung und die methodische Verwendung unterschiedlicher
Diagrammtypen diskutiert wird.

Die behandelten Aspekte umfassen die Grundsicht von Objekten in einer verteilten Umgebung, die Grundkonzepte von Klassen-, Sequenz- und Zustandsdiagrammen, die Prinzipien des Entwurfs mit Anwendungsfällen (engl. *use cases*),
die Verwendung und Bedeutung von Invarianten und Aggregation in Klassendiagrammen, der Zusammenhang von Nachrichten- und Operationskonzept, das
Zusammenspiel von Sequenz- und Zustandsdiagrammen im Entwurf und die
Verwendung von Generalisierungs- und Vererbungsbeziehungen. Die vorgestellten Techniken werden durch ein formales Modell fundiert.

Dieses Buch ist hervorgegangen aus jahrelanger Tätigkeit auf dem Gebiet
graphischer Beschreibungstechniken und objektorientierter Konzepte. Dabei sind
sowohl Erfahrungen aus der Anwendung als auch aus der formalen Beschreibung
der Methoden mit eingeflossen. Mit dem Buch verbinde ich das Ziel, objektorientierte Entwurfsmethoden einem präzisen Verständnis zuzuführen, sie als fundierte
Disziplin innerhalb der Informatik zu etablieren und ihren Einsatz in der Praxis
voranzutreiben.

An dieser Stelle möchte ich mich auch bei allen bedanken, die mich in den
letzten Jahren unterstützt und mir so das Gelingen meiner Habilitation und das
Entstehen dieses Buches ermöglicht haben.

Mein erster Dank gilt Prof. Dr. Manfred Broy für seine langjährige Unterstützung und Betreuung. Danken möchte ich auch meinen Kollegen in der
Forschungsgruppe von Prof. Broy für die gemeinsame Arbeit. Besonders erwäh-
nen möchte ich dabei Wolfgang Schwerin, Dr. Ingolf Krüger, Franz Huber und
Dr. Bernhard Rumpe. Für das Korrekturlesen des Manuskripts bedanke ich mich
bei Michael Gnatz.

Ein herzliches Dankeschön geht auch an die Mitglieder des Münchner Arbeits-
kreises für objektorientierte Analyse. Viele Ideen aus den Arbeitskreistreffen sind
in dieses Buch eingeflossen. Besonders danken möchte ich Günther Müller-
Luschnat, Prof. Dr. Wolfgang Hesse, Thomas Matzner, Thomas Naefe, Bernd
Sevenich und Ulrike Gröttrup.

Für seine Unterstützung möchte ich außerdem ganz besonders Prof. Dr. Rudolf Haggenmüller danken. Auch dem Springer-Verlag danke ich herzlich, vor allem Herrn Dr. Hans Wössner für seine hilfreiche Betreuung.

Nicht zuletzt soll ein Dankeschön auch an meine Familie gehen: an Michael für sein Verständnis und seine Hilfe in allen Lagen, an meine Eltern für ihre große Unterstützung und Ermutigung und an Korbinian und Magdalena, dass sie da sind.

München, im Januar 2001   Ruth Breu

Inhaltsverzeichnis

Einführung und Übersicht

Objektorientierte Analyse- und Entwurfsmethoden – viel wurde in den letzten Jahren zu diesem Thema publiziert, viele Notationen wurden definiert, viele Werkzeuge sind bereits auf dem Markt oder in der Entwicklung befindlich. Die Standardisierung der Beschreibungstechniken durch die Unified Modeling Language (UML) wirkte dabei zusätzlich als Katalysator. Dieser hohe Grad an öffentlicher Aufmerksamkeit hat vielerlei Gründe.

Zum einen haben sich objektorientierte Programmiersprachen inzwischen nachhaltig in der Software-Industrie etabliert. Sprachen wie Java und Plattformen wie CORBA sind grundsätzlich dazu geeignet, einerseits die Herausforderungen zu bewältigen, die moderne vernetzte Systeme, Internetanwendungen und komplexe Benutzerinteraktion an eine Programmierumgebung stellen, und andererseits Ziele wie die Wiederverwendung und Modifizierbarkeit, aber auch die Robustheit und Effizienz von Software zu realisieren.

Objektorientierte Programmiersprachen brauchen objektorientierte Systementwicklungsmethoden. Anfängliche Versuche, die schon etablierten Methoden von strukturierter Analyse und Design beim Entwurf objektorientierter Software einzusetzen, schlugen fehl, hauptsächlich aufgrund ihrer grundsätzlich unterschiedlichen Art, Systeme zu strukturieren. Objektorientierte Entwurfsmethoden hingegen verfolgen den Anspruch, durchgängiges Entwickeln zu unterstützen, von den ersten Phasen des Entwurfs bis zur Implementierung.

Zudem hat sich in den letzten Jahren die Bereitschaft an sich gesteigert, Methoden und Werkzeuge in den frühen Phasen des Entwurfs einzusetzen. Diese Bereitschaft hat ihren Grund in der zunehmenden Komplexität der zu entwickelnden Systeme, der Arbeit in (oft auch räumlich getrennten) Teams und auch in der Notwendigkeit, mit dem Kunden über die Anforderungen und Eigenschaften des Systems in geeigneter Weise zu kommunizieren. Ohne standardisierte Notationen, Methoden und Werkzeugunterstützung sind heutige Entwurfsprozesse nicht mehr handhabbar und Entwurfsfehler, die hohe Kosten nach sich ziehen, die Folge.

Können objektorientierte Methoden die in sie gesetzten Erwartungen und Anforderungen erfüllen? Diese Frage kann im Grundsatz bejaht werden: Die Notationen und Basistechniken, wie sie z.B. die UML unterstützt, sind nicht neu. Es sind text- und graphikorientierte Techniken, die aus der Praxis kommen, in verschiedenen Anwendungsgebieten seit Jahren erfolgreich im Einsatz sind und von den Entwicklern akzeptiert werden.

Zu diesen Techniken gehören Klassendiagramme, die in ihrer Grundform, den Entity/Relationship-Diagrammen, schon fast zwanzig Jahre beim Datenbankentwurf eingesetzt werden, sowie Sequenzdiagramme und Zustandsdiagramme, die im Telekommunikationsbereich und anderen technischen Systemen ebenfalls seit Jahren erfolgreich angewendet werden. Diese breite Akzeptanz ihrer Beschreibungstechniken ist sicherlich eine gute Voraussetzung für den Einsatz objektorientierter Methoden in der Praxis.

Auf methodischem Gebiet sind in den letzten Jahren ebenfalls wichtige Fortschritte erzielt worden. Nach der Erkenntnis, dass das bloße Bereitstellen von Beschreibungstechniken für die Modellierung großer Systeme in der Praxis nicht ausreichend ist, wurden große Rahmenwerke zur methodischen Unterstützung der Entwickler geschaffen. Beispiele hierfür sind die Methodik der Anwendungsfälle (engl. *use cases*) [Jac 92] und Prozessmodelle wie der Unified Software Development Process [JBR 99] und Catalysis [DW 99].

Trotz ihrer rasanten Entwicklung, oder gerade deswegen, sind objektorientierte Modellierungsmethoden heute noch weit davon entfernt, eine fundierte Disziplin zu bilden. Grundsätzliche Fragen, die etwa die Grundsicht von Objekten, die exakte Bedeutung der Beschreibungstechniken im objektorientierten Kontext oder das Zusammenspiel unterschiedlicher Beschreibungstechniken betreffen, werden in den meisten Methoden vernachlässigt oder nur am Rande behandelt.

Diese Lücke möchte dieses Buch ein Stück weit schließen. Dahinter steht die Überzeugung, dass ein grundlegendes Verständnis objektorientierter Methoden Voraussetzung für weitere Entwicklungen, etwa im Werkzeugbereich, und für die breite Nutzung dieser Methoden in der Praxis ist.

Im Zentrum stehen die Beschreibungstechniken der UML und die Prinzipien anwendungsfallorientierten Entwurfs. Genauer konzentriert sich dieses Buch auf eine Auswahl von Kernkonzepten der UML. Zur Vermeidung von Missverständnissen wird diese Kernsprache und die damit verbundene Methodik im weiteren als MOS (Methodik zur Objektspezifikation) bezeichnet. Alle in den weiteren Kapiteln getroffenen Aussagen sind aber für die UML als Ganzes gültig.

Angesprochen werden sollen mit diesem Buch Studierende und Anwender der UML, die eine fundierte Einführung in die Konzepte, Techniken und die Methodik objektorientierter Modellierung suchen. Auf die Vielzahl von Notationen und Diagrammtypen der UML wird nicht oder nur am Rande eingegangen. Hierzu sei auf Einführungen in die UML, wie z.B. [Fow 98, BRJ 99, HK 99] verwiesen. Die Grundkenntnis objektorientierter Konzepte (etwa einer objektorientierten Programmiersprache) ist für die Lektüre des Buches von Vorteil.

Ausgehend von den Beschreibungstechniken wird ein integrierter Rahmen für die Analyse und den Entwurf verteilter Informationssysteme vorgestellt. Das Attribut *integriert* ist mit Bedacht gewählt. Integration ist ein Hauptanliegen und wird auf mehreren Ebenen betrieben.

Zum einen wird eine tiefgehende Integration der UML-Beschreibungstechniken mit objektorientierten Prinzipien vorgenommen. Gerade die unterschiedliche Herkunft der Notationen macht dies notwendig, und die in anderen Ansätzen vorgenommene ad-hoc Anpassung an objektorientierte Konzepte lässt viele Fragen offen. Diese Fragen betreffen die Bedeutung einzelner Konstrukte, aber auch die Einordnung der Beschreibungstechniken in den Kontext des Entwurfsprozesses.

MOS definiert dabei die Elemente der Beschreibungstechniken an einigen Stellen präziser als die UML. Während die UML auf eine möglichst große Unabhängigkeit von Programmiersprachen zielt und dabei an einigen Stellen bewusst auf vollständige Sprachdefinition verzichtet, wird mit MOS der Anspruch verfolgt, ein präzises und vollständiges Verständnis einer objektorientierten

Modellierungssprache zu erlangen. Die Stellen, an denen MOS von der UML abweicht, sind markiert.

Eine Voraussetzung für die Interpretation der Beschreibungstechniken ist das Vorhandensein einer präzisen Grundsicht von Objekten. Anders als in einer Programmiersprache, in der das Verhalten von Objekten sich dem Benutzer durch die Programmausführung erschließt, bedarf eine Modellierungssprache der Festlegung von grundlegenden Eigenschaften von Objekten und Systemen. Zu diesen Eigenschaften zählt die statische Struktur von Objekten, vor allem aber Aspekte der Dynamik, wie z.B. die Art des Nachrichtenaustausches zwischen Objekten und die Verteiltheit von Abläufen. Auf die Grundsicht von Objekten und Systemen wird in diesem Buch detailliert eingegangen. Begleitet werden die Ausführungen durch ein formales Modell, das eine ganzheitliche Sicht eines Systems als Menge interagierender Objekte bietet.

Ein weiterer Aspekt der Integration ist im methodischen Bereich angesiedelt. Vorgestellt wird ein methodisches Vorgehen, das durch die Spezifikation von Anwendungsfällen bestimmt ist und sich im wesentlichen aus Jacobsons Methodik ableitet [Jac 92, JBR 99]. Mehr noch als dessen Ansatz orientieren sich die in diesem Buch formulierten Grundsätze und methodischen Regeln aber an den Beschreibungstechniken. Damit wird eine weitgehende Integration von Methodik und Beschreibungstechniken angestrebt. So wird etwa detailliert das Zusammenspiel von Sequenz- und Zustandsdiagrammen beim Entwurf besprochen oder der Einsatz verschiedener Techniken zur Spezifikation von Operationen.

Im Gegensatz zu anderen Methoden, die oft anwendungsunabhängig sind, konzentriert sich dieses Buch auf den Entwurf verteilter Informationssysteme. Diese Entscheidung ist in der Überzeugung begründet, dass anwendungsunabhängige Methoden so komplex, aber auch so unspezifisch sind, dass sie in konkreten Anwendungen wenig Aussagekraft besitzen. Aufgabestellungen, die beim Entwurf verteilter Informationssysteme verstärkt auftreten und deshalb in der vorgestellten Methodik besondere Berücksichtigung finden, sind die Beschreibung objektübergreifender Abläufe und die Modellierung verteilter Strukturen. Da verteilte Anwendungen in der Zukunft die Regel sein werden, kommt gerade zweiterem Punkt große Bedeutung zu.

Als letztem Integrationsaspekt sei die Integration von pragmatischen, graphikorientierten Methoden und formalen Methoden angeführt, die mit diesem Buch ein Stück weit vorangetrieben werden soll. Mit der Verwendung prädikativer Beschreibungselemente, wie z.B. Invarianten oder Vor- und Nachbedingungen, geht die UML bereits einen Schritt weiter als die meisten ihrer Vorgängermethoden. Ziel dieses Buches ist es hierbei, Erfahrungen und Techniken auf dem Gebiet formaler Methoden Anwendern der UML zugänglich zu machen. So wird detailliert auf die Bedeutung und den Nutzen von Invarianten und Vor- und Nachbedingungen beim Entwurf verteilter Systeme eingegangen. Zudem wird mit dem begleitenden formalen Modell ein Rahmen geschaffen, in dem das Zusammenspiel unterschiedlicher Beschreibungstechniken systematisch untersucht werden kann und einer Systemspezifikation präzise Konsistenz- und Redundanzeigenschaften zugeordnet werden können.

Zusammenfassend werden in diesem Buch Konzepte und Techniken des objektorientierten Entwurfs mit der UML in einem homogenen Ansatz vereint, formal fundiert und ihr Einsatz beim Entwurf verteilter Informationssysteme methodisch unterstützt. Damit soll ein Beitrag dazu geleistet werden, objektorientierte Methoden grundlegend zu begreifen und sie für die Praxis nutzbar zu machen.

Übersicht

Die drei Schwerpunkte des Buches sind

– die Beschreibungstechniken objektorientierten Entwurfs
– die Methodik anwendungsfallorientierten Entwurfs
– die Grundsicht von Objekten und Systemen.

Diese Schwerpunktthemen führen den Leser durch das Buch und werden in den einzelnen Kapiteln in unterschiedlicher Tiefe behandelt.

Kapitel 1 führt in den Bereich der Softwareentwicklungsmethoden ein und stellt die Grundkonzepte und Grundannahmen vor, auf denen die weiteren Kapitel aufbauen. Die einzelnen Themen sind

– der Begriff der Softwareentwicklungsmethode (1.1)
– Informationssysteme und ihre Eigenschaften (1.2)
– Pragmatische und formale Methoden (1.3).

Kapitel 2 stellt die Beschreibungstechniken der in diesem Buch verwendeten Sprache MOS vor. MOS enthält drei Diagrammtypen:

– *Klassendiagramme* zur Beschreibung der Systemstruktur
– *Sequenzdiagramme* und *Zustandsdiagramme* zur Beschreibung dynamischen Objektverhaltens.

Klassendiagramme und Zustandsdiagramme stützen sich zudem ab auf die

– prädikative Sprache P-MOS.

Wie bereits oben erwähnt, lehnt sich MOS eng an den Notationen der UML, Version 1.3 [UML1.3], an. Die prädikative Sprache P-MOS besteht, ähnlich wie MOS, aus einer mächtigen Menge von Kernkonzepten zur Beschreibung von Objekteigenschaften. Auf Beziehungen von P-MOS zur UML-eigenen Sprache OCL (Object Constraint Language) wird am Ende des Kapitels eingegangen.

Kapitel 3 behandelt die Methodik des anwendungsfallorientierten Entwurfs anhand der Fallstudie einer elektronischen Bibliothek. Dabei diskutierte Aspekte sind

– die Vorgehensschritte des anwendungsfallorientierten Entwurfs und die Umsetzung des Anwendungsfallkonzepts auf der Ebene der Beschreibungstechniken
– die Strukturierung von Systemen im Großen
– die Einordnung des anwendungsfallorientierten Entwurfs in den gesamten Entwurfsprozess.

Kapitel 4 stellt die Gesamtsicht von Systemen vor, die dem Entwurf mit MOS zugrunde liegt. Als spezifische Aspekte werden behandelt

– der Entwurfsprozess als Ganzes mit der Modellierung von Teilsichten auf unterschiedlichem Abstraktionsniveau
– die statische Struktur von Systemen und Objekten
– Nachrichten- und Operationskonzept
– die dynamische Existenz von Objekten
– die Sicht von Verteiltheit.

Begleitet werden die Ausführungen durch ein formales Modell, in dem die statischen und dynamischen Eigenschaften von Objekten festgelegt sind.

Kapitel 5 befasst sich in vertiefter Weise mit den Klassendiagrammen. Themen, die dabei besprochen werden, sind

– die Verwendung gerichteter und ungerichteter Assoziationen im Entwurfs-prozess
– die Spezifikation von Invarianten
– Bedeutung und Verwendung von Aggregationsbeziehungen.

Kapitel 6 behandelt spezifische Aspekte der Beschreibungstechniken der Dynamik. In einzelnen Abschnitten wird die Interpretation und der Einsatz von Sequenz- und Zustandsdiagrammen in fundierter Weise besprochen und Querbe-ziehungen aufgezeigt. Ein weiterer Abschnitt beschäftigt sich mit dem Operati-onskonzept und der Spezifikation von Operationen.

Kapitel 7 ist dem Begriff der Generalisierung gewidmet. Methodische Aspekte der Verwendung von Generalisierungsbeziehungen, sowie die Wechselwirkung zwischen Generalisierungsbeziehungen und Verhaltensspezifikation werden detailliert besprochen.

1 Grundlegende Konzepte

Dieses Kapitel stellt die Grundkonzepte und die Grundannahmen vor, die diesem Buch zugrunde liegen. Behandelte Themen sind der Begriff der Softwareentwicklungsmethode im allgemeinen, Informationssysteme und ihre spezifischen Eigenschaften, und die möglichen Rollen von Formalität im Zusammenhang mit pragmatischen Methoden:

      1.1 Softwareentwicklungsmethoden
      1.2 Informationssysteme
      1.3 Pragmatische und formale Methoden

1.1 Softwareentwicklungsmethoden

Softwareentwicklungsmethoden haben den Anspruch, den Softwarezyklus in allen Phasen zu unterstützen, beginnend mit der Anforderungsanalyse bis zur Implementierung, aber auch während des Testens, der Wartung und der Modifikation. Ziel dabei ist, das zu entwickelnde System in jedem Stand der Entwicklung adäquat zu beschreiben.

Die Beschreibungen der Systemeigenschaften werden von den Entwicklern, d.h. Projektmanagern, Programmierern und Fachspezialisten, erstellt. Diese Beschreibungen werden im folgenden mit dem Begriff der *(System-)Spezifikation* bezeichnet. Systemspezifikationen sind unterschiedlichen Abstraktionsebenen zugeordnet und in unterschiedlichen Notationen aufgeschrieben. So sind Pflichtenhefte genauso Spezifikationen eines Systems wie Implementierungen oder Dokumentationen. Die Spezifikationen sind bisweilen sehr komplex und bestehen aus Teilspezifikationen. Jedes Diagramm, jedes Textstück ist eine solche Teilspezifikation und die Menge aller Teilspezifikationen bildet die gesamte Systemspezifikation.

Abhängig vom Stand der Entwicklung müssen die Spezifikationen unterschiedlichen Anforderungen genügen: Spezifikationen der Anforderungsanalyse sollen für die Kommunikation mit dem Kunden geeignet sein, während Implementierungen die üblichen Kriterien wie Lauffähigkeit, Fehlerfreiheit und Effizienz erfüllen müssen.

Software zu entwickeln (und sie zu warten, zu modifizieren usw.) heißt dann also, eine Reihe von Spezifikationen zu erstellen. Software *durchgängig* zu entwickeln heißt, dass diese Spezifikationen sukzessive aufeinander aufbauen und in wohldefinierter Beziehung zueinander stehen.

Synonym mit dem so charakterisierten Begriff der Spezifikation wird in vielen Softwareentwicklungsmethoden der Begriff des *Modells* verwendet, um den Aspekt der Abstraktheit zu betonen. Auch wenn Abstraktion in den frühen Phasen des Entwurfs eine große Rolle spielt, darf die Art der Aufschreibung eines Modells, also die Syntax, nicht gänzlich vernachlässigt werden. Diese Gleichsetzung von Syntax und Semantik, die in vielen Entwurfsmethoden betrieben wird, ist Quelle vieler Missverständnisse und Fehlinterpretationen.

Dieses Buch trennt deshalb die Begriffe der Spezifikation und des Modells und verwendet den Modellbegriff nur, wenn es um die abstrakten, d.h. semantischen Eigenschaften eines Systems geht. Eine Spezifikation steht auf einem Stück Papier oder auf dem Bildschirm, während ein Modell eine abstrakte Sichtweise eines Systems darstellt und zur Semantikbildung von Spezifikationen herangezogen wird. Für eine weitere Diskussion dieser Begriffstrennung sei auf 1.3 und Kapitel 4 verwiesen.

Für das grundlegende Verständnis von Softwareentwicklungsmethoden sind drei Bereiche von zentraler Bedeutung:

- die zugrundeliegende Systemsicht
- die Notationen
- das methodische Vorgehen

Die folgenden Unterabschnitte geben einen kurzen Abriss über die Konzepte, die in diesen Bereichen von Bedeutung sind und nehmen eine Einordnung bekannter Softwareentwicklungsmethoden hinsichtlich dieser Konzepte vor.

1.1.1 Funktionsorientierte und objektorientierte Systemsicht

Heutige Softwareentwicklungsmethoden können in funktionsorientierte und objektorientierte Methoden unterschieden werden. Während die Notationen und Techniken, die diese Methoden verwenden, oft ähnlich sind, haben sie doch eine grundverschiedene Systemsicht als Ausgangspunkt. Funktionsorientierte Methoden trennen zwischen Funktionen und Daten, während objektorientierte Methoden mit dem Begriff des Objekts Funktionen und Daten integrieren.

1.1.1.1   Die funktionsorientierte Systemsicht

Der Systemsicht funktionsorientierter Methoden liegt die klassische Trennung zwischen (globalem) Systemverhalten und (globalen) Systemdaten zugrunde. Die grundlegende Strukturierungseinheit für die Beschreibung des Systemverhaltens ist die *Funktion*. Auf dieser Basis wird der Entwicklungsprozess vor allem gesteuert durch die Identifikation von Funktionen und deren schrittweiser Verfeinerung. Die Funktionen greifen dabei auf die globalen Systemdaten zu und können diese ändern. Abb. 1-1 skizziert die grundlegende Systemsicht funktionsorientierter Methoden.

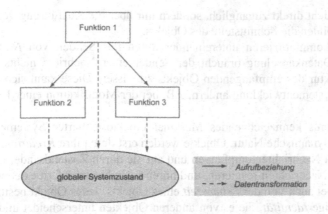

Abb. 1-1 Die Systemsicht funktionsorientierter Methoden

Beispiele für funktionsorientierte Methoden sind die Methoden strukturierter Analyse und Designs, wie z.B. SA/SD [You 89], SADT [MM 89] oder SSADM [DCC 92]. Diese Methoden wurden schon seit Ende der 70er Jahre entwickelt. Sie sind heute ausgereift, mit detaillierten Vorgehensmodellen verbunden und zum Teil standardisiert (wie die Sprache SSADM, die ein Standard der britischen Regierung ist und deren Verwendung z.B. bei behördlichen Projekten empfohlen ist).

1.1.1.2 Die objektorientierte Systemsicht

Warum sich funktionsorientierte Methoden letztendlich in der Praxis nicht durchgesetzt haben und sich in Zukunft auch nicht durchsetzen werden, liegt wohl vor allem am Siegeszug des objektorientierten Paradigmas seit Anfang der 80er Jahre. Inzwischen ist unbestritten, dass die objektorientierte Systemsicht Ziele wie

– Erweiterbarkeit,
– Wiederverwendbarkeit und
– Wartbarkeit

weit besser unterstützt als die funktionsorientierte Systemsicht. Dies gilt auf programmiersprachlicher Ebene, auf der Sprachen wie C++ und Java immer mehr Marktanteile erobern, in gleichem Maße aber auch für die Softwareentwicklungsmethoden.

Die wohl wichtigsten Grundideen objektorientierten Vorgehens sind die Konzepte   .

– der Datenkapselung,
– der Vererbung und
– der dynamischen Existenz von Objekten.

Atomare Strukturierungseinheiten eines objektorientierten Systems sind die *Objekte*. Jedes Objekt hat einen internen Datenzustand, der durch die Ausprägung seiner *Attribute* bestimmt ist. Dieser interne Datenzustand ist gekapselt, d.h. er ist von außen nicht direkt zugänglich, sondern nur über die Ausführung von *Operationen*. Sie bilden die Schnittstelle des Objekts.

Objekte kommunizieren untereinander durch das Senden von *Nachrichten*. Durch die Datenkapselung braucht der Sender einer Nachricht nichts über die interne Struktur des empfangenden Objekts zu wissen. Diese kann sich sogar im Laufe der Systementwicklung ändern, z.B. bei der Modifikation einer Implementierung.

Ein weiteres kennzeichnendes Merkmal objektorientierter Systeme ist ihre hochgradig dynamische Natur. Objekte werden erst durch ihre *Kreierung* existent, können dann Nachrichten empfangen und auf sie durch Zustandsänderungen und Senden von Nachrichten reagieren, und hören irgendwann auf zu existieren. Man spricht hierbei auch von der *Lebenszeit* eines Objekts. Jedes Objekt besitzt zudem eine eindeutige *Identität*, die es von anderen Objekten unterscheidet und die sich während seiner Lebenszeit nicht ändert.

Objekte werden in den meisten Ansätzen in *Klassen* gruppiert. Klassen verkörpern das Typkonzept und beschreiben Mengen von Objekten mit ähnlicher innerer Struktur, Schnittstelle und Verhalten. Eine weitere Gruppierung ähnlicher Objekte wird mit dem Konzept der *Vererbung* unterstützt. Vererbung ist mit einem statischen und einem dynamischen Aspekt verknüpft. Der statische Aspekt betrifft die Beziehung der Eigenschaften von vererbenden und erbenden Klassen (im folgenden sprechen wir von *Superklassen* bzw. *Subklassen*). Der dynamische Aspekt regelt die Verwendung von Objekten von Super- und Subklassen zur Laufzeit.

Abb. 1-2 skizziert zusammenfassend die Sichtweise eines objektorientierten Systems. Dargestellt werden Objekte mit ihrer Identität (*#1, #2, #3*), ihrer Schnittstelle und ihrem internen Datenzustand. Die Pfeile dokumentieren die Kommunikation zwischen Objekten (durchgezogene Pfeile) und den Datenzugriff (gestrichelte Pfeile).

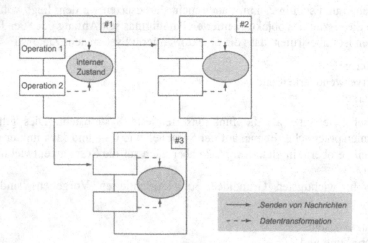

Abb. 1-2 Die Systemsicht objektorientierter Methoden

Die Zahl der vor allem in den 90er Jahren entwickelten objektorientierten Softwareentwicklungsmethoden geht in die Dutzende. Als die wohl bekanntesten und wichtigsten Ansätze seien die Methode von Coad und Yourdon [CY 91a, 91b], OMT von Rumbaugh et al. [RBP+ 91], die Methoden von Booch [Boo 91], Shlaer und Mellor [SM 88, 92] und Jacobson [Jac 92], und die Methode Fusion von Coleman et al. [CAB+ 94] genannt.

Mit der Entwicklung der Unified Modeling Language (UML) [UML1.3] und ihrer Standardisierung durch die OMG wurde ein großer Schritt zur Vereinheitlichung der Notationen unternommen. Methodische Rahmenwerke, die auf Basis der UML definiert wurden, sind z.B. der Unified Software Development Process [JBR 99] und Catalysis [DW 99].

Alle diese Methoden stützen sich auf die oben skizzierte objektorientierte Systemsicht ab (mit Ausnahme des Vererbungskonzepts, das nicht in allen Ansätzen unterstützt wird). Innerhalb dieser Systemsicht gibt es aber viele unterschiedliche Varianten.

Diese Unterschiede betreffen vor allem das dynamische Verhalten der Objekte. So kann die Systemsicht sequentiell oder parallel sein, was bedeutet, dass zu jedem Zeitpunkt genau ein oder beliebig viele Objekte aktiv sein können. Weitere Unterschiede können hinsichtlich der Art des Nachrichtenaustausches, der dynamischen Existenz von Objekten oder des Operationskonzepts auftreten.

Dabei ist zu beobachten, dass sich nicht nur die einzelnen Methoden hinsichtlich dieser Kriterien unterscheiden, sondern dass die Systemsicht in den meisten Methoden selbst verschwommen bleibt. Diese Unklarheit der unterliegenden Systemsicht setzt sich dann meist in der Unklarheit der Beschreibungstechniken fort.

Mit der Fundierung der objektorientierten Systemsicht im vorliegenden Buch wird diese Schwäche objektorientierter Methoden behoben und eine Grundlage für die präzise Interpretation der Beschreibungstechniken geschaffen.

1.1.2 Die Beschreibungstechniken

Die Notationen und Techniken, die die Softwareentwicklungsmethoden unterstützen, sind vor allem text- und graphikorientiert und haben sich aus der Praxis des Softwareentwurfs heraus entwickelt. Oft wird deshalb auch von *pragmatischen* Methoden gesprochen. Ziel ist dabei immer, die Kreativität des Entwicklers in geeigneter Weise zu unterstützen.

1.1.2.1 *Graphische Beschreibungstechniken*

Bei den graphikorientierten Spezifikationen hat sich in den letzten Jahren eine Handvoll Techniken etabliert. Diese Techniken sind in vielen Softwareentwicklungsmethoden zu finden, werden zum Teil aber unterschiedlich interpretiert, abhängig von der jeweils zugrundeliegenden Systemsicht. Eine Auflistung der wichtigsten graphischen Beschreibungstechniken soll einen kurzen Überblick geben.

Entity-/Relationship- und Klassendiagramme. Entity-/Relationshipdiagramme (E/R-Diagramme) wurden ursprünglich für die Entwicklung von Datenbankschemata entworfen [Chen 76]. Sie haben sich aber als sehr nützlich für die Darstellung der statischen Struktur von Daten allgemein erwiesen und werden heute in fast allen Softwareentwicklungsmethoden unterstützt.

Objektorientierte Methoden erweitern E/R-Diagramme um objektorientierte Konzepte wie Vererbung und Aggregation und nennen diese erweiterten Diagramme im allgemeinen *Klassendiagramme*. Sie werden in allen bekannten objektorientierten Methoden und auch in der UML zur Darstellung der statischen Struktur von Systemen benützt.

Datenflussdiagramme. Datenflussdiagramme (DFDs) bilden ab, welche Aktivitäten oder Prozesse in einem System ablaufen und welche Ein- und Ausgabedaten zwischen diesen Prozessen fließen. DFDs wurden ursprünglich von DeMarco entwickelt [DeM 79] und wurden später um verschiedene Konzepte erweitert, z.B. um Ereignisse [You 89] oder um Konzepte des Kontrollflusses [War 86].

Datenflussdiagramme sind heute die am weitesten verbreitete Technik in der Geschäftsprozessmodellierung und im Requirements Engineering. Da ihre Grundsicht vor allem funktionsorientiert ist, sind DFDs in objektorientierten Methoden weniger zu finden.

Sequenzdiagramme. Sequenzdiagramme bilden Folgen von Interaktionen zwischen Komponenten eines Systems ab. Sie wurden für technische Anwendungen entwickelt, im speziellen für die Spezifikation von Protokollen im Telekommunikationsbereich. Dort sind sie heute etabliert und mit der Sprache MSC '96 (MSC steht für Message Sequence Charts) durch die ITU-Organisation standardisiert [ITU 96].

In den letzten Jahren halten Sequenzdiagramme auch immer mehr Einzug in objektorientierte Methoden. Sie werden dort benutzt, um exemplarische Abläufe (Szenarien) zu beschreiben. Szenarien werden vor allem im Zusammenhang mit der Methodik der Anwendungsfälle und für die Beschreibung von Entwurfsmustern [BMR+ 96] eingesetzt.

Zustandsdiagramme. Genauso wie Sequenzdiagramme stammen Zustandsdiagramme aus technischen Anwendungen und werden dort vor allem für die Spezifikation verteilter Systeme eingesetzt. Zustandsdiagramme beschreiben ein (Teil-)System als endlichen Automaten mit Zuständen und Zustandsänderungen, die durch das Eintreffen von Nachrichten angestoßen werden. Einzug in die Praxis findet heute vor allem der Statechart-Formalismus von David Harel [Har 87], für den bereits gute Werkzeugunterstützung auf dem Markt ist.

Zustandsdiagramme werden auch in vielen objektorientierten Entwurfsmethoden zur Beschreibung des dynamischen Verhaltens von Objekten unterstützt, z.B. in den Methoden von Shlaer/Mellor, in OMT und der UML. Die durch ein Zustandsdiagramm beschriebenen Folgen von Nachrichten werden in diesem Zusammenhang auch oft als *Lebenszyklen* eines Objekts bezeichnet.

Kontrollflussdiagramme. Kontrollflussdiagramme werden in der Informatik schon seit Jahrzehnten zur Beschreibung von Abläufen eingesetzt. Ihre Grundsicht eines Ablaufs ist die einer Folge von Aktivitäten mit Konstrukten wie Fallunterscheidungen, Schleifen oder paralleler Verzweigung. Im Kern funktionsorientiert, werden sie vor allem in den funktionsorientierten Methoden eingesetzt, z.B. in GRAPES [Hel 91b]. Mit den Aktivitätsdiagrammen besitzt die UML ebenfalls einen Diagrammtyp mit kontrollflussartiger Beschreibung von Abläufen.

Petrinetze. Eine weitere graphische Beschreibungstechnik, mit der sich vor allem die Dynamik verteilter Systeme beschreiben lässt, sind Petrinetze. Petrinetze und verwandte Notationen werden z.B. in dem französischen Standard MERISE [TRC+ 89] und der Methode SOM [FS 95] unterstützt, ihre Verbreitung ist allerdings deutlich geringer als die der bereits aufgeführten Beschreibungstechniken. Gründe hierfür sind sicherlich, dass das Arbeiten mit Petrinetzen deutlich mehr Wissen über deren Ablaufverhalten erfordert als z.B. das Arbeiten mit Sequenzdiagrammen und dass Petrinetze in größeren Anwendungen sehr komplex und schwer strukturierbar sind.

1.1.2.2 Textuelle Beschreibungstechniken

Obwohl graphische Beschreibungstechniken oft in den Vordergrund gestellt werden, sind auch textuelle Spezifikationen von großer Bedeutung für den Systementwurf. Ein großes System allein mit Graphiken beschreiben zu wollen, würde dessen Verständlichkeit nicht fördern. Denert, ein Verfechter textorientierter Spezifikation, fragt deshalb provokativ, sich auf das alte Sprichwort „ein Bild sagt mehr als tausend Worte" beziehend, ob auch „... 200 Bilder mehr sagen als 200 000 Worte" [Den 91].

Textuelle Beschreibungstechniken lassen sich untergliedern in

- formale bzw. halbformale Techniken und
- freien Text.

Formale und **halbformale Techniken** folgen im Unterschied zu freiem Text einer vorgegebenen Syntax. Beispiele hierfür sind

- Schnittstellenbeschreibungen
- Datentypdefinitionen (z.B. in Datenlexika)
- Code und Pseudocode
- Vor- und Nachbedingungen von Operationen
- Invarianten usw.

Während erstere drei Techniken Standardtechniken sind, halten prädikative Spezifikationen wie Vor- und Nachbedingungen und Invarianten erst langsam Einzug in pragmatische Methoden, hierbei vor allem in objektorientierte Methoden. Deren lokale Datensicht bietet eine ideale Voraussetzung für eine solche Integration. Vorreiter dieser Entwicklung war Bertrand Meyer mit seiner Entwurfs- und Programmiersprache Eiffel [Mey 88]. Andere Methoden, die formale und halbformale Spezifikationen unterstützen, sind Fusion und auch die UML.

Die Interpretation von prädikativen Techniken in diesen Methoden ist jedoch noch mit vielen Fragen behaftet. Auf der Grundlage der formalen Systemsicht erfolgt die Integration von prädikativen Techniken in MOS in systematischer Weise und bietet damit einen allgemeinen Lösungsansatz zur Integration von formalen und pragmatischen Beschreibungstechniken.

Freier Text. Beispiele für Spezifikationen, in denen vor allem freier Text verwendet wird, sind Glossare und Pflichtenhefte. Darüber hinaus begleitet und ersetzt freier Text auch formale Spezifikationen und Graphiken. Dies ist geradezu kennzeichnend für pragmatische Methoden. Durch die Verwendung von freiem Text werden formale Spezifikationen zu halbformalen Spezifikationen (z.B. ist Pseudocode nur deshalb kein formaler, d.h. maschinenausführbarer Code, weil freier Text in ihm enthalten ist). In Abschnitt 1.3 wird dieser Aspekt der Formalität von pragmatischen Methoden noch näher diskutiert werden. Die Grenze zwischen formalen Spezifikationen und freiem Text ist in pragmatischen Methoden auf jeden Fall verschwommen.

1.1.3 Das methodische Vorgehen

Die Bereitstellung von Notationen und Techniken, mit denen Spezifikationen erstellt werden können, ist ein Teil einer Softwareentwicklungsmethode. Ein weiterer Teil betrifft das, was das Wort „Methode" eigentlich charakterisiert: die Anleitung der Entwickler zur Erstellung von Spezifikationen mit dem Ziel, eine lauffähige Implementierung zu entwickeln.

Abb. 1-3 zeigt, dass sich die Regeln und Paradigmen einer Methode zwei Dimensionen zuordnen lassen. Zum einen beinhaltet eine Methode die Steuerung des Entwurfsprozesses, d.h. der Abfolge von Spezifikationen, die im Laufe der Systementwicklung (Wartung und Erweiterungen eingeschlossen) entwickelt werden. Zum anderen erfordert die Komplexität der zu entwickelnden Systeme aber auch Konzepte, die die Strukturierung der Spezifikationen und des Systems selbst erleichtern und anleiten.

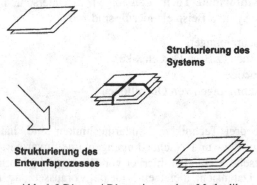

Strukturierung des Systems

Strukturierung des Entwurfsprozesses

Abb. 1-3 Die zwei Dimensionen einer Methodik

1.1.3.1 Die Strukturierung des Entwurfsprozesses

Regeln, die den Entwurfsprozess steuern, reichen von Phasendefinitionen bis zu Verfeinerungsbegriffen einzelner Diagrammtypen. Konzeptionell unterscheiden sich diese Regeln in ihrer Abstraktionsstufe, und wir sprechen von

- Vorgehensmodellen,
- methodischen Regeln und
- technischen Schritten.

Vorgehensmodelle. Regeln auf hoher Abstraktionsebene haben den Entwurfsprozess als Ganzes zum Inhalt. Sie definieren typischerweise Entwurfsaktivitäten und in diesen Aktivitäten zu erstellende Spezifikationen. Eine Menge solcher Regeln wird meist *Vorgehensmodell* genannt. Vorgehensmodelle werden oft unabhängig von der zugrundeliegenden Systemsicht und den verwendeten Notationen definiert, wie etwa die klassischen Vorgehensmodelle Wasserfallmodell [Roy 70] und Spiralmodell [Boe 86].

Beispiele für Entwurfsaktivitäten im Wasserfallmodell sind die Analyse, der Entwurf und die Implementierung, zu erstellende Spezifikationen sind Lastenheft, Pflichtenheft, SW-Architektur und lauffähiges System.

Neuere Vorgehensmodelle unterstützen meist ein inkrementelles und iteratives Vorgehen beim Entwurf. Bei der inkrementellen Vorgehensweise wird das System in Ausbaustufen, ausgehend von einer Kernfunktionalität, realisiert. Der iterative Entwurf erlaubt ein wiederholtes Durchlaufen von Aktivitäten mit einer sukzessiven Verfeinerung der dabei erstellten Spezifikationen.

In der Praxis zeigt sich, dass inkrementeller und iterativer Entwurf große Vorteile für den Entwurf bringen, z.B. was die Berücksichtigung von Kundenwünschen während des Entwurfs und das frühe Erkennen von Softwareproblemen betrifft. Vorgehensmodelle, die inkrementellen und iterativen Entwurf unterstützen, sind z.B. das V-Modell [IABG 97] und der Rational Unified Process [Kru 99]. Da Vorgehensmodelle eng mit Projektmanagement und Teamorganisation verknüpft sind, bilden sich vielfach auch firmenspezifische Vorgehensmodelle heraus.

Methodische Regeln. Während sich Vorgehensmodelle vor allem damit beschäftigen, *wann* bestimmte Spezifikationen zu erstellen sind, gibt es auch Regeln niedrigerer Abstraktionsstufe, die dem Entwickler Unterstützung dabei bieten, *wie* die Spezifikationen erstellt werden. Diese meist heuristischen Regeln sind stark abhängig von der zugrundeliegenden Systemsicht und den Notationen und sind in der Terminologie der Systemsicht formuliert. Da diese Regeln meist den Kern einer spezifischen Methode bilden, seien sie im folgenden als *methodische Regeln* bezeichnet.

Methodische Regeln definieren, welche Vorgehensschritte beim Entwurf zu durchlaufen sind und welche Beschreibungstechniken dabei zum Einsatz kommen. Viele objektorientierte Methoden geben zum Beispiel methodische Regeln an, die die Identifikation von Objekten, Attributen und Operationen im jeweiligen Anwendungsbereich erleichtern sollen. Auch Jacobsons Methodik mit dem Konzept der Anwendungsfälle ist mit einem Satz an methodischen Regeln verbunden.

Zwei Rahmenwerke, die ein Vorgehensmodell mit einem methodischen Regel-
werk verbinden, sind der Unified Software Development Process [JBR 99] und
Catalysis [DW 99]. Beide Methoden basieren auf der UML.

Technische Schritte. Noch eine Abstraktionsebene unter den methodischen
Regeln sind Regeln angesiedelt, die wir im folgenden als *technische Schritte*
bezeichnen. Technische Schritte beschäftigen sich mit der Transformation von
Spezifikationen während des Entwurfsprozesses und mit dem Zusammenspiel
verschiedener Notationen. Allgemeine technische Schritte sind beispielsweise
Verfeinerungsregeln für Diagramme, die die Konsistenz einer Spezifikation
sichern. Beispiele für technische Schritte in objektorientierten Methoden sind
Regeln für das Zusammenspiel von Sequenzdiagrammen und Zustandsdiagrammen und für das Zusammenspiel von Vererbung und Verhaltensbeschreibungen.

Technische Schritte sind in heutigen Softwareentwicklungsmethoden noch
weitgehend unerforscht, da sie ein tiefes Verständnis der verwendeten Notationen
und Beschreibungstechniken erfordern. Anders als bei den Vorgehensmodellen
und methodischen Regeln, die meist heuristischer Natur sind und einem formalen
Vorgehen deshalb weniger zugänglich, ist die Fundierung der Systemsicht und der
Notationen eine hervorragende Grundlage für die Untersuchung technischer
Schritte, da sie dieses tiefe Verständnis schafft. Zusammen mit den methodischen
Regeln bilden die technischen Schritte einen Schwerpunkt dieses Buches.

1.1.3.2 Die Strukturierung von Systemen

Die zweite Dimension einer Methode betrifft die Strukturierung der Systeme und
Spezifikationen selbst. Die Notationen bieten meist bereits mehrere Strukturie-
rungsmechanismen, und gerade der Objektbegriff ist ja die Basis für die Strukturierung von Systemen schlechthin.

Es hat sich aber gezeigt, dass diese Mechanismen nicht ausreichen, um Sys-
teme im Großen zu strukturieren, weshalb in den letzten Jahren der Begriff der
Architektur geprägt wurde. Eine Software-Architektur begreift ein System als eine
Menge von interagierenden, „großen" Komponenten.

Die wohl prominenteste und am meisten verwendete Architektur ist die
Schichtenarchitektur, die ein Softwaresystem in aufeinander aufbauenden, gekapselten Schichten strukturiert (z.B. die Datenbankschicht und die Präsentationsschicht).

Bezog sich der Begriff der Software-Architektur noch vor wenigen Jahren vor
allem auf die programmnahe Ebene, so ist heute klar, dass die Bildung einer
geeigneten Komponentenstruktur ein komplexer Prozess ist, der möglichst früh
im Entwurf beginnen und Schritt für Schritt erfolgen muss. Architekturzentriert-
heit ist das Schlagwort, das diesen Vorgang beschreibt und das die neueren
methodischen Rahmenwerke ins Blickfeld rücken.

Die Strukturierung im Großen ist auch ein zentrales Thema innerhalb der
Methodik anwendungsfallorientierten Entwurfs, die in den nächsten Kapiteln
vorgestellt wird. Dabei werden Aspekte, wie die abstrakte Modellierung verteilter
Strukturen und die Integration von Komponenten- und Objektbegriff in den
Beschreibungstechniken behandelt. Zusätzlich wird durch die Unterscheidung

verschiedener Objektarten wie Fach- und Vorgangsklassen eine frühe Schichtung der Systemstruktur unterstützt.

1.2 Informationssysteme

Unter einem Informationssystem wird gemeinhin Software verstanden, die der Verwaltung von großen Datenmengen und der Unterstützung von Abläufen im Umfeld des Systems dient. Letzterer Aspekt gewinnt dabei zunehmend an Bedeutung. Moderne Informationssysteme unterstützen den Anwender bei vielen Tätigkeiten und Aufgaben am Arbeitsplatz und haben sich damit von der reinen Datenbankfunktionalität früherer Jahre weit entfernt. Betriebliche Informationssysteme werden in allen Bereichen eines Unternehmens eingesetzt: in Marketing und Vertrieb, Produktion, Logistik und in der Buchhaltung.

Als typische Beispiele von Informationssystemen seien folgende Anwendungen genannt:

- Verwalten von Konten, Buchen von Geldbeträgen, Tätigen von Aktienkäufen bei einer Bank
- Reservieren und Buchen von Autos bei einer Autovermietungsgesellschaft
- Auftragserfassung, Bestellabwicklung und Optimierung der Lagerhaltung bei einem Produktionsunternehmen
- Sachbearbeitung bei Versicherungen, z.B. Abschluss von Verträgen und Schadensregulierung
- Verwaltungsvorgänge bei Behörden, z.B. bei der Kfz-Zulassungsstelle, bei der Polizei oder im Meldewesen.

Bei diesen Beispielen werden die jeweiligen Informationssysteme von geschulten Anwendern am Arbeitsplatz bedient. Bedingt durch den ständig wachsenden Zugang der Bevölkerung zu den elektronischen Medien, ist in den letzten Jahren aber auch eine Entwicklung im Gange, bei der Informationssysteme immer mehr von ungeschulten Anwendern genutzt werden. Beispiele für solche Informationssysteme bzw. die durch sie unterstützten Tätigkeiten sind

- Kontotransaktionen über den PC
- die Fahrplanauskunft im Internet
- Reservieren von Flugtickets
- Einkaufen über das Internet usw.

Es ist klar, dass diese Entwicklung neue Herausforderungen stellt, z.B. was die Benutzerschnittstelle angeht, aber auch Fragen des Datenschutzes, der Datensicherheit und der Datenkonsistenz sind hiervon betroffen.

Um zu klären, welche Anforderungen der Entwurf von Informationssystemen an Beschreibungstechniken und Methodik stellt, werden in den folgenden beiden Unterabschnitten kennzeichnende Merkmale von Informationssystemen und Standardarchitekturen besprochen.

1.2.1 Kennzeichnende Merkmale von Informationssystemen

Ohne eine genaue Abgrenzung vornehmen zu wollen, sind doch eine Reihe von
Eigenschaften für Informationssysteme charakterisierend. Sie sind in Abb. 1-4
zusammengefasst und werden im folgenden kurz diskutiert. Dabei soll von jetzt
an, wenn es um Modellierungsaspekte geht, immer die objektorientierte Systemsicht die Grundlage sein.

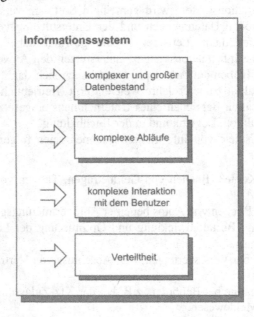

Abb. 1-4 Typische Eigenschaften von Informationssystemen

1.2.1.1 Komplexer Datenbestand und Massendaten

Kernstück der meisten Informationssysteme ist die Verwaltung und Organisation
von fachlichen Daten des Anwendungsbereichs. Typische Beispiele hierfür sind
die Daten von Mitarbeitern, Kunden, Konten, Bestellungen, Verträgen usw. Diese
Datenbestände sind im allgemeinen sehr groß und werden in einer oder mehreren
integrierten Datenbanken gehalten. In vielen Anwendungen ist ein Teil dieser
Datenbestände sogar so groß, dass ihre Zugriffszeit einen kritischen Faktor für die
Entwicklung des gesamten Informationssystems bildet. Man denke etwa an die
Verwaltung von Mitgliedern einer Krankenversicherung oder von Telefonnum-
mern.

Hinzu kommt die Heterogenität und die Verteiltheit der Datenbestände, die in
modernen Informationssystemen immer mehr die Regel ist. Sie erfordern eine
komplexe Kommunikation im System und bringen Probleme der Synchronisation,
der Redundanz und Konsistenz des Datenbestands mit sich.

Die Komplexität der Daten ist ein weiteres Kennzeichen vieler Informations-systeme. Als Beispiel seien die Dokumente, die ein CASE-Tool verwaltet, genannt oder auch die Daten im Versicherungswesen. Schwierigkeiten bereitet dabei vor allem die geeignete Abbildung der fachlichen Begriffe und Konzepte des Anwendungsbereichs in die Sicht des Informationssystems, bei einer objekt-orientierten Systemsicht also in eine Menge von Klassen.

Zum einen sind die Begriffe des Anwendungsbereichs oft unklar und ihre Abbildung in die Systemsicht ist Quelle für viele fachliche Fehler und Missver-ständnisse zwischen Auftraggeber und Entwickler. Zum anderen ist die Modellie-rung der fachlichen Daten ein Kernstück der Entwicklung, die viele Entwurfsent-scheidungen beinhaltet und deren Stabilität für die Entwicklung von großer Bedeutung ist. Eine substantielle Änderung der Modellierung der fachlichen Daten in späteren Phasen des Entwurfs (auch bei der Wartung und Erweiterung des Systems) führt meist zur Instabilität und Fehleranfälligkeit des gesamten Sys-tems.

1.2.1.2 Komplexe Abläufe

Betriebliche Informationssysteme sind heute meist in die gesamte Unternehmens-organisation eingebettet und unterstützen den Anwender bei der Erledigung seiner Aufgaben. Beispiele für solche, durch ein Informationssystem unterstützte Tätig-keiten, sind Geldtransaktionen zwischen Konten, die Erstellung eines Lieferplans für einen Lkw oder die Erstellung einer Rechnung.

Die Bearbeitung dieser komplexen Aufgaben durch das System ist charakteri-siert durch

- eine komplexe Interaktion zwischen dem Anwender und dem System und
- durch komplexe, objektübergreifende Abläufe im System.

So erfordert die effiziente Erstellung eines Lieferplans die Implementierung von komplexen, viele Objekte betreffenden Algorithmen, aber auch den intensiven Dialog mit dem Anwender.

Die Modellierung dieser Abläufe steht in den strukturierten Methoden im Zen-trum des Entwurfs. In den objektorientierten Entwurfsmethoden wurde sie hinge-gen lange vernachlässigt. Dies hat sich aus zwei Gründen als nachteilig erwiesen.

Zum einen zeigen Erfahrungen aus der Praxis, dass Anwendern eines Systems Abläufe leichter verständlich gemacht werden können als statische Eigenschaften, und somit können Probleme bei der Kommunikation zwischen Anwender und Entwickler bzw. Auftraggeber und Entwickler auftreten. Zum anderen ist eine rein objektbasierte Sichtweise auch für den Entwickler zu einengend, weil die dadurch erzwungene Zuordnung von komplexen Abläufen zu einzelnen Objekten oft schwierig und nicht intuitiv ist.

Aus diesen Gründen hat sich in den letzten Jahren mehr und mehr eine hybride Vorgehensweise etabliert, bei der die Modellierung von Objekten mit der Model-lierung von Abläufen einhergeht. Vorreiter dieser Entwicklung war die Methode von Jacobson [Jac 92], in der diese Abläufe *Anwendungsfälle* (engl. *use cases*) genannt werden. Ähnliche Ideen finden sich bei Denert [Den 91] mit den Geschäftsvorfällen und in Fusion [CAB+ 94] mit den Systemoperationen. Die

Methodik der Anwendungsfälle wird in den nächsten Kapiteln detailliert diskutiert werden.

1.2.1.3   Komplexe Interaktion mit dem Benutzer

Informationssysteme werden, im Unterschied z.B. zu eingebetteten Systemen, direkt von Menschen bedient. Über die Benutzerschnittstelle kommuniziert der Benutzer mit dem System. Komplexe Dialoge sind dabei die Regel. Die Benutzerschnittstelle präsentiert die Daten und die Funktionalität des Systems und macht sie dem Benutzer zugänglich. Aspekte, die dabei von Bedeutung sind, sind die Robustheit der Schnittstelle bezüglich fehlerhafter Eingaben und die ergonomische Gestaltung der Schnittstelle.

Der Entwurf einer Benutzerschnittstelle kann auf zwei Ebenen erfolgen, nämlich auf der Ebene

- des konkreten Dialogs und
- des abstrakten Dialogs.

Der konkrete Dialog bestimmt die Form, wie die Ein- und Ausgabe am Bildschirm (bzw. anderen Geräten wie z.B. Sensoren oder Druckern) erfolgt. Primitive, die beim konkreten Dialog in heute üblichen graphischen Benutzeroberflächen eine Rolle spielen, sind Mausklicks, Tastatureingaben, Fenster, Icons usw. Für die Entwicklung einer graphischen Benutzeroberfläche stehen dem Entwickler Bibliotheken und Werkzeuge zur Verfügung, mit denen er die Benutzeroberfläche in relativ kurzer Zeit bauen kann.

Spielt beim konkreten Dialog die Ein- und Ausgabeform eine Rolle, so steht beim abstrakten Dialog die prinzipielle Abfolge der Benutzerinteraktionen und die darauffolgende Reaktion des Systems im Vordergrund. Ein- und Ausgaben werden beim abstrakten Dialog auf einer qualitativ hohen Ebene betrachtet. So kann einer Zahl im abstrakten Dialog in der konkreten Eingabe eine Auswahl aus einer Liste oder das Drücken mehrerer Tasten entsprechen.

Die Trennung von Eingabeform und abstraktem Dialogablauf beim Entwurf hat den Vorteil, dass die große Komplexität einer Benutzerschnittstelle leichter handhabbar ist und die Funktionalität der Schnittstelle übersichtlich und strukturiert entworfen und dargestellt werden kann.

Einen Ansatz zur Modellierung abstrakter Dialoge bieten die Interaktionsdiagramme bei Denert [Den 91], mit denen (menügesteuerte) Dialoge modelliert werden. MOS unterstützt ebenfalls eine automatenbasierte Modellierung abstrakter Dialoge innerhalb der Methodik anwendungsfallorientierten Entwurfs.

1.2.1.4   Verteiltheit

Verteiltheit ist strenggenommen kein kennzeichnendes Kriterium für Informationssysteme. Die Verteiltheit des Systems wird jedoch in heutigen Anwendungen immer mehr zur Regel und wird deshalb in diesem Buch in besonderer Weise berücksichtigt. Zwei Bereiche können identifiziert werden, in denen Verteiltheit und Parallelität eine besonders große Rolle spielen.

Verteiltheit von Strukturen. Die immer weiter fortschreitende Integration von Informationssystemen in die gesamte Unternehmensstruktur bringt auch die immer weiter fortschreitende Verteilung und Vernetzung von Informationssystemen mit sich, da auch die Unternehmensstrukturen verteilt sind. So ist der Ausgangspunkt für die Entwicklung eines Informationssystems oft die Struktur des Unternehmens, wie z.B. die Filialstruktur einer Handelskette oder die Zweigstellen einer Bank.

Eine Stärke objektorientierten Vorgehens ist, dass solche verteilten Strukturen intuitiv und abstrakt in einer Objektstruktur abgebildet werden können. Die Sicht einer Filialstruktur als ein System von parallel agierenden, kommunizierenden Objekten wie in Abb. 1-5 ist intuitiv und unabhängig von implementierungstechnischen Details, wie z.B. der Art der Kommunikationsverbindung. Auch in späteren Phasen der Entwicklung lassen sich solche verteilte Strukturen adäquat abbilden.

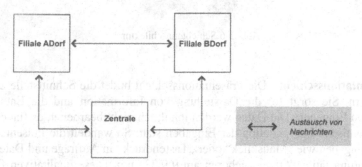

Abb. 1-5 Objektorientierte Sicht eines verteilten Unternehmens

Verteilte Abläufe. Auch für die Modellierung komplexer Abläufe ist Parallelität unverzichtbar. Graphische Benutzerschnittstellen erlauben durch die Fenstertechnik die gleichzeitige Bearbeitung vieler Aufgaben, von Mehrbenutzersystemen ganz zu schweigen.

Dieses gleichzeitige Bearbeiten von Aufgaben muss seine Entsprechung in der Systemsicht haben, da sich dadurch viele Abhängigkeiten und Wechselwirkungen ergeben, die der Analyse bedürfen. Das Auftreten paralleler Abläufe ist damit für die frühen Phasen des Entwurfs eine natürliche Sichtweise, die bei der Spezifikation unterstützt werden muss, auch wenn ihre spätere Realisierung unter Umständen sequentiell ist.

1.2.2 Standardarchitekturen von Informationssystemen

Gängige Praxis bei der Implementierung von Informationssystemen ist heute die Schichtenarchitektur. Durch die Kapselung einzelner Schichten soll eine möglichst große Unabhängigkeit von Plattformen (DB-System, E/A-System) erreicht werden. Abb. 1-6 zeigt eine einfache Variante mit vier Schichten (vgl. [Oes 87]):

Abb. 1-6 Schichtenarchitektur

Präsentationsschicht. Die Präsentationsschicht bildet die Schnittstelle zu den Anwendern. Sie sorgt für die Darstellung von Information und die Entgegennahme von Eingaben. Die Daten werden inhaltlich nicht bearbeitet, es findet aber eine semantische Interpretation der Eingaben statt. So wandelt die Präsentationsschicht Eingaben wie „Mausklick" oder „Tastendruck" in Aufträge und Daten wie „Reservierung tätigen" oder „geboren am 9.9.73" um. Diese qualitativen Eingaben werden an die Vorgangsschicht weitergereicht.

Die Präsentationsschicht wird meist mit am Markt erhältlichen Dialogeditoren (GUI-Buildern) generiert oder mit Hilfe mächtiger Bibliotheken und Frameworks entwickelt. Da die Benutzeroberfläche von entscheidender Bedeutung für die Akzeptanz des Systems beim Anwender ist, spielt das schnelle Erstellen von Prototypen beim Entwurf eine große Rolle.

Vorgangsschicht. Diese Schicht übernimmt die Steuerung komplexer Dialogvorgänge und regelt so den Dialogablauf und die Kommunikation mit der Anwendungsschicht. Die Vorgangsschicht übernimmt ebenfalls keine inhaltliche Bearbeitung der Daten, sondern leitet diese an die Fachklassen (siehe unten) weiter.

In einigen Architekturen, wie in der sd&m-Standardarchitektur [Den 91, HHK+ 97], wird die Vorgangsschicht als Teil der Präsentationsschicht betrachtet, sie wird dort aber ebenfalls meist von der E/A-abhängigen Komponente getrennt.

Anwendungsschicht. Die Anwendungsschicht repräsentiert die abstrakte fachliche Sicht der Anwendungswelt. Die Klassen dieser Schicht werden auch Fach- oder Bestandsklassen genannt. Sie beinhalten die Konzepte der Anwendung und spiegeln deren fachliche Regeln und Zusammenhänge wider.

Die Fachobjekte sorgen für ihre innere Konsistenz und für ihre korrekte Beziehung zu anderen Fachobjekten. Fachobjekte „wissen" nichts über ihre Präsentation dem Anwender gegenüber.

Datenbankschicht. Diese Schicht ist für das Speichern, Verändern und Laden von Daten aus einer Datenbank und das Transaktionsmanagement verantwortlich. Die Trennung von Anwendungs- und Datenbankschicht erlaubt es, Aufbau und Struktur der Datenbank zu ändern, ohne dass dies die Anwendungsschicht beeinflusst.

Die skizzierte Schichtenarchitektur kann um weitere Komponenten, wie etwa eine zentrale Fehlerbehandlung, erweitert werden. Bei verteilten Systemen lässt sich eine Schichtenarchitektur an jedem Knoten eines Netzes realisieren. In diesem Fall regelt eine weitere Komponente die technische Kommunikation mit anderen Knoten des Netzes (vgl. die Open Blueprint-Architektur [IBM 95]). Die Knoten müssen dabei nicht immer alle Komponenten enthalten (z.B. kann in einem Client-Server System bei den Klienten die Datenbankschicht und beim Server die Präsentationsschicht fehlen).

Die Struktur eines verteilten Systems miteinander kommunizierender Komponenten mit einer Schichtenarchitektur wird im folgenden als *komponentenbasierte Schichtenarchitektur* bezeichnet. Sie steht im Mittelpunkt der strukturierenden Paradigmen der MOS-Methodik. Abb. 1-7 skizziert die Grundstruktur dieser Architektur.

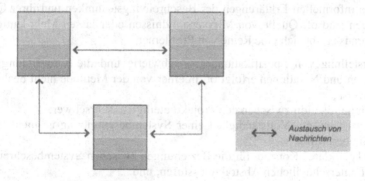

Abb. 1-7 Komponentenbasierte Schichtenarchitektur

1.3 Pragmatische und formale Methoden

Die Entwicklung von Konzepten und Notationen, mit denen Probleme und Problemlösungen beschrieben werden können, ist seit ihren Anfängen eine zentrale Aufgabe der Informatik. Bedingt durch die Anforderung, Beschreibungsformen zu entwickeln, die durch Maschinen bearbeitbar sind, hantiert die Informatik dabei traditionell mit *Symbolen* und hat Techniken entwickelt, mit denen Symbole in Beziehung gesetzt und transformiert werden können.

Die Interpretation dieser Symbole, d.h. ihre Bedeutung oder *Semantik*, ist dabei nicht inhärent, sondern muss explizit definiert werden, meist in Form einer mathematischen Theorie. Man spricht in diesem Fall von einer *mathematischen* oder *formalen Semantik* und nennt die mit der formalen Semantik ausgestattete Menge von Symbolen eine *formale Sprache*.

Es gibt eine Fülle von formalen Sprachen in der Informatik, darunter z.B. die Programmiersprachen, Automaten oder axiomatische Sprachen, und eine reichhaltige Theorie, die sich mit Beschreibungsformen formaler Sprachen, ihrer Kategorisierung, Ableitungstechniken und formalen Modellen beschäftigt.

Die Beschreibungstechniken pragmatischer Softwareentwicklungsmethoden lassen sich zunächst nicht in diese Theorie integrieren. Sie sind keine formalen Sprachen. Da nach ihrer Philosophie der Entwickler in den frühen Phasen des Entwurfs unterstützt, aber nicht eingeschränkt werden soll, folgen die Spezifikationen meist keiner exakt definierten Syntax und enthalten freien Text. Zudem haben die in den Spezifikationen verwendeten Symbole meist eine intuitive Bedeutung, die ihrer Bedeutung im Anwendungsbereich entspricht.

Aus diesem Grund erschien es lange Zeit nicht möglich und auch nicht sinnvoll, pragmatische Softwareentwicklungsmethoden mit einer formalen Semantik zu versehen.

Auf der anderen Seite sind die heute am Markt befindlichen Softwareentwicklungsmethoden durch eine zunehmende Anzahl verschiedener Beschreibungstechniken mit beträchtlicher Komplexität gekennzeichnet. Die in diesen Methoden gegebenen informellen Erklärungen der Beschreibungstechniken und ihrer Querbeziehungen sind oft Quelle von Missverständnissen oder lassen Mehrdeutigkeiten zu. Daraus ergibt sich eine Reihe von Problemen:

- Die Erstellung von Spezifikationen ist schwierig und die Verwendung von Symbolen und Notationen erfolgt oft in einer von der Methode nicht beabsichtigter Weise,
- die Kommunikation zwischen den Projektbeteiligten ist erschwert,
- die Konsistenz und Vollständigkeit einer Systembeschreibung ist nicht systematisch überprüfbar,
- es gibt kein klares Konzept für die Beziehungen zwischen Systembeschreibungen auf unterschiedlichen Abstraktionsstufen, und
- eine verbindliche Grundlage für die Werkzeugunterstützung fehlt.

Vor diesem Hintergrund wurden deshalb in den letzten Jahren von verschiedenen Seiten Anstrengungen unternommen, die Konzepte und Techniken von Softwareentwicklungsmethoden systematisch zu erfassen. Der Formalisierungsgrad dieser Ansätze ist unterschiedlich.

Bekannt sind die Arbeiten, die sogenannte Metamodelle entwickeln (z.B. das Metamodell der UML [UML1.3] oder [HÖ 92]). Diese Metamodelle enthalten die Grundbegriffe einer Methode und Beziehungen zwischen diesen Grundbegriffen. Sie eignen sich gut für eine Strukturierung oder einen Vergleich von Begrifflichkeiten, der semantische Gehalt der Konzepte beschränkt sich in den meisten Metamodellen jedoch auf begleitenden Text und bleibt deshalb auf informeller Ebene.

Es gibt in jüngster Zeit aber auch einige Ansätze, die die Fundierung von Entwurfsmethoden mit mathematischen Modellen betreiben und auch für MOS wird dieser Weg beschritten. Im folgenden Unterabschnitt soll der Ansatzpunkt einer solchen Formalisierung diskutiert werden. Unterabschnitt 1.3.2 verdeutlicht die Rolle des formalen Modells in MOS, und 1.3.3 beschäftigt sich mit einem weitergehenden Aspekt, nämlich der Integration von pragmatischen und formalen Spezifikationstechniken.

1.3.1 Der Ansatzpunkt semantischer Fundierung

Auch wenn die Beschreibungstechniken pragmatischer Methoden keine formalen Sprachen sind, sind sie auch keine gänzlich informellen Techniken. Besonders die graphischen Beschreibungstechniken wie Klassendiagramme oder Zustandsdiagramme haben, zumindest in Teilen, eine vorgegebene Syntax und einige Techniken haben sogar eine formale Wurzel (wie die Zustandsdiagramme, die aus den endlichen Automaten heraus entstanden).

Dieser Kernbereich einer pragmatischen Methode ist einer formalen Syntax und Semantik zugänglich und bildet damit eine formale Spezifikationssprache. Tatsächlich existieren für viele graphische Beschreibungstechniken bereits seit langem formale Ansätze, z.B. die modell-theoretische Semantik [Gog 89] für Entity-/Relationship-Diagramme oder die axiomatische Semantik von SSADM [Huß 94]. Abb. 1-8 verdeutlicht diesen Gedanken.

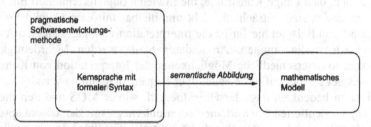

Abb. 1-8 Formale Fundierung einer pragmatischen Methode

Die Aussagekraft der formalen Semantik ist jedoch nicht nur auf diesen formalen Kernbereich beschränkt, sondern lässt sich in intuitiver Weise auch auf halbformale Spezifikationen erweitern. Halbformale Spezifikationen unterscheiden sich von formalen Spezifikationen dadurch, dass sie unvollständig sind oder informelle Teile enthalten, z.B. wenn Wächterbedingungen in Zustandsdiagrammen durch informellen Text und nicht durch formale Prädikate ausgedrückt werden. Somit deckt die formale Semantik einen signifikanten Bereich der betrachteten pragmatischen Methode ab.

Die Auszeichnung einer syntaktisch präzisen Kernsprache ist nicht nur für eine formale Fundierung von Bedeutung. Sie ermöglicht auch die Maschinenunterstützung in späteren Phasen des Entwurfs, z.B. den Anschluss von Simulationswerkzeugen oder die automatische Übersetzung von hinreichend vollständigen Spezifikationen in maschinenausführbaren Code. Solche Werkzeuge sind bereits für einige Techniken auf dem Markt oder in der Entwicklung befindlich (z.B. für Zustandsdiagramme [HLN+ 90, Dou 99] und Sequenzdiagramme [BAL 96, Hol 96]). Durch dieses Vorgehen werden die Vorteile einer pragmatischen Entwurfssprache mit denen einer formalen Spezifikationssprache vereint und so ein flexibler und durchgängiger Entwurfsrahmen geschaffen.

1.3.2 Die Rolle des formalen Modells in MOS

Basis für die Interpretation der Beschreibungstechniken in MOS ist eine Modelltheorie, die eine objektorientierte Sicht von Systemen auf einer abstrakten Ebene
beschreibt. Was kann eine solche semantische Fundierung leisten?

1.3.2.1   Integration der Beschreibungstechniken mit dem Objektbegriff

Zunächst leistet sie das, was alle semantischen Einbettungen leisten: Sie gibt eine
Interpretation der Beschreibungstechniken und prüft damit die Konsistenz der
einzelnen Konstrukte. Im Kontext der objektorientierten Systemtheorie bedeutet
dies eine tiefgehende Integration der Beschreibungstechniken mit dem Objektbegriff. Wie bereits früher bemerkt wurde, ist dies für die heutigen objektorientierten Entwurfsmethoden von besonderer Bedeutung, da ihre Beschreibungstechniken unterschiedlichen Anwendungsfeldern mit nicht-objektorientierter Systemsicht entstammen.

Es zeigt sich, dass einige Konstrukte, die in vielen objektorientierten Entwurfssprachen zu finden sind, tatsächlich nicht unmittelbar mit dem Objektbegriff zu
vereinen sind. Ein Beispiel hierfür ist die Interpretation von ungerichteten Assoziationen in Klassendiagrammen. An anderer Stelle werden Mehrdeutigkeiten
aufgedeckt, also unterschiedliche Möglichkeiten der Interpretation von Konstrukten. Als Beispiel sei hier auf das Kapitel über Sequenzdiagramme verwiesen.

Dabei ist zu bedenken, dass der Objektbegriff, wie er MOS und den meisten
anderen objektorientierten Entwurfsmethoden unterliegt, mit der Datenkapselung
und der Verteiltheit zwei unterschiedliche Komplexitätsdimensionen beinhaltet.
Dieser doch recht komplexe Objektbegriff macht eine sorgfältige Integration von
Techniken, die ursprünglich für Umgebungen mit sequentiellem Verhalten
und/oder globaler Datensicht konzipiert wurden, unverzichtbar.

1.3.2.2   Die Bildung einer Gesamtsicht

Mit der semantischen Fundierung wird weiter das Ziel verfolgt, eine Intuition für
die Gesamtsicht eines objektorientierten Systems zu bilden. Diese Gesamtsicht
wird auf der formalen Ebene mit dem Begriff der *Systemmodelle* geschaffen, die
Abstraktionen eines Systems von kommunizierenden Objekten darstellen.

Die Bildung einer Gesamtsicht ist um so wichtiger, als die Spezifikationen der
Entwickler stets nur Teilsichten eines Systems beschreiben. Sie beschränken sich
auf statische Aspekte oder auf Ausschnitte des Objektverhaltens. Die Abbildung
der Teilsichten in eine Gesamtsicht schafft eine Grundlage für die Untersuchung
von Querbeziehungen zwischen unterschiedlichen Spezifikationen.

Im Rahmenwerk der Systemmodelle werden allgemeine Eigenschaften und
Mechanismen von Objekten festgelegt. Beispiele für solche Eigenschaften sind
die Art des Nachrichtenaustausches zwischen Objekten, das interne Verhalten von
Objekten (sequentiell oder verteilt), der Lebenszyklus von Objekten (Kreieren
und Löschen), der Operationsbegriff usw.

In vielen objektorientierten Entwurfsmethoden fehlt die explizite Darstellung solch allgemeiner Objekteigenschaften selbst in informeller Form, was sich in einer weiteren Unsicherheit der Interpretation der Beschreibungstechniken niederschlägt. Durch die Entkopplung von allgemeinen Objekteigenschaften und Beschreibungstechniken in MOS wird somit ein sauberes Fundament für objektorientierten Systementwurf gelegt.

Der semantische Rahmen ist darüber hinaus mächtig genug, eine Systemspezifikation nicht nur als Momentaufnahme zu betrachten, sondern sie in den Kontext des gesamten Systementwurfs zu stellen. Das Modell beinhaltet also nicht nur die Abstraktion von Objekten, sondern auch die Abstraktion des Systementwurfs als Ganzes. Allgemeine Eigenschaften, die in diesem Rahmen ausgedrückt und untersucht werden können, sind beispielsweise Verfeinerungsbeziehungen zwischen Systembeschreibungen, sowie Redundanz- und Konsistenzeigenschaften.

1.3.2.3　Fundierung technischer Schritte

Im semantischen Rahmenwerk können also Eigenschaften von und zwischen Spezifikationen systematisch und fundiert untersucht werden. Dabei lassen sich Konzepte und Techniken nutzen, die sich im Bereich der formalen Spezifikationstechniken in den letzten 20 Jahren entwickelt haben. Arbeiten, die sich mit der semantischen Modellierung von pragmatischen Methoden beschäftigen, tragen damit dazu bei, die pragmatische und die formale Welt ein Stück weit einander näher zu bringen und die Stärken beider Welten – Praxisnähe auf der einen und sorgfältige Fundierung auf der anderen – zu nutzen und zu vereinen.

Voraussetzung für die praktische Anwendbarkeit von Ergebnissen und Eigenschaften, die auf der semantischen Ebene erarbeitet und formuliert werden, ist allerdings deren Rücktransformation auf die Ebene der Beschreibungstechniken. So ist ein semantischer Konsistenzbegriff nur von praktischer Bedeutung, wenn er in Form von Regeln formuliert wird, die in den Diagrammen (evtl. mit Werkzeugunterstützung) geprüft werden können.

Regeln auf der Ebene der Beschreibungstechniken wurden in 1.1.3 als technische Schritte bezeichnet. Das semantische Modell dient somit als Ausgangspunkt für die systematische Entwicklung von technischen Schritten. Die Regeln berühren dabei folgende Fragestellungen:

- Konsistenz, d.h. Widerspruchsfreiheit von Spezifikationen,
- Redundanz von Teilen einer Spezifikation,
- Verfeinerungsbeziehungen zwischen Spezifikationen,
- Querbeziehungen zwischen unterschiedlichen Beschreibungstechniken, z.B. zwischen statischen Beschreibungen und Beschreibungen des dynamischen Verhaltens.

Abb. 1-9 verdeutlicht noch einmal den Gedanken des Übertragens von Beziehungen in der mathematischen Theorie auf technische Schritte in der Kernsprache. Wieder kennzeichnet graue Schattierung den Bereich, der dem Entwickler verborgen ist.

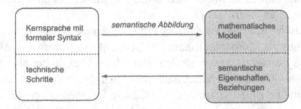

Abb. 1-9 Die semantische Fundierung technischer Schritte

Zusammenfassend hat das formale Modell zum Ziel, eine exakte Interpretation der Beschreibungstechniken objektorientierten Modellierens vorzunehmen, eine Gesamtsicht des Entwurfsprozesses zu bilden und Ausgangspunkt für methodische Fragestellungen zu sein. Eine solche Fundierung ist von Bedeutung für

– die informelle Darstellung der Methode, gerichtet an die Entwickler, da sie die Einordnung von Konzepten erleichtert und Paradigmen bildet, und
– die Werkzeugunterstützung, da sie eine verbindliche Grundlage ist und den Boden dafür bereitet, Werkzeuge zu schaffen, die über reine Editierfunktionen hinausgehen.

In diesem Buch steht vor allem der erste Aspekt im Zentrum. Dabei sind die Schlussfolgerungen und Bewertungen, die aus der Modellierung resultieren, stets wichtiger als das formale Modell selbst.

1.3.3 Integration von pragmatischen und formalen Methoden

Hat sich die Formalität in der Diskussion bisher auf eine dem Entwickler verborgene Ebene beschränkt, so gibt es auch einige Ansätze, die auf eine Integration von formalen und pragmatischen Methoden auf der Ebene der Beschreibungstechniken zielen. Hier lassen sich zwei grundsätzliche Vorgehensweisen unterscheiden, nämlich der *transformatorische* und der *integrierte* Ansatz.

1.3.3.1   *Der transformatorische Ansatz*

Beim transformatorischen Ansatz (Abb. 1-10) werden formale und pragmatische Techniken in unterschiedlichen Phasen verwendet. Genauer bedeutet dies, dass dem Arbeiten mit einer spezifischen formalen Spezifikationssprache eine Phase vorausgeht, in der graphikorientierte Techniken zum Einsatz kommen. Den Übergang bildet eine Übersetzung, die die Diagramme in eine (schematische) formale Spezifikation übersetzt, die den Ausgangspunkt für den weiteren Entwurf bildet.

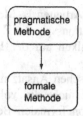

Abb. 1-10 Der transformatorische Ansatz

Beim transformatorischen Ansatz wird also der volle Rahmen der formalen Spezifikationssprache mit seiner Möglichkeit, formale Beweise und Ableitungen (mit für die Sprache spezifischen Werkzeugen) zu führen, genutzt. Transformatorische Ansätze gibt es heute für viele formale Spezifikationssprachen. Als Beispiele seien die Entwicklungsumgebung FOX [AS 97] genannt, die objektorientierte Modellierung und Z-Spezifikationen vereint, die Kombination von Sequenzdiagrammen und Maude [WK 96] oder die Kombination von Zustandsdiagrammen und HOL mit Integration des Theorembeweisers Isabelle [Day 93, Mül 98].

Da meist die jeweilige formale Spezifikationssprache im Vordergrund steht, werden sich transformatorische Ansätze in absehbarer Zukunft nur in Nischen etablieren. Nachteilig kommt hinzu, dass eine Rücktransformation von der formalen Spezifikation zur graphischen Beschreibungstechnik in den meisten Fällen nicht möglich ist.

1.3.3.2   Der integrierte Ansatz

Beim integrierten Ansatz (Abb. 1-11) kommen formale und pragmatische Techniken in gleichberechtigter Art und Weise zum Einsatz. Für eine objektorientierte Entwurfsmethode heißt dies beispielsweise, dass sie neben einer Anzahl von Diagrammtypen auch formale Spezifikationstechniken anbietet, mit denen einzelne Aspekte des Objektverhaltens modelliert werden können.

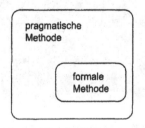

Abb. 1-11 Der integrierte Ansatz

Formale Techniken, die heute beginnen, breite Akzeptanz in der Praxis zu finden, sind prädikative Spezifikationen, insbesondere die Spezifikation von Invarianten und Vor- und Nachbedingungen von Operationen. Beeinflusst wurde diese

Entwicklung maßgeblich von den Arbeiten B. Meyers [Mey 88] und der auch in
der Industrie beachteten Spezifikationssprache Z [PST 91]. Die UML integriert
die genannten Spezifikationstechniken auf der Basis der prädikativen Sprache
OCL ebenfalls.

Anders als beim transformatorischen Ansatz nutzen die formalen Spezifikati-
onsteile beim integrierten Ansatz nicht die volle Mächtigkeit eines formalen
Rahmens (mit der Möglichkeit von formalen Beweisen), sondern sind nur ein
beschreibendes Element der Modellierung. Zudem enthalten sie oft informelle
Teile (Text statt Prädikaten) und sind nur oberflächlich in den Gesamtkontext des
Systementwurfs eingebunden. Trotzdem kann der integrierte Ansatz als gangbarer
Weg eingestuft werden, formale Spezifikationstechniken für die Praxis nutzbar zu
machen.

Die formale Fundierung ist für einen integrierten Ansatz von Bedeutung, da sie
für die eigentliche, tiefgehende Integration von formalen und graphikorientierten
Techniken sorgt. Durch die Theorie der Systemmodelle wird für MOS ein homogener Rahmen geschaffen, in den sowohl graphikorientierte als auch formale
Spezifikationstechniken in eine Gesamtsicht abgebildet und integriert werden
können. So wird in den nächsten Kapiteln diskutiert werden, welche Rolle die
Spezifikation von Vor- und Nachbedingungen und von Invarianten im Entwurf
einnimmt und wie sie in einer verteilten Objektumgebung interpretiert wird.

Dieser Ansatz bereitet den Boden auch für erweiterte formale Spezifikationstechniken. Denkbar ist hierbei z.B. die Spezifikation von Sicherheits- und Leben-
digkeitseigenschaften von Objekten, also von Prädikaten, die sich auf das
Verhalten von Objekten über die Zeit beziehen.

2 MOS – Die Beschreibungstechniken

Dieses Kapitel gibt eine informelle Einführung in die wichtigsten MOS-Beschreibungstechniken. Die Unterschiede zur UML werden am Ende jedes Abschnitts aufgezeigt:

2.1 Klassendiagramme

Klassendiagramme dienen zur Darstellung der statischen Struktur eines Systems. Sie stellen Klassen dar, ordnen ihnen Eigenschaften zu und setzen sie miteinander in Beziehung.

Zentrale Konzepte in Klassendiagrammen sind

- Objekte bzw. Klassen mit Attributen
- Assoziation
- Aggregation
- Generalisierung
- Invarianten und
- Operationen.

Diese Konzepte werden in den folgenden Unterabschnitten besprochen.

2.1.1 Objekte, Klassen und Attribute

Klassen fassen Mengen ähnlicher Objekte zusammen und sind das Äquivalent des Typbegriffs in anderen Ansätzen. Oft spricht man deshalb auch von *Objekttypen* anstelle von Klassen.

Ein Objekt ist zunächst eine *identifizierbare* Einheit. Wählt man die geeignete Abstraktionsebene, so kann fast alles ein Objekt sein: ein Gegenstand, eine Person, eine Maschine; aber auch eine Organisation oder ein Ablauf können als Objekte betrachtet werden.

Weiter können Objekten Merkmale zugeordnet werden. Sie beschreiben z.B. das Alter einer Person, ihre Adresse oder ihren Namen. Wir nennen diese Merkmale *Attribute*.

Abb. 2-1 zeigt anhand zweier Klassen **Kunde** und **Konto**, wie Klassen und Attribute in Klassendiagrammen dargestellt werden. Im folgenden wählen wir die Konvention, dass Klassennamen mit Großbuchstaben beginnen und fett gedruckt sind und Attributnamen mit Kleinbuchstaben beginnen. Wie in den meisten graphischen Werkzeugen üblich, kann die Attributsektion (oder andere Sektionen) einer Klasse ausgeblendet sein.

Abb. 2-1 Klassen mit und ohne Attributsektion

Zu jedem Zeitpunkt werden den Attributen eines Objekts Ausprägungen zugeordnet, einem Kontoobjekt z.B. die Kontonummer 100 200 und der Kontostand 1000. Die Attributausprägungen bestimmen den *Zustand* des Objekts. Zudem besitzt jedes Objekt einen eindeutigen *Identifikator*. Der Zustand eines Objekts kann sich über die Zeit ändern, während sein Identifikator immer konstant bleibt. Da Objekte identifizierbar sind, können zwei Objekte den gleichen Zustand besitzen, lassen sich aber durch ihre Identifikatoren unterscheiden.

Objektidentifikatoren spielen in den Spezifikationen keine Rolle. Für Objekte ist es nur wichtig, *dass* sie identifizierbar sind, aber nicht, *wie* sie identifiziert werden. Dies bedeutet, dass Objektidentifikatoren in keiner Beschreibungstechnik explizit in Erscheinung treten.

Attributen wird in MOS ein Typ zugeordnet; dieser darf in frühen Entwurfsstadien auch fehlen. Bezüglich dieses Typs unterscheiden wir zwischen

- *Wertattributen* und
- *Bezugsattributen*.

Wertattributen ist ein Grunddatentyp zugeordnet, z.B. ganze oder reelle Zahlen und boolesche Werte. In den Objektzuständen sind, wie der Name sagt, Wertattribute mit Werten verbunden. Werte bzw. Datentypen unterscheiden sich von Objekten bzw. Klassen dadurch, dass sie keinen Zustand besitzen und nicht identifizierbar sind. Bezugsattributen ist eine Klasse zugeordnet. Sie werden weiter unten diskutiert.

Zur Spezifikation von Datentypen sieht MOS den Anschluss einer funktionalen Sprache wie ML [Pau 91] oder einer axiomatischen Spezifikationssprache wie SPECTRUM [BFG+ 91] vor, um beispielsweise Mengen- oder Listenstrukturen abstrakt und flexibel beschreiben zu können.

Abb. 2-2 zeigt eine Klasse **Auftrag** mit getypten Wertattributen. Die Attribute beschreiben die Auftragsnummer, den Status des Auftrags (bestellt, in Bearbeitung, ausgeliefert oder bezahlt) und die Liste der Bestellnummern der bestellten Waren. Zur Definition der Datentypen enthält das Klassendiagramm einen separaten Abschnitt **Data Types**.

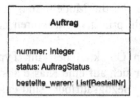
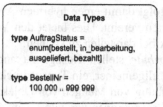

Abb. 2-2 Wertattribute

Tab. 2-1 gibt eine Übersicht der in diesem Buch verwendeten Konstrukte zur Definition von Datentypen. Ganz allgemein beinhaltet eine Datentypspezifikation folgende Konzepte:

- Eine Menge vordefinierter Typen, z.B. Integer und Boolean
- Konstrukte zur Definition von Typen (evtl. auf der Basis anderer Typen), z.B. Bereichstyp, Menge, Liste, Aufzählungstyp, Recordtyp
- Konstanten und Funktionen zum Aufbau von Instanzen (Werten) eines Typs (sog. *Konstruktoren*), z.B. $\emptyset$ und {_} auf Mengen
- Weitere Funktionen auf den Datentypen, z.B. Mengenvereinigung $\cup$
- Prädikate bzw. funktionale Definitionen der Funktionen, z.B. Definition der Mengenvereinigung auf der Basis der Konstruktoren $\emptyset$ und {_}.

Name	Typ	Konstruktoren	Funktionen
ganze und reelle Zahlen	Integer bzw. Real	-2, -1, 0, 1, 2, ..., 2.0, 3.14, ...	+, −, *, ...
boolesche Werte	Boolean	true, false	∧, ∨, ¬, ...
Zeichenketten	String	'Donald Duck'	
Mengen	Set[s], s Typ	$\emptyset$, {_} (einelem. Menge)	∩, ∪, ∈, ...
Listen	List[s], s Typ	◊, [_] (einelem. Liste)	+ (Konkatenation), ...
Recordtyp	[sel_1: s_1, ..., sel_n: s_n] s_1, ..., s_n Typausdrücke	[_, ..., _]	_.sel_i, i = 1, ..., n ([a_1, ..., a_n].sel_i = a_i für i = 1, ..., n)
Bereichstyp	a..b, a, b ganze Zahlen		
Aufzählungstyp	enum[c_1, ..., c_n] c_1, ..., c_n Konstanten	#c_1, ..., #c_n	
Typdefinition	**type** T = s, s Typausdruck		

Tab. 2-1 Eine Auswahl von Grunddatentypen und ihren Funktionen

Auf die Darstellung der gesamten Spezifikationssprache sei an dieser Stelle verzichtet. Zur Definition von Prädikaten sei auch auf Abschnitt 2.3 verwiesen.

MOS verfolgt damit einen hybriden Ansatz, der die Modellierung von Objekten und Werten vereint. Dies bietet den Vorteil, primitive Strukturen kurz, prägnant und flexibel darstellen zu können.

Bezugsattribute stellen Bezüge zu anderen Objekten her. Ihr Typ ist eine Klasse bzw., allgemeiner, ein Typausdruck, der sich auf eine Klasse abstützt (z.B. zur Beschreibung von Mengen von Objekten). Bezugsattribute sind eng mit dem Begriff der Assoziationen verknüpft, sie werden deshalb zusammen mit diesen im folgenden Unterabschnitt näher diskutiert.

Klassen und Attribute in der UML. Die UML verfolgt ebenso wie MOS einen hybriden Ansatz von Objekten und Werten. Wie aber schon früher bemerkt, ist die UML aus Gründen der Unabhängigkeit von Zielsprachen offen bzgl. der Spezifikation von Datentypen. MOS stellt mit seinem funktionalen Ansatz damit eine spezifische Ausprägung der UML dar.

2.1.2 Assoziationen

Bezugsattribute und Assoziationen stellen Bezüge zwischen Objekten her. Da ein Objekt über keinerlei globale Information verfügt, definieren sie die Sicht eines Objekts auf andere Objekte im System.

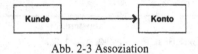

Abb. 2-3 Assoziation

Abb. 2-3 definiert eine Assoziation zwischen Kundenobjekten und Kontoobjekten. Die Assoziation drückt aus, dass alle Kundenobjekte potentiell ein oder mehrere Kontoobjekte „kennen", d.h. deren Identifikatoren in ihrem lokalen Zustand verfügbar haben. Eine Assoziation kann durch Vielfachheiten und Rollennamen näher spezifiziert werden (Abb. 2-4).

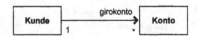

Abb. 2-4 Assoziation mit Vielfachheiten und Rollenname

Die *Vielfachheiten* in Abb. 2-4 formulieren die Bedingung, dass ein Kunde beliebig viele Konten (*) besitzen kann, ein Konto aber nur von genau einem (1) Kunden referenziert werden darf.

Die allgemeine Form von Vielfachheiten ist in Tab. 2-2 zusammengefasst. Fehlt die Vielfachheit, so wird automatisch die Vielfachheit * (Bezug auf kein oder beliebig viele Objekte) angenommen.

a..b	a ≤ b natürliche Zahlen oder b = * (beliebig viele)
*	steht für 0.. *
1	steht für 1..1 (genau ein)

Tab. 2-2 Spezifikation von Vielfachheiten

Klassen können in Assoziationen *Rollennamen* zugeordnet werden. Der Rollenname girokonto im Beispiel beschreibt die Rolle eines Kontoobjekts in der gegebenen Assoziation. Durch Rollennamen können vielfache Assoziationen zwischen Klassen unterschieden werden (ein Konto kann z.B. Girokonto oder Sparkonto eines Kunden sein).

Sowohl Bezugsattribute als auch Assoziationen stellen Bezüge zwischen Objekten her. Assoziationen werden hierbei als graphische Repräsentationen von Bezugsattributen betrachtet, und der Rollenname der Assoziation entspricht dem Attributnamen des Bezugsattributs.

Um diese Korrespondenz von Assoziationen und Attributen auf eine einheitliche Grundlage zu stellen, wird die Beschreibungsmöglichkeit von Attributen dahingegen erweitert, dass diese ebenfalls vielfache Bezüge darstellen können. Abb. 2-5 zeigt die Definition eines Bezugsattributs girokonten, das der Assoziation in Abb. 2-4 entspricht.

Die Vielfachheit eines Bezugsattributs spezifiziert wie bei den Assoziationen die Anzahl der möglichen Bezüge. Um die übliche Notation von Attributtypen zu integrieren, wird bei Fehlen der Vielfachheit die Vielfachheit 1 (genau ein) angenommen.

Assoziationen sind in dieser Sichtweise durch ihre graphische Repräsentation im Diagramm besser sichtbar, in ihrer Interpretation aber nicht abstrakter als Bezugsattribute, wie oft angenommen. Sowohl Bezugsattribute als auch Assoziationen müssen in der technischen Realisierung eines objektorientierten Programms nicht in jedem Fall direkt Attributen einer Klasse entsprechen (es sind z.B. Implementierungen über mehrere Objektbezüge hinweg möglich).

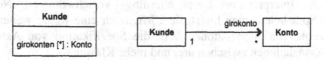

Abb. 2-5 Bezugsattribute und Assoziationen

Neben den unidirektionalen Assoziationen können auch *bidirektionale Assoziationen* definiert werden. Bidirektionale Assoziationen beschreiben zwei miteinander verträgliche unidirektionale Assoziationen. Im Beispiel von Abb. 2-6 bedeutet dies, dass Kontoobjekte Kundenobjekte kennen und umgekehrt, und dass jedes Konto, das Girokonto eines Kunden ist, diesen Kunden auch als Inhaber referenziert (d.h. die beiden Assoziationen stehen in Umkehrrelation zueinander).

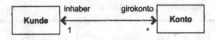

Abb. 2-6 Bidirektionale Assoziation

Bidirektionale Assoziationen implizieren damit Abhängigkeiten und Redundanzen im Modell, die bei Zustandsänderungen der beteiligten Objekte konsistent gehalten werden müssen. Bidirektionale Assoziationen sollten deshalb beim Entwurf möglichst sparsam eingesetzt werden.

Assoziationen in MOS sind konzeptionell (in eine oder zwei Richtungen) gerichtet. Für die Integration der Beschreibungstechniken der Dynamik ist diese Gerichtetheit von großer Bedeutung, da Nachrichten entlang der durch die Assoziationen und Bezugsattribute beschriebenen Pfade fließen. Für die frühen Phasen des Entwurfs bietet MOS jedoch auch die Möglichkeit, Klassen durch ungerichtete Assoziationen zu verbinden und sie erst in späteren Phasen (z.B. beim Kommunikationsentwurf) zu richten. Auf diesen Aspekt wird noch detailliert in Kapitel 5 eingegangen.

Abb. 2-7 enthält als Beispiel eine ungerichtete Assoziation besitzt zwischen Kunden und Konten. Sie beschreibt eine beliebige, noch unspezifizierte Beziehung zwischen Objekten der beiden Klassen.

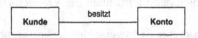

Abb. 2-7 Ungerichtete Assoziation

Assoziationen in der UML. Die UML erlaubt ebenfalls die Spezifikation (beidseitig oder einseitig) gerichteter und ungerichteter Assoziationen, deren unterschiedliche Interpretation bleibt allerdings verschwommen. Neben den vorgestellten Sprachelementen bietet die UML noch eine Reihe weiterer erweiternder Konzepte von Assoziationen, z.B. die Spezifikation von Assoziationsklassen und Assoziationen zwischen drei und mehr Klassen.

2.1.3 Aggregation

Die Aggregation, oder „ist-Teil-von" Beziehung, ist ein Konstrukt der Modellierung; sie besitzt keine Entsprechung in den Programmiersprachen. Die Beziehung, dass Objekte einer Klasse „Teile von" Objekten einer anderen Klasse (der *Aggregatklasse*) sind, drückt also Eigenschaften aus, die man Ganzen und Teilen auf abstrakter Ebene zuordnen möchte.

Hinsichtlich dieser spezifischen Eigenschaften gehen jedoch die Meinungen auseinander. Einige Charakteristika, die mit Aggregation oft verbunden werden, sind

- die Abhängigkeit der Lebenszeit der Teilobjekte von der Lebenszeit der Aggregat-Objekte,
- Einschränkungen der Beziehungen von und zu Teilobjekten, insbesondere dass Teilobjekte höchstens einem Aggregatobjekt zugeordnet sein können,
- die Kapselung von Teilobjekten, d.h. dass Teilobjekte von außen nur über die Aggregat-Objekte angesprochen werden können.

Es hat sich in der Vergangenheit gezeigt, dass keine Kombination dieser Eigenschaften geeignet ist, einen allgemein akzeptierten Begriff einer „ist-Teil-von" Beziehung zu bilden. Auf der anderen Seite kann Aggregation ein geeignetes Mittel sein, um Objektsysteme zu strukturieren und übersichtlich zu gestalten.

MOS enthält deshalb eine Aggregationsform, die eine graphische Strukturierung von Klassendiagrammen unterstützt und die mit Hilfe optionaler Beschreibungsmittel die Zuordnung zusätzlicher Eigenschaften (wie den oben genannten) zu den Klassen und Objekten der Aggregation erlaubt. Abb. 2-8 zeigt als Beispiel die Struktur des Filialunternehmens Bäckerei Brezenbeißer.

Die Bäckerei Brezenbeißer unterhält einige Brotfabriken, die sowohl eine Kette von firmeneigenen Filialen als über ihren Vertrieb auch andere Kunden beliefern. Die Vielfachheiten, die den Teilklassen zugeordnet sind, beschreiben die Anzahl der einem Aggregatobjekt (Bäckerei) zugeordneten Teilobjekte. Wie das Beispiel zeigt, können Teilobjekte untereinander verbunden sein (und auch Beziehungen zu Objekten außerhalb der Aggregation besitzen). So ist der Vertrieb mit vielen (nämlich allen) Brotfabriken verbunden, während jede Filiale mit einer bestimmten Brotfabrik verbunden ist.

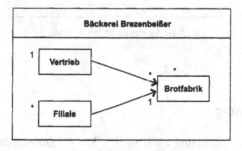

Abb. 2-8 Aggregation

Durch die Aggregation wird eine spezielle Assoziationsbeziehung zwischen der Aggregatklasse und den Teilklassen beschrieben. In der Grundform von Abb. 2-8 fordern wir von den Teilobjekten nur, dass sie zu jedem Zeitpunkt höchstens einem Ganzen zugeordnet sind. Eine äquivalente Darstellung der Struktur der Bäckerei ist somit das Klassendiagramm in Abb. 2-9.

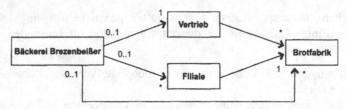

Abb. 2-9 Äquivalente Darstellung ohne Aggregation

Zusätzliche Eigenschaften, die einer Aggregationsbeziehung zugeordnet werden können, wie die Abhängigkeit der Lebenszeiten oder die Kapselung der Teilobjekte, werden durch Schlüsselwörter gekennzeichnet. Auf diese erweiterten Beschreibungselemente der Aggregation wird detailliert in Abschnitt 5.4 eingegangen.

Aggregation in der UML. Aggregation in MOS entspricht graphisch dem Konzept der Komposition in der UML. Aggregation in der UML wird dagegen wie in Abb. 2-10 dargestellt (ausgefüllte Rauten sind eine zur geschachtelten Darstellung äquivalente Form der Komposition).

Da der semantische Unterschied zwischen Aggregation und Komposition in der UML verschwommen ist, wurde in MOS auf die Unterscheidung dieser Konzepte verzichtet und der oben vorgestellte allgemeine Ansatz gewählt.

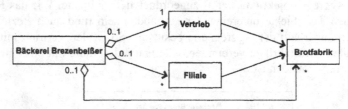

Abb. 2-10 Aggregation in der UML

2.1.4 Generalisierung

Generalisierung oder Vererbung zählt zu den Kernkonzepten der Objektorientierung. Hinter diesem Konzept stecken zwei prinzipielle Aspekte. Der *klassifizierende* Aspekt der Vererbung dient der Dokumentation von Ähnlichkeiten zwischen Klassen. Diese Ähnlichkeiten sind sowohl struktureller als auch verhaltensbezogener Natur.

Der *konstruktive* Aspekt von Vererbung dient der Konstruktion von neuen Klassen aufbauend auf bereits existierenden. Dieser Aspekt spielt vor allem auf programmiersprachlicher Ebene eine Rolle. Der Nutzen eines Vererbungskonzepts auf Klassen- oder Schnittstellenebene für die Anpassung von Klassen auf neue Kontexte und damit für die Wiederverwendung von Software ist heute nahezu unbestritten und die Verwendung von Klassenbibliotheken ohne ein Vererbungskonzept kaum denkbar.

In den frühen Phasen des Entwurfs steht hingegen der klassifizierende Aspekt im Vordergrund. Da der Begriff der Vererbung gemeinhin mit dem konstruktiven Aspekt verbunden wird, wollen wir deshalb im folgenden den Begriff der *Generalisierung* bzw. *Spezialisierung* verwenden und nennen die aufeinander bezogenen Klassen *Super-* bzw. *Subklassen*.

Generalisierungshierarchien in Klassendiagrammen stellen Ähnlichkeiten zwischen Klassen dar. Subklassen haben eine ähnliche Struktur wie ihre Superklassen - sie besitzen die Attribute, Assoziationen und Operationen ihrer Superklassen.

Abb. 2-11 zeigt eine Generalisierungshierarchie für Kunden, die zwischen privaten Kunden und Firmen unterscheidet.

Der Aspekt der Verhaltensähnlichkeit von Super- und Subklassen wird in den meisten objektorientierten Methoden bislang vernachlässigt, und es gibt nur wenige Ansätze, die sich damit beschäftigen, wie sich Verhaltensähnlichkeit in den Spezifikationen von Super- und Subklassen niederschlägt. Mit dieser Frage wird sich Kapitel 7 im Detail beschäftigen.

Die strukturelle und verhaltensbezogene Ähnlichkeit zwischen Super- und Subklassen drückt zunächst eine Beziehung zwischen Klassen aus. Generalisierung ist jedoch auch mit einer Beziehung auf Instanzebene, d.h. zwischen Objekten, verbunden. Weil Objekte von Subklassen die Eigenschaften ihrer Superklassen besitzen, können sie auch als Instanzen ihrer Superklasse verwendet werden. Diese Beziehung wird meist als *ist-ein*-Relation (jedes Objekt der Subklasse *ist ein* Objekt der Superklasse) oder als *Subtyp-Polymorphismus* bezeichnet.

MOS beschränkt sich auf einfache Generalisierung. Vielfache Generalisierung (d.h. eine Subklasse kann mehrere Superklassen besitzen) ist in der UML möglich, besitzt als Instrument der Klassifizierung aber nur untergeordnete praktische Bedeutung und würde daher vorliegenden Ansatz unnötig verkomplizieren.

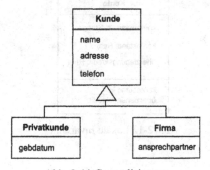

Abb. 2-11 Generalisierung

2.1.5 Invarianten

Durch die bisher vorgestellten Konzepte in Klassendiagrammen lässt sich die Struktur von Objekten nur grob darstellen. Detailliertere Eigenschaften, die für ein System von Objekten charakterisierend sind, lassen sich durch *Invarianten* beschreiben. Invarianten formulieren

– Abhängigkeiten und
– Konsistenzbedingungen,

die in und zwischen Objekten gelten sollen. Insbesondere schränken sie die Attributwerte von Objekten und deren Bezüge zu anderen Objekten ein oder beschreiben funktionale Abhängigkeiten zwischen Attributen.

Als Beschreibungsmittel für Invarianten dienen in MOS Prädikate oder informeller Text. Die Prädikate sind Ausdrücke der Sprache P-MOS, die in Abschnitt 2.3 vorgestellt wird. P-MOS enthält Konstrukte, die eine Navigation entlang von Attributen und Objektbezügen erlauben und so die Formulierung von beliebigen Beziehungen in Objektstrukturen ermöglichen.

Hinsichtlich der Zuordnung von Invarianten unterscheiden wir zwischen

– *lokalen* und
– *globalen* Invarianten.

Lokale Invarianten werden einer Klasse zugeordnet und beschreiben Eigenschaften, die sich auf einzelne Objekte dieser Klasse beziehen. Im Diagramm notieren wir sie in einem separaten Abschnitt der Klasse. Abb. 2-12 zeigt als Beispiel die Klasse **Konto** mit dem zusätzlichen Attribut überziehungskredit und der Bedingung, dass der Kontostand immer größer als der Überziehungskredit sein muss.

Abb. 2-12 Lokale Invariante

Globale Invarianten beschreiben Eigenschaften, die sich auf mehrere Objekte im System beziehen. Sie werden in einem separaten Abschnitt des Diagramms aufgeschrieben. Abb. 2-13 beschreibt informell die globalen Invarianten der Bäckerei Brezenbeißer aus 2.1.3. Die Formulierung dieser Bedingungen als Prädikate wird in Abschnitt 2.3 behandelt werden.

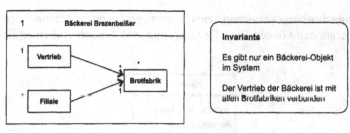

Abb. 2-13 Globale Invarianten

Die Bedingung, dass es nur ein Bäckerei-Objekt im System gibt, wird graphisch auch durch die Zahl 1 in der linken Ecke der Klasse angezeigt. Ebenso wie die Anzahl existierender Objekte einer Klasse formulieren auch die Vielfachheiten der Assoziationen einschränkende Eigenschaften von Objektsystemen und sind daher als schematische Formen von Invarianten zu betrachten.

Invarianten sind zunächst eine Beschreibungstechnik für die statische Struktur eines Systems. Eng damit verknüpft ist jedoch die Frage, zu welchen Zeitpunkten im Systemablauf die Invarianten erfüllt sein sollen. In vielen Ansätzen werden die Invarianten dazu mit dem Operationsbegriff verknüpft. In 5.3 wird diskutiert, warum eine solche Interpretation von Invarianten in einem Kontext, in dem Objekte nebenläufig agieren und Operationen parallel ausführen, nicht trivial ist, und es wird ein Lösungsansatz vorgestellt.

Invarianten in der UML. Invarianten sind in der UML kein eigenständiges Konzept, sondern können im Klassendiagramm in den sogenannten *Notes* dargestellt werden. Die Notes (vgl. Abb. 2-14) sind ein Konzept, mit dem Klassendiagramme um Kommentare angereichert werden können.

Als Sprachmittel zur Spezifikation von Invarianten dienen in der UML, ähnlich wie in MOS, Prädikate in OCL oder informeller Text. Eine Unterscheidung zwischen lokalen und globalen Invarianten gibt es in der UML nicht.

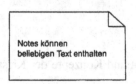

Abb. 2-14 Notes in der UML

2.1.6 Operationen

Die Operationen einer Klasse bestimmen die Schnittstelle eines Objekts. Sie sind Dienste, die den Zustand eines Objekts ändern können und Informationen über diesen Zustand nach außen tragen können.

Im Klassendiagramm werden Operationen in einem separaten Abschnitt zusammen mit ihren Parametern aufgelistet. Abb. 2-15 zeigt als Beispiel die Ope-

rationen gutschreiben, abbuchen, zins_ändern und zins_berechnen der Klasse
Konto. Operationen können (wie die Operation zins_berechnen) einen Ergebnis-
typ haben.

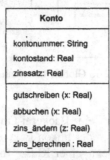

Abb. 2-15 Operationen

Der Operationsbegriff wird uns noch an vielen Stellen in diesem Buch
beschäftigen. Er ist eines der Grundkonzepte dynamischen Systemverhaltens und
beschreibt Dialoge zwischen Objekten. Es wird insbesondere geklärt werden,

– welche prinzipiellen Formen diese Dialoge annehmen können,
– wie Nachrichten und Operationen zueinander in Beziehung stehen und
– wie die Eigenschaften von Operationen spezifiziert werden.

Diese Fragen sind sowohl mit der zugrundeliegenden Objektsicht als auch mit
den Beschreibungstechniken der Dynamik verbunden und werden in den jeweiligen Kapiteln diskutiert. Die Klassendiagramme beschränken sich wie im Beispiel
oben auf eine einfache Schnittstellensicht der Operationen.

Operationen in der UML. Wie bei den Attributtypen ist die Spezifikation der
Parametertypen in der UML nicht näher definiert.

2.1.7 Zusammenfassung

Abb. 2-16 fasst die Notationen und Konzepte der Klassendiagramme in schematischer Weise zusammen.

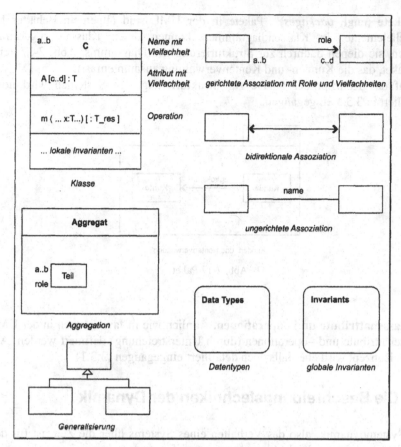

Abb. 2-16 Notationen in Klassendiagrammen

2.1.8 Weitere Elemente in UML-Klassendiagrammen

MOS umfasst nur die Kernkonzepte der UML. An dieser Stelle sei nur kurz auf weitere Elemente in UML-Klassendiagrammen verwiesen.

Sichtbarkeiten (engl. *visibilities*). Attributen, Operationen und Assoziationen können Sichtbarkeiten wie in Java (public, protected oder private) zugeordnet werden.

Schnittstellen (engl. *interfaces*). Äquivalent zum Schnittstellenkonzept in Java können Klassendiagramme Schnittstellen (Gruppierungen sichtbarer Operationen) enthalten. Zugehörige graphische Beziehungen stellen dar, dass eine Klasse eine Schnittstelle benötigt oder erfüllt.

Parametrisierte Klassen (engl. *templates*). Klassen können generische Anteile enthalten. Damit können z.B. Mengen über einer beliebigen Element-klasse beschrieben werden.

Pakete (engl. *packages*).   Pakete in der UML sind allgemein Behälter für Modellelemente. In Klassendiagrammen können ihnen Klassen zugeordnet werden, sie dienen dadurch zur Strukturierung des Diagramms. Abb. 2-17 zeigt ein Paket, das die Kunden- und Kontenverwaltung zusammenfasst.

Auf das Konzept der Pakete zur Strukturierung von Systemen wird noch detailliert in 3.3.5 eingegangen.

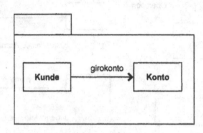

Kunden- und Kontenverwaltung

Abb. 2-17 Paket

Klassenattribute und –operationen. Ähnlich wie in Java können in der UML Klassenattribute und –operationen (durch Unterstreichung) definiert werden. Auf dieses Konzept wird ebenfalls noch detailliert eingegangen (3.3.1).

2.2 Die Beschreibungstechniken der Dynamik

Die Systemdynamik, also das Verhalten eines Systems über die Zeit, ist für den Entwickler meist ungleich schwerer zu begreifen und zu konzipieren als dessen statische Struktur. Um so mehr Gewicht muss auf ein strukturiertes und konzeptuell fundiertes Vorgehen bei der Spezifikation dynamischen Systemverhaltens gelegt werden.

Die grundlegende objektorientierte Sicht eines sich dynamisch verhaltenden Systems ist die einer Menge von Objekten, die untereinander durch den Austausch von *Nachrichten* kommunizieren. Nachrichten sind atomare Informationseinheiten, die von einem Objekt (dem *Sender*) zu einem anderen Objekt (dem *Empfänger*) gesendet werden und bei diesem eine Reaktion auslösen. Mögliche Reaktionen des Empfängers sind eine Zustandsänderung und das Aussenden weiterer Nachrichten.

Hinsichtlich dieses Grundverständnisses beziehen sich Spezifikationen des Objektverhaltens auf folgende Aspekte:

– Welche Nachrichten werden zwischen den Objekten ausgetauscht?
– Wie reagieren Objekte auf empfangene Nachrichten?
– Welche Nachrichtenfolgen treten im System auf?

Die MOS-Beschreibungstechniken der Dynamik, Sequenz- und Zustandsdiagramme, spezifizieren diese Aspekte in unterschiedlicher Weise; dies wird in den folgenden Unterabschnitten noch genauer diskutiert werden.

Von essentieller Bedeutung ist aber auch das Grundverhalten der Objekte, in dessen Kontext die Spezifikationen interpretiert werden. Dieses Grundverhalten legt

- die Art des Nachrichtenaustausches und
- den Lebenszyklus der Objekte mit ihrem nebenläufigen Verhalten

fest. Kapitel 4 wird sich detailliert mit diesem Grundverhalten beschäftigen. An dieser Stelle soll es nur kurz charakterisiert werden.

Nachrichten

Nachrichten in MOS besitzen eine Struktur, bestehend aus einem Namen und möglichen Parametern. Die folgenden Beispiele zeigen verschiedene Arten von Nachrichten:

- Jeder Operationsaufruf ist eine Nachricht, die das aufrufende Objekt zum aufgerufenen Objekt sendet, z.B. die Nachrichten

    abbuchen(400) und
    zins_berechnen,

  die ein Kundenobjekt an ein Kontoobjekt sendet.

- Auch von Operationen zurückgegebene Werte sind Nachrichten, z.B. die Nachricht

    return(30),

  die das Kontoobjekt als Reaktion auf die Nachricht zins_berechnen an das Kundenobjekt zurücksendet.
- Nachrichten können von außerhalb des Systems kommen, z.B. die Nachricht

    es_ist_Monatsende.

Die Beispiele zeigen, dass MOS zwischen Operationen und Nachrichten unterscheidet. Nachrichten sind atomar, während Operationen im allgemeinen komplexe Dienste oder Abläufe sind, die auf der Basis atomaren Nachrichtenaustausches spezifiziert werden können. Auf diesen Aspekt wird in den folgenden Kapiteln noch näher eingegangen werden.

Nachrichten und Assoziationen

Objekte können Nachrichten nur an Objekte senden, die sie „kennen". Zum einen sind es also die Assoziationen und Attributbezüge, entlang derer Nachrichten fließen können. Zum anderen können andere Objekte einem Objekt auch nur temporär bekannt sein, z.B. durch Parameterübergabe.

An dieser Stelle wird die enge Verbindung zwischen statischer und dynamischer Systemsicht deutlich. Eine Assoziation

kann immer auch so interpretiert werden, dass Kundenobjekte Nachrichten an Kontoobjekte senden können. Kommunikationsbeziehungen zwischen Objekten haben also Einfluss auf den Entwurf der statischen Struktur des Systems und umgekehrt. Allerdings entspricht nicht jede Kommunikationsbeziehung einer Assoziation, wie oben begründet.

Objekte und ihr nebenläufiges Verhalten

Die grundlegende Sicht des Objekt- und Systemverhaltens in MOS kann charakterisiert werden durch

– Objekte, die sequentielle Maschinen sind und
– Systeme, in denen Objekte nebenläufig agieren.

Abläufe, die das Verhalten eines einzelnen Objekts betreffen, sind immer sequentiell. Da die Daten lokal in den Objekten gespeichert sind, erfolgt damit insbesondere stets ein sequentieller Datenzugriff. Nebenläufigkeit beschränkt sich auf die Systemebene, d.h. auf das parallele Agieren von Objekten. Die Synchronisation von Objekten untereinander erfolgt über das gegenseitige Austauschen von Nachrichten. Diese Beschränkung ist sinnvoll, da dadurch relativ implementierungsnahe Probleme wie interne Synchronisation und inkonsistente Objektzustände aus der Spezifikationsphase herausgehalten werden. Wesentliche Einschränkungen für die grundsätzliche Konzeption des Informationssystems entstehen dadurch nicht.

Objekte haben eine dynamische Natur. Sie existieren erst, nachdem sie *kreiert* wurden und sind dann bereit, Operationen auszuführen. Zu seiner Kreierung besitzt jedes Objekt eine spezielle Kreierungsnachricht. Das Löschen von Objekten ist in MOS nicht vorgesehen. Zum einen ist ein explizites Löschen unnötig, da es durch das „Abhängen" von Objekten aus einer Objektstruktur ersetzt werden kann. Zum anderen führen Modelle, die ein Löschen von Objekten erlauben, zu umständlicheren Spezifikationen und erhöhen die Gefahr von Unvollständigkeit oder Fehlern. Dieser Aspekt wird in Kapitel 4 noch eingehend diskutiert werden.

In der nachrichtenbasierten Sicht können Operationen ganz allgemein als Dialoge zwischen zwei Objekten betrachtet werden. Eine solch allgemeine Sicht ist gerade für die frühen Entwurfsphasen von Bedeutung. Unter diesen Dialogen werden wir bestimmte Protokolle auszeichnen, die üblichen Operationsbegriffen entsprechen, nämlich

– *Prozeduren* – der Dialog beschränkt sich auf den Aufruf und einen zurückgegebenen Wert; das aufrufende Objekt wartet auf die als Nachricht zurückgesendete Antwort,
– *asynchrone Operationen* – der Dialog beschränkt sich auf den Aufruf; das aufgerufene Objekt bearbeitet die Operation, das aufrufende Objekt wartet nicht.

Da Objekte ein sequentielles Verhalten besitzen, führt ein Objekt alle Operationen sukzessive aus. Das nebenläufige Verhalten verschiedener Objekte impliziert aber, dass mehrere Operationen im System (von verschiedenen Objekten) parallel bearbeitet werden können.

2.2.1 Sequenzdiagramme

Abb. 2-18 zeigt ein einfaches Sequenzdiagramm, das den Ablauf des Überweisens eines Geldbetrags von einem Konto auf ein anderes beschreibt.
    Ein Sequenzdiagramm enthält als Grundelemente

- eine Menge von Objekten mit zugehörigen Lebenslinien
- eine Folge von Nachrichten, die durch Pfeile vom sendenden zum empfangenden Objekt repräsentiert werden,
- den Namen des Diagramms.

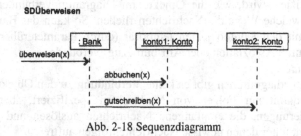

Abb. 2-18 Sequenzdiagramm

Die Anordnung der Pfeile im Diagramm von oben nach unten beschreibt den zeitlichen Ablauf der Nachrichten.
    Das Sequenzdiagramm **SDÜberweisen** in Abb. 2-18 enthält drei Objekte, zwei Kontoobjekte konto1 und konto2 und ein Objekt der Klasse **Bank**; konto1 und konto2 sind vom Entwickler vergebene *Objektnamen*, das Bankobjekt bleibt in der Spezifikation *anonym*. Der Nachricht überweisen ist im Diagramm kein sendendes Objekt zugeordnet, was bedeutet, dass der Sender nicht näher spezifiziert ist und ein beliebiges Objekt sein kann.
    Die durch Sequenzdiagramme beschriebenen Folgen von Nachrichten werden in MOS als *exemplarische* Abläufe interpretiert. Sie beschreiben damit mögliche, aber nicht notwendigerweise alle Abläufe des Systems. So beschreibt das Diagramm **SDÜberweisen** nur die prinzipielle Aufrufstruktur der Operation überweisen, aber nicht ihr vollständiges Verhalten (das Abbuchen von konto1 könnte aufgrund eines zu niedrigen Kontostands misslingen, die Nachricht gutschreiben würde in diesem Fall nicht gesendet werden).
    Die Beschreibung exemplarischer Abläufe und der Übergang von exemplarischen Verhaltensbeschreibungen zu vollständigen Beschreibungen ist essentieller Teil der MOS-Methodik und wird in den folgenden Kapiteln näher diskutiert werden. Sequenzdiagramme erweisen sich dabei als sehr eingängige und flexible Technik, die in vielen Phasen und auf vielen Ebenen der Verhaltensbeschreibung zur Exploration und Veranschaulichung eingesetzt werden kann, deren semantischer Gehalt allerdings eingeschränkt ist. Aufgrund dieses eingeschränkten

semantischen Gehalts ist für Sequenzdiagramme begleitender informeller Text
wichtig.

2.2.1.1   Was ist exemplarisch an den Sequenzdiagrammen?

Sequenzdiagramme erfassen das Systemverhalten nicht präzise. Zugunsten der
Einfachheit und Anschaulichkeit der Darstellung wird an einigen Stellen auf
„exakte" Information bewusst verzichtet:

– *Beispielhaftigkeit der Abläufe*
  Sequenzdiagramme beschreiben nicht alle möglichen Abläufe, sondern nur
  einen möglichen Ablauf (bzw. mit den in 2.2.1.2 besprochenen erweiterten
  Beschreibungselementen eine Menge möglicher Abläufe).
– *Kommunikationswege*
  Nicht spezifiziert wird, wie die Objekte im Diagramm verbunden sind und
  damit, über welche Wege die Nachrichten fließen. So kann das Bankobjekt in
  Abb. 2-18 mit den Kontoobjekten temporär (durch Parameterübergabe) oder
  dauerhaft (durch Assoziation oder Attributbezug) verbunden sein.
– *Objektzustände*
  In den Sequenzdiagrammen gibt es keine Verbindung zu den Objektzuständen.
  Es werden damit nur Folgen von Nachrichten spezifiziert, aber nicht die
  Zustandsänderungen, die empfangene Nachrichten auslösen und auch nicht
  Bedingungen, unter denen gewisse Nachrichtenfolgen auftreten.
– *Beispielhaftigkeit der Nachrichten*
  Nachrichten in Sequenzdiagrammen können Parameter beinhalten, aber auch
  konkrete Werte, die Beispiele darstellen, z.B. die Nachricht überweisen(400).
  Parameter der Nachrichten dürfen auch fehlen.
– *Nachrichten an aggregierte Objekte*
  Wir interpretieren eine Nachricht an ein Objekt immer so, dass die Nachricht
  an das Objekt selbst oder an eines seiner Teilobjekte gerichtet ist. Analog
  werden Pfeile, die von einem Objekt wegführen, als Nachrichten, die entweder
  von diesem Objekt oder von einem seiner Teilobjekte gesendet wurden, interpretiert.

Auf diese Weise können Sequenzdiagramme zum einen die Kommunikation
zwischen komplexen Objekten abstrakt darstellen und zum anderen kann Aggregation als Konzept zur Dekomposition von Objekten genutzt werden. In Kapitel 5
werden wir uns noch näher mit diesem Aspekt der Hierarchiebildung auseinander-
setzen.

Abb. 2-19 zeigt als Beispiel das Diagramm eines Geldautomaten, der seine
Komponenten (Geldausgabe, Prozessor, Kartenleser und Display) aggregiert,
zusammen mit einem Ausschnitt aus der Kommunikation mit dem Kunden. Die
Nachricht karte_einführen kann in einer abstrahierenden Sichtweise als Nachricht
an den Geldautomaten aufgefasst werden, während sie in einer konkreten Sichtweise direkt vom Kartenleser empfangen wird. Ähnlich kann die zurückgegebene
Nachricht 1000 als vom Geldautomaten oder vom Display kommend interpretiert
werden.

Die dargestellte Interpretation von Nachrichten an aggregierte Objekte ist in der UML bisher nicht beschrieben.

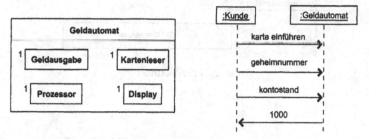

Abb. 2-19 Nachrichten von und an aggregierte Objekte

2.2.1.2 Weitere Konstrukte in Sequenzdiagrammen

Zusätzlich zu der Grundtechnik bietet MOS eine Reihe von weiteren Konstrukten an, die eine spezifischere und komfortablere Beschreibung von Abläufen in Sequenzdiagrammen erlauben.

Aktivierungsbereiche

Die Lebenslinien der Objekte können Bereiche enthalten, in denen die Objekte „aktiv" sind, d.h. Operationen ausführen. Abb. 2-20 (1) zeigt den Ablauf der Überweisung mit Aktivierungsbereichen. Jeder Bereich wird aktiviert durch eine eingehende Nachricht, der einem Operationsaufruf entspricht. Return-Nachrichten können optisch durch gestrichelte Pfeile markiert werden (Abb. 2-20 (2)). Sie schließen einen Aktivierungsbereich ab.

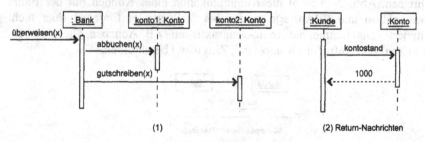

Abb. 2-20 Aktivierungsbereiche

Stellvertreter

Zur modularen Beschreibung von Sequenzdiagrammen erlauben wir die Einbindung anderer Sequenzdiagramme durch Stellvertreter. Abb. 2-21 zeigt als Beispiel den Vorgang eines Dauerauftrags, der die durch das Sequenzdiagramm **SDÜberweisen** von Abb. 2-18 spezifizierte Nachrichtenfolge beinhaltet.

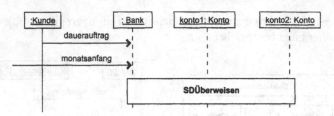

Abb. 2-21 Stellvertreter

Iteration

Mit dem Iterationsoperator können beliebig oft durchlaufene Folgen von Nach-
richten dargestellt werden. Abb. 2-22 gibt eine detailliertere Spezifikation des
Dauerauftrags. Der Kunde gibt den Dauerauftrag, die Bank führt diesen zum
Monatsanfang aus, so lange bis der Dauerauftrag wieder storniert wird.

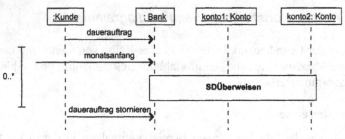

Abb. 2-22 Iteration

Alternative Abläufe

Stellvertreter können auch dazu benutzt werden, um alternative Abläufe zu
beschreiben. Abb. 2-23 zeigt die Kommunikation eines Kunden mit der Bank.
SDTransaktion und **SDAnfrage** sind dabei Stellvertreter für zwei (hier nicht
spezifizierte) Diagramme, die Konto-Transaktionen (z.B. Abheben, Gutschreiben,
Überweisen) und Anfragen (Kontostand, Zins usw.) beschreiben.

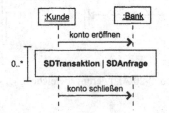

Abb. 2-23 Alternative Abläufe

Mit den erweiterten Beschreibungselementen besitzen MOS-Sequenzdiagramme die Ausdrucksmächtigkeit regulärer Ausdrücke. In den folgenden Kapiteln wird gezeigt werden, auf welchen Abstraktionsebenen sich Sequenzdiagramme sinnvoll einsetzen lassen und wie die dadurch beschriebenen Nachrichtenfolgen im Kontext des Systemgesamtverhaltens als beispielhafte Abläufe interpretiert werden.

2.2.1.3 Sequenzdiagramme in der UML

Sequenzdiagramme in der UML und in MOS stimmen in ihrer Grundform überein. Hinsichtlich der erweiternden Sprachelemente präsentiert sich die UML in der Version 1.3 jedoch noch als unausgereifte Technik, weshalb MOS auf Sprachelemente anderer Sprachen (MSC '96 [ITU 96] und EETs [BHK+ 97]) zurückgreift.

Konzeptionell bietet die UML an erweiternden Konstrukten ebenfalls Fallunterscheidung und Iteration an, allerdings ist deren Repräsentation nicht präzise festgelegt. Die Definition von Programmnamen und deren Referenz in Stellvertretern wie in MSC '96 und MOS ist in der UML nicht vorgesehen.

An zusätzlichen Sprachelementen unterscheidet die UML zwischen vier Nachrichtentypen (Aufruf einer Operation, asynchrones Senden einer Nachricht, nicht näher spezifizierte Nachricht und Return-Nachricht). Für die im weiteren betrachteten Fragestellungen genügt in MOS die nicht näher spezifizierte Nachricht, die in den Beispielen bisher verwendet wurde.

Des weiteren können in den UML-Sequenzdiagrammen Zeitbedingungen spezifiziert werden, die vor allem für die Spezifikation technischer Systeme von Bedeutung sind.

Auf die Problematik des Löschens von Objekten, das in der UML, aber nicht in MOS möglich ist, wird noch detailliert in Kapitel 4 eingegangen.

2.2.2 Zustandsdiagramme

Während Sequenzdiagramme Kommunikation zwischen Objekten modellieren, sind Zustandsdiagramme immer einem Objekt (bzw. einer Klasse) zugeordnet. Dabei wird eine *Automatensicht* eingenommen, d.h. das Verhalten eines Objekts wird auf der Basis von

- (abstrakten) Zuständen und
- Zustandsänderungen (Transitionen)

beschrieben. Abb. 2-24 zeigt als Beispiel das (vereinfachte) Zustandsdiagramm einer Benutzersitzung an einem Geldautomaten.

2.2.2.1 Zustände

Ein Zustandsdiagramm (ZD) ordnet einem Objekt eine Menge von Zuständen zu. Im Beispiel werden dem Geldautomaten die Zustände **bereit, Karte eingeführt, Geheimnummer gelesen** usw. zugeordnet. Diese Zustände nennen wir *Automa-*

tenzustände oder *abstrakte Zustände*, um sie von den durch die Attributwerte bestimmten *konkreten* Objektzuständen zu unterscheiden. Die Zustände des Automaten bieten eine abstrakte Sicht auf die konkreten Zustände und fassen meist viele konkrete Zustände zusammen, die bzgl. des Empfangens und Sendens von Nachrichten ähnliches Verhalten zeigen.

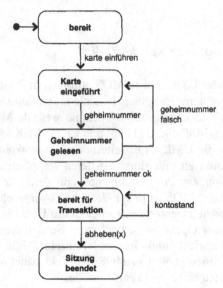

Abb. 2-24 Zustandsdiagramm eines Geldautomaten

MOS erlaubt die Angabe von Prädikaten, die diese konkreten Zustände charakterisieren. Abb. 2-25 demonstriert dies für die Zustände **im Soll** bzw. **im Haben** eines Kontoobjekts. Die Zugehörigkeit zu einem dieser abstrakten Zustände hängt in diesem Beispiel allein vom Wert des Attributs kontostand ab.

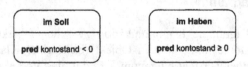

Abb. 2-25 Zustände mit Prädikaten

In jedem Diagramm ist ein *initialer* Zustand ausgezeichnet, den das Objekt nach seiner Kreierung annimmt. Im Beispiel des Geldautomaten ist dies der Zustand **bereit**.

2.2.2.2 Transitionen

Objekte ändern ihre Zustände als Reaktion auf das Empfangen von Nachrichten. Die Pfeile im Diagramm, sie repräsentieren die Zustandsänderungen, sind somit mit Nachrichten markiert. Sie beschreiben die Nachrichten, die das Objekt empfangen kann. Die Nachricht geheimnummer führt den Geldautomaten beispielsweise vom Zustand **Karte eingeführt** in den Zustand **Geheimnummer gelesen** über. Die Sender der eingehenden Nachrichten werden im Diagramm nicht spezifiziert.

Neben dieser grundlegenden Ausdrucksform können Transitionen in MOS noch näher beschrieben werden durch die Angabe

– der vom Objekt als Reaktion auf empfangene Nachrichten ausgesendeten Nachrichten,
– von Vor- und Nachbedingungen.

Abb. 2-26 zeigt als Beispiel einen Ausschnitt des Geldautomaten, in dem die Transitionen ausgehende Nachrichten beinhalten. Als Reaktion auf den Empfang der Geheimnummer wird an das Kontoobjekt k eine Nachricht zur Überprüfung gesendet. Die beiden Nachrichten geheimnummer ok und geheimnummer falsch sind die Antworten dieser Überprüfung. Falls die Geheimnummer nicht korrekt ist, wird an den Kartenleser der Befehl zum Auswerfen der Karte gesendet.

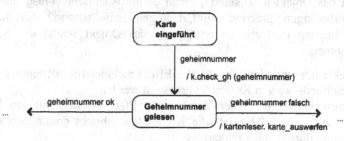

Abb. 2-26 Ausgehende Nachrichten

Abb. 2-27 zeigt eine Transition mit der Vorbedingung, dass jeder abgehobene Geldbetrag kleiner als 2000 Euro sein muss.

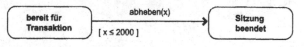

Abb. 2-27 Vorbedingungen

Während die Transition in Abb. 2-27 nur grob fordert, dass jeder abgehobene Geldbetrag die Grenze von 2000 Euro nicht überschreiten darf, stützt sich die Transition in Abb. 2-28 auf einen zulässigen Höchstbetrag pro Tag ab. Dazu nehmen wir ein Attribut verfügbar an (dessen Wert z.B. von der Karte abgelesen wird). Die Transition ist mit einer Vor- und einer Nachbedingung verbunden. Die Nachbedingung spezifiziert die durch die eingehende Nachricht ausgelöste Änderung der Attributwerte.

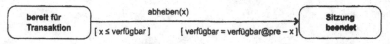

Abb. 2-28 Vor- und Nachbedingungen

   Vor- und Nachbedingungen sind lokale Prädikate der Sprache P-MOS, die sich auf ein gegebenes Klassendiagramm beziehen. Eine Nachbedingung kann sich auf die Attributwerte vor Empfang der Nachricht abstützen (im Beispiel verfügbar@pre).

   Vor- und Nachbedingungen erlauben die Spezifikation von Zustandsänderungen des Objekts in viel detaillierterer Weise, als es die Änderung der abstrakten Zustände vermag, da sie sich auf eine spezifische Transition beziehen und damit Abhängigkeiten von Nachrichtenparametern mit einbeziehen können, wie es das Beispiel zeigt.

   Zusammenfassend wird eine Transition

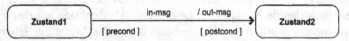

informell in folgender Weise interpretiert:

> Ist das Objekt in Zustand1, erhält es die Nachricht in-msg und ist die Vorbedingung precond erfüllt, dann geht es in Zustand2 über, die Nachbedingung postcond ist erfüllt und das Objekt sendet die Nachricht out-msg.

   Eine exakte Interpretation, die z.B. den Effekt nichtdeterministischer Transitionen mit einschließt, wird in Kapitel 6 vorgestellt werden.

   Kreierungsnachrichten werden durch einen Pfeil auf den initialen Zustand dargestellt, wie Abb. 2-29 zeigt (die Kreierungsnachricht create-msg und die Nachbedingung dürfen dabei fehlen).

Abb. 2-29 Initialer Zustand und Kreierungsnachricht

2.2.2.3 Lange Transitionen

Zustandsänderungen in Zustandsdiagrammen werden durch atomare Nachrichten ausgelöst. Zusätzlich zu dieser Sichtweise erlaubt MOS auch sogenannte *lange Transitionen*, die durch Operationen ausgelöst werden. Sie werden mit ausgefüllten Pfeilen markiert. Abb. 2-30 zeigt das Zustandsdiagramm eines Kontoobjekts mit langen Transitionen. Eine Transition mit zwei Markierungen wird dabei als Abkürzung für zwei Transitionen mit jeweils einer Markierung verstanden.

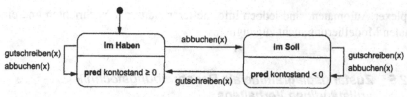

Abb. 2-30 Lange Transitionen

Eine lange Transition wird so interpretiert, dass das Objekt nach Ausführung der Operation seinen abstrakten Zustand in angegebener Weise geändert hat. Die Operation kann dabei ein komplexer Ablauf (d.h. Folge von ausgetauschten Nachrichten) sein. Eine lange Transition kann mit einer Vorbedingung verbunden sein (z.B. könnten wir die durch die Operation abbuchen(x) ausgelöste Zustandsänderung vom Zustand **im Haben** zum Zustand **im Soll** mit der Vorbedingung [x > kontostand] assoziieren).

Nachbedingungen von Operationen sind nicht Teil des Diagramms, sondern werden gesondert in den Operationsspezifikationen angegeben. Dazu sei auf Abschnitt 6.3 verwiesen.

Zustandsdiagramme mit langen Transitionen sind dazu geeignet, eine Schnittstellensicht von Klassen zu beschreiben. In den folgenden Kapiteln werden wir uns noch näher mit den damit verbundenen methodischen und semantischen Fragen beschäftigen.

2.2.2.4 Aktionen

Als weiteres Beschreibungselement können Zustände mit informellen *Aktionen* verbunden werden. Die Aktionen beschreiben die Reaktion des Objekts auf eine eingehende Nachricht durch freien Text (gekennzeichnet mit dem Schlüsselwort **do**).

Abb. 2-31 zeigt wiederum einen Ausschnitt des Geldautomaten.

Abb. 2-31 Aktion

Wie ein Vergleich mit Abb. 2-26 zeigt, sind Zustandsdiagramme mit Aktionen Vorstadien zu Zustandsdiagrammen mit ausgehenden Nachrichten, wenn z.B. noch nicht bekannt ist, an welche Objekte die ausgehenden Nachrichten gerichtet sind. Aktionen unterstützen so ein strukturiertes Vorgehen bei der Erstellung komplexer Automaten, sind jedoch informellerer Natur als Nachrichten und einer formalen Modellierung nicht zugänglich.

2.2.2.5   Zustandsdiagramme als Beschreibungstechnik vollständigen Verhaltens

Hinsichtlich der zu Beginn von Abschnitt 2.2 formulierten Modellierungsaspekte der Beschreibungstechniken der Dynamik beschreiben Zustandsdiagramme

– Folgen von Nachrichten, die das spezifizierte Objekt empfangen kann,
– die als Reaktion auf die empfangenen Nachrichten ausgesendeten Nachrichten,
– die Zustandsänderungen des Objekts.

Im Unterschied zu Sequenzdiagrammen sind Zustandsdiagramme damit eine Beschreibungstechnik, mit der Objektverhalten *vollständig* spezifiziert werden kann, d.h. Verhalten eindeutig determiniert wird. Freilich können Zustandsdiagramme aber auch unvollständig sein (z.B. können gewisse Nachrichtenfolgen fehlen oder Zustandsänderungen nur ungenau spezifiziert sein).

Zudem ist zu beachten, dass Vollständigkeit ein relativer Begriff ist. Ein Zustandsdiagramm kann vollständig bzgl. einer Nachrichtenmenge sein und unvollständig bzgl. einer anderen, größeren Nachrichtenmenge. Auch bezieht sich Vollständigkeit immer auf eine bestimmte Abstraktionsebene; eine detailliertere Sichtweise erfordert die Erweiterung oder Veränderung des Zustandsdiagramms (so beschreibt unser Geldautomat noch keinen realen Geldautomaten, da ein solcher nicht ein beliebiges Ausprobieren der Geheimnummer erlauben würde, so wie es unser Automat tut).

Zustandsdiagramme werden also methodisch zur vollständigen Beschreibung von Abläufen eingesetzt. Vergleicht man das Sequenzdiagramm von Abb. 2-19 mit dem Zustandsdiagramm des Geldautomaten in Abb. 2-24, so sieht man, dass Sequenzdiagramme, grob gesagt, meist Pfaden in Zustandsdiagrammen entsprechen. In diesem Fall enthalten Sequenzdiagramme im Kontext von Zustandsdiagrammen *redundante*, d.h. ableitbare Information.

Vom methodischen Standpunkt aus stellen Zustandsdiagramme also eine Technik dar, mit der die durch die Sequenzdiagramme beschriebenen exemplarischen Abläufe vervollständigt und mit den Objektzuständen verbunden werden können. Die Zustandsdiagramme können dabei sowohl dazu eingesetzt werden, eine Gesamtsicht einer Klasse zu bilden, als auch die einer Klasse zugeordneten Operationen auf der Basis atomaren Nachrichtenaustausches zu spezifizieren. Dieser Aspekt wird in Abschnitt 3.4 und Kapitel 6 noch detailliert diskutiert werden.

2.2.2.6   Zustandsdiagramme in der UML

Für die Zustandsdiagramme in der UML wurde die Notation der Statecharts [Har 87] übernommen. Statecharts enthalten eine Fülle von Konzepten, die für die Modellierung technischer Systeme von Bedeutung sind, für die Anwendung bei betrieblichen Informationssystemen aber nur eine untergeordnete Rolle spielen.

Somit enthalten die MOS-Zustandsdiagramme nur einen kleinen Ausschnitt der Konzepte der UML-Zustandsdiagramme.

Als wohl wichtigstes erweiterndes Konzept der Statecharts ist die Hierarchiebildung zu nennen. Hierarchiebildung erlaubt die Verschachtelung von Zustandsdiagrammen in den Zuständen und dient der Vermeidung großer Mengen von Transitionen.

Als weiteres Konstrukt unterstützt UML die Spezifikation paralleler Zustände. Damit werden Objekte beschrieben, die sich gleichzeitig in mehreren Zuständen befinden. Mit Hierarchiebildung und parallelen Zuständen sind eine Fülle von Erweiterungen, Zustände und Transitionen betreffend, verbunden, z.B. Synchronisationszustände, Verzweigung von Transitionen und der History-Indikator.

Andere erweiternde Konzepte, die ebenfalls vor allem für die Modellierung technischer Systeme von Bedeutung sind, sind unterschiedliche Typen von Aktionen in den Zuständen (bei Eintreten und Verlassen des Zustands) und spezielle Nachrichten, die mit einem Zeitbegriff verbunden sind.

Offen ist in der UML die Spezifikation von Aktionen in den Transitionen. Lässt MOS an dieser Stelle aus Gründen der Einfachheit nur die Spezifikation einer einzelnen Ausgabenachricht zu, sieht die UML die Anbindung einer beliebigen, nicht näher beschriebenen Sprache zur Beschreibung von Aktionen (Senden von Nachrichten, Aufruf von Operationen, Ausführung einer Folge von Aktionen etc.) vor.

Konzepte, die MOS unterstützt, aber nicht die UML, sind nachfolgend kurz aufgelistet:

- Prädikate in den Zuständen (Abb. 2-25)
- Transitionen mit Nachbedingungen (Abb. 2-28)
- Spezifikation der Kreierungsnachricht vor Erreichen des initialen Zustandes (Abb. 2-29)
- das Konzept der langen Transitionen (Abb. 2-30).

Insgesamt beziehen sich die Erweiterungen von MOS in Bezug auf die UML-Zustandsdiagramme auf die spezifische Anwendung der Diagramme im objektorientierten Kontext. An dieser Stelle ist die nicht-objektorientierte Herkunft der Statecharts erkennbar.

2.2.3 Zusammenfassung

Die folgenden Abbildungen fassen die Beschreibungselemente von Sequenz- und Zustandsdiagrammen zusammen. Tab. 2-3 gibt darüber hinaus eine kurze Übersicht über die Modellierungsaspekte beider Diagrammtypen.

	Sequenzdiagramme	Zustandsdiagramme
Grundkonzept	Nachrichten	Nachrichten
beschriebene Abläufe	- exemplarische Abläufe - globale Sicht (Kommunikation zwischen Objekten)	- potentiell vollständige Abläufe - lokale Sicht (Verhalten eines Objekts)
Bezug zu Objektzuständen	–	- grob durch Änderung von abstrakten Zuständen - detailliert durch Vor- und Nachbedingungen und Zustandsprädikate

Tab. 2-3 Modellierungsaspekte

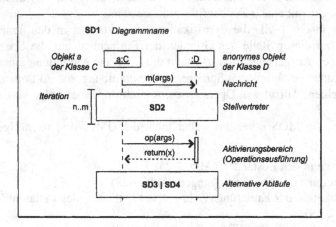

Abb. 2-32 Sequenzdiagramme

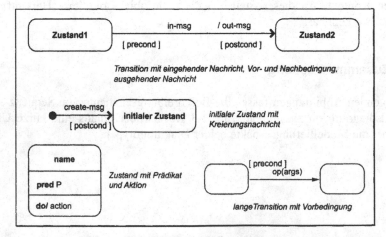

Abb. 2-33 Zustandsdiagramme

2.3 Die prädikative Sprache P-MOS

P-MOS ist eine Sprache von Ausdrücken und Prädikaten zum Navigieren über Objekten, Zuständen und Objektbezügen. Die Ausdrücke und Prädikate in P-MOS

- beziehen sich auf ein gegebenes Klassendiagramm
- sind rein statisch. Insbesondere liefern Ausdrücke in P-MOS einen Wert zurück, sind aber nicht zustandsverändernd. Ausdrücke und Prädikate beziehen sich auf den Zustand einer implizit gegebenen Menge von Objekten zu einem festen Zeitpunkt.
- sind getypt. Die möglichen Typen stützen sich dabei auf ein gegebenes Typdefinitionsschema einer funktionalen oder algebraischen Sprache ab. Der hier vorgestellte Ansatz beschränkt sich auf das Schema in Tab. 2-1. Komplexe Typausdrücke können sowohl gegebene Grunddatentypen als auch Klassen enthalten.

Die Sprache P-MOS kann an mehreren Stellen einer MOS-Spezifikation verwendet werden. Die Prädikate beschreiben

- lokale und globale Invarianten in Klassendiagrammen
- Wächterbedingungen in Zustandsdiagrammen
- Vor- und Nachbedingungen von Operationen.

Im folgenden werden die einzelnen Sprachelemente von P-MOS an Beispielen vorgeführt.

2.3.1 P-MOS-Ausdrücke

Ein P-MOS-Ausdruck beschreibt eine Navigation in einer durch ein Klassendiagramm induzierten Objektstruktur, die einen Wert abliefert.

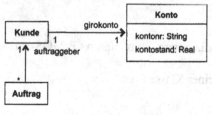

Abb. 2-34 Beispiel

P-MOS-Ausdrücke bzgl. des in Abb. 2-34 gezeigten Klassendiagramms sind z.B.

       auftr.auftraggeber.girokonto und
       jim.girokonto.kontostand;

auftr und jim sind dabei Variablen. Jedem P-MOS-Ausdruck ist ein Typ zugeordnet; im ersten Beispiel ist dies die Klasse Konto, im zweiten Beispiel der Datentyp Real.

Im einzelnen können P-MOS-Ausdrücke mit den folgenden sechs Regeln gebildet werden.

1. Primitive Konstanten und Funktionen

Aus den Konstanten und Funktionen der Grunddatentypen (vgl. Tab. 2-1) lassen sich Ausdrücke bilden.

Beispiele

true, false, 0, 1, 2,	sind Ausdrücke des Typs Boolean bzw. Integer.
e1 + e2, s1 ∪ s2, {e}	sind Ausdrücke des Typs Integer bzw. Set[T] (Mengen von Ts), falls e1, e2 Ausdrücke des Typs Integer, s1, s2 Ausdrücke des Typs Set[T] sind und e Ausdruck des Typs T ist.

2. Variablen

Ausdrücke können getypte Variablen enthalten. Die Variable eines Klassentyps steht dabei für einen Objektidentifikator. Sie stellt einen vom Entwickler gegebenen *Objektnamen* dar und dient als Ausgangspunkt für eine Navigation in der unterliegenden Objektstruktur.

Beispiele

    jim: Kunde,
    set_x: Set[Integer],
    mitarbeiter: Set[Person]

Die Variable mitarbeiter steht für eine Menge von Personen(identifikatoren).

3. Attribute

Attribute im Klassendiagramm implizieren P-MOS-Ausdrücke in folgender Weise.
Für jedes Attribut A:T einer Klasse C ist

    e.A

ein Ausdruck des Typs T, falls e Ausdruck des Typs C ist. Der Ausdruck e.A bezeichnet den Wert des Attributs A des durch e beschriebenen Objekts (im implizit gegebenen Objektzustand).

Beispiele

    jim. name und jim.arbeitgeber.adresse

sind P-MOS-Ausdrücke des Typs String im folgenden Klassendiagramm.

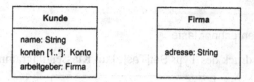

__Spezialfall:__   Attribute mit Vielfachheiten   A [a..b] : T

Falls [a..b] ≠ [1..1], ist e.A ein mengenwertiger Ausdruck, d.h. vom Typ Set[T].
Ist [a..b] = [1..1], so ist e.A vom Typ T.

Beispiel

>   jim.konten

ist ein P-MOS-Ausdruck des Typs Set[Konto] im Klassendiagramm oben.

4. Assoziationen

Eine Assoziation

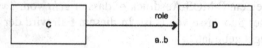

impliziert einen P-MOS-Ausdruck

>   e.role

des Typs Set[D] (bzw. D, falls a..b = 1..1), falls e Ausdruck des Typs C ist.

Beispiel

>   mein_konto.inhaber

ist ein P-MOS-Ausdruck des Typs Kunde bzgl. der unten dargestellten Assoziation.

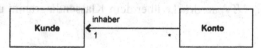

__Spezialfälle__

- Der Rollenname fehlt. In diesem Fall erhält die Assoziation den vordefinierten Rollennamen d (also den Klassennamen klein geschrieben). Dies ist allerdings nur möglich, wenn dadurch keine Zweideutigkeiten entstehen (z.B. bei mehrfachen Assoziationen).
- Bei bidirektionalen Assoziationen können Ausdrücke durch Navigation in beide Richtungen gebildet werden.
- Ausdrücke über Aggregationsstrukturen werden auf der Basis der zugehörigen Assoziationsstruktur gebildet.
- Für die Behandlung von ungerichteten Assoziationen in P-MOS-Ausdrücken sei auf Abschnitt 5.2 verwiesen.

Beispiel

>   mein_taschenrechner.taste

ist ein P-MOS-Ausdruck des Typs Set[Taste] im Klassendiagramm unten.

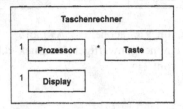

5. Generalisierung

Da jedes Objekt einer Subklasse auch Objekt der Superklasse ist, ist jeder Ausdruck einer Subklasse auch Ausdruck der Superklasse (diese Eigenschaft wird in vielen Ansätzen auch als *(Subtyp-)Polymorphismus* bezeichnet).

Wir sagen von einem P-MOS-Ausdruck e, dass er *echt* vom Typ C ist, wenn e nicht vom Typ einer Subklasse von C ist. In diesem Fall wird der Ausdruck ohne die Polymorphieregel gebildet.

6. Zustandsfunktionen

Um die Formulierung von P-MOS-Ausdrücken zu erleichtern, erlaubt P-MOS die Definition von Zustandsfunktionen. Zustandsfunktionen sind Hilfsfunktionen, die wie P-MOS-Ausdrücke eine Navigation in einer gegebenen Objektstruktur abhängig von Parametern beschreiben. Im Unterschied zu den Funktionen der Datentypen sind Zustandsfunktionen damit abhängig vom Zustand der Objekte.

Eine Zustandsfunktion wird in folgender Weise definiert:

>   **funct** f: (T_1, ..., T_n) T,

wobei T_1, ..., T_n, T Typausdrücke über dem Klassendiagramm und den Grunddatentypen sind.

Beispiel
Im Kontext des Klassendiagramms

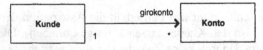

definieren wir die Zustandsfunktion

>   **funct** inhaber: (Konto) Kunde,

die die Umkehrrichtung der Assoziation beschreibt.

Zustandsfunktionen der obigen Form induzieren P-MOS-Ausdrücke

>   f(e_1, ..., e_n) des Typs T,

wobei e_1, ..., e_n Ausdrücke der Typen T_1, ..., T_n sind.

Eigenschaften von Zustandsfunktionen werden durch Prädikate definiert. Die Form der Prädikate vorwegnehmend, wird die Zustandsfunktion inhaber im Beispiel spezifiziert durch das folgende Prädikat.

∀ko: Konto. ∀ku: Kunde. inhaber(ko) = ku ⇔ ko ∈ ku.girokonto

Referenziert ein Kunde also ein Konto, dann ist er dessen Inhaber. Die Konsistenz dieser Spezifikation ist dadurch gewährleistet, dass jedes Konto von genau einem Kunden referenziert wird.

2.3.2 P-MOS-Prädikate

Basierend auf der bis jetzt definierten Struktur der P-MOS-Ausdrücke lassen sich Prädikate in gewohnter Form bilden. Tab. 2-4 fasst die Struktur der Prädikate zusammen. Die Quantoren in den Prädikaten beziehen sich auf alle zum gegebenen Zeitpunkt existierenden Objekte.

$e1 = e2$	$e1, e2$ Ausdrücke gleichen Typs
¬ P, P1 ∧ P2, P1 ∨ P2, P1 ⇒ P2, P1 ⇔ P2 ,	P, P1, P2 Prädikate
∀x:T. P, ∃x:T. P	P Prädikat, x Variable und T Typausdruck

Tab. 2-4 P-MOS-Prädikate

Als Beispiel spezifizieren wir die in 2.1.5 nur informell angegebenen globalen Invarianten der Bäckerei Brezenbeißer als Prädikate.

Invariante1: „Es gibt nur ein Bäckerei-Objekt im System"
∀b1, b2: Bäckerei_Brezenbeißer. b1 = b2

Invariante2: „Der Vertrieb der Bäckerei ist mit allen Brotfabriken verbunden"
∀b: Bäckerei_Brezenbeißer. b.vertrieb.brotfabrik = b.brotfabrik

Wie üblich sprechen wir von *geschlossenen* Prädikaten, wenn alle im Prädikat verwendeten Variablen in Quantoren gebunden sind. Nicht durch Quantoren gebundene Variablen heißen *freie* Variablen.

2.3.3 Lokale P-MOS-Prädikate

Die allgemeine Form von P-MOS-Ausdrücken und Prädikaten wird in einem zweiten Schritt angepasst auf die speziellen Anwendungskontexte, in denen diese Prädikate verwendet werden (wie Invarianten oder Vor- und Nachbedingungen von Operationen). Eine spezielle Form sind dabei *lokale* Prädikate bzw. Ausdrücke. Sie beziehen sich auf ein bestimmtes Objekt einer gegebenen Klasse und hängen nur von dessen Zustand ab. Lokale Prädikate werden z.B. dazu verwendet, lokale Invarianten zu beschreiben.

Lokale Prädikate

- enthalten eine ausgezeichnete Variable x: C einer gegebenen Klasse C,
- beschränken Ausdrücke e.A auf die Form x.A und enthalten keine Zustandsfunktionen.

Eine spezielle Variable dieser Art ist die Variable self:C, verwendet im Kontext einer Klasse C. Die lokale Invariante der Klasse **Konto** aus 2.1.5 (Abb. 2-12),

$$\text{kontostand} \geq \text{überziehungskredit}$$

ist eine abkürzende Notation für das lokale Prädikat

$$(\text{self.kontostand} \geq \text{self.überziehungskredit}) = \text{true},$$

wobei der Vergleichsoperator $\geq$ eine boolesche Funktion über ganzen Zahlen ist (und in der Invariante abkürzend als Prädikat notiert ist). Die obige abkürzende Schreibweise für P-MOS-Prädikate mit der freien Variable self wird auch in den folgenden Kapiteln verwendet.

Eine weitere spezielle Form von P-MOS Prädikaten für die Spezifikation von Nachbedingungen wird in Kapitel 6 behandelt werden.

2.3.4 P-MOS und OCL

Für das Verhältnis von P-MOS und der UML-eigenen Sprache OCL (Object Constraint Language) gilt Ähnliches wie für das Verhältnis von MOS zur UML. In ihrem Kern sind P-MOS und die OCL sowohl syntaktisch als auch konzeptionell gleich, vor allem was die Navigation über Attribute und Assoziationen betrifft.

Ansonsten orientiert sich P-MOS an algebraischen Ansätzen und bietet mit wenigen Konzepten die volle Ausdrucksstärke der Prädikatenlogik erster Stufe. Der vordefinierte Anteil in P-MOS (z.B. Mengen- oder Listenstrukturen) ist nicht ausgearbeitet.

Die OCL auf der anderen Seite orientiert sich mit ihren Konstrukten mehr an Ausführbarkeit und datenbankähnlichem Navigieren in Objektstrukturen. Dabei enthält OCL einen stark ausgeprägten Anteil vordefinierter Datentypen mit mächtigen Funktionen und nützlichen syntaktischen Abkürzungen.

Es folgt eine Reihe von Bemerkungen zum Vergleich beider Sprachen.

- Anders als P-MOS erlaubt OCL nicht die Definition neuer Typen und Zustandsfunktionen. Typen, die nicht durch Instantiierung aus den vordefinierten Typen gebildet werden können, müssen als Klassen im Klassendiagramm modelliert werden. Hilfsfunktionen, die z.B. bei der Spezifikation von Invarianten benötigt werden, müssen als Operationen in den Klassen definiert werden und dort als nicht-zustandsverändernd deklariert werden. Diese sogenannten *Query-Operationen* können in den OCL-Ausdrücken verwendet werden.
- Die Polymorphieregel (5) bezieht sich in P-MOS auf die Ausdrücke von Sub- und Subklassen. In der OCL wird diese Regel erweitert auf Mengen- und Listenstrukturen (z.B. ist ein Ausdruck vom Typ Set[Sub] auch vom Typ

Set[Super], wenn Sub Subklasse von Super ist). Zudem besitzt die OCL mit dem Collection-Typ und seinen Untertypen der Mengen, Listen und Bags auch eine Hierarchie auf Grunddatentypen. Diese Konzepte in der OCL dienen der komfortableren Spezifikation der Objektstrukturen.

- Während P-MOS beliebige Quantifizierungen und damit Einstiegspunkte in eine Objektstruktur erlaubt, sind OCL-Ausdrücke zur Beschreibung von Invarianten immer über eine Variable allquantifiziert. Diese Variable wird als der *Kontext* des OCL-Ausdrucks bezeichnet. Meist wird dafür auch die vordefinierte Variable self verwendet. Kontext einer OCL-Ausdrucks kann nicht nur ein Objekt, sondern auch eine Klasse sein. Mit der zughörigen Funktion allInstances kann so auf alle existierenden Objekte der Klasse in der unterliegenden Objektstruktur zugegriffen werden.

- Während P-MOS in klassischer Weise zwischen Ausdrücken und Prädikaten unterscheidet, enthält die OCL nur Ausdrücke. Auch die logischen Konnektoren (nicht, und, oder, ...) existieren in der OCL nur auf der Ebene boolescher Ausdrücke. Dadurch ergeben sich eine Reihe semantischer Probleme, die aus der Behandlung undefinierter Auswertungen herrühren. P-MOS kann zur Behandlung undefinierter Auswertungen hingegen auf die klassische Theorie partieller abstrakter Datentypen [BW 82] zurückgreifen.

2.4 Weitere Diagrammtypen der UML

Wurden die Beziehungen zwischen MOS und der UML bezüglich Klassen-, Sequenz- und Zustandsdiagrammen bereits in den jeweiligen Abschnitten behandelt, so sollen in diesem Abschnitt kurz die weiteren Diagrammtypen der UML vorgestellt werden.

2.4.1 Objektdiagramme

Objektdiagramme erlauben die Darstellung von Objekten auf Instanzebene. Anders als Klassendiagramme, die die prinzipielle Struktur eines Systems auf Typebene modellieren, zeigen Objektdiagramme Beispiele für momentane Zustände von Objekten („*Snapshots*").

Mit Objektdiagrammen können signifikante Objektstrukturen, z.B. invariante Teilsysteme oder Objektstrukturen vor Ausführung einer Operation, dargestellt werden. Abb. 2-35 zeigt eine Objektstruktur, passend zum Beispiel der Bäckerei Brezenbeißer, die die in 2.1.5 besprochenen Invarianten erfüllt.

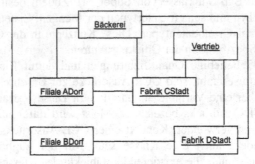

Abb. 2-35 Objektdiagramm

Objekte werden in der UML generell, wie in den Sequenzdiagrammen, mit Unterstreichung gekennzeichnet. Zusätzlich können in den Diagrammen auch Attributwerte spezifiziert werden.

Objektdiagramme sind zur Veranschaulichung komplexer Objektstrukturen nützlich, besitzen jedoch weder konzeptionell noch methodisch eine größere Bedeutung und wurden deshalb in MOS nicht berücksichtigt.

2.4.2 Kollaborationsdiagramme

Kollaborationsdiagramme erweitern Objektdiagramme um die Darstellung von Nachrichtenfluss. Von ihrer Ausdrucksstärke her sind sie ähnlich zu Sequenzdiagrammen und deshalb in diesem Buch nicht näher berücksichtigt. Abb. 2-36 stellt als Beispiel das Sequenzdiagramm der Geldüberweisung und ein äquivalentes Kollaborationsdiagramm gegenüber.

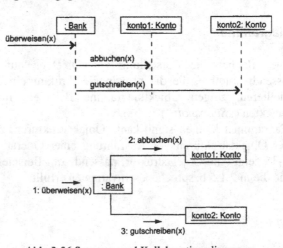

Abb. 2-36 Sequenz- und Kollaborationsdiagramm

Wie Sequenzdiagramme sind Kollaborationsdiagramme mit einer Fülle erweiternder Beschreibungselemente ausgestattet, mit denen z.B. Iteration, Operationsausführung oder das Kreieren von Objekten dargestellt werden kann.

Zusammen werden Sequenz- und Kollaborationsdiagramme als *Interaktionsdiagramme* bezeichnet. Die Wahl zwischen Sequenz- und Kollaborationsdiagrammen bleibt dem Geschmack des Entwicklers überlassen.

Hierzu ist festzustellen, dass Sequenzdiagramme die Betonung auf die Darstellung des Nachrichtenflusses legen, während dieser in den Kollaborationsdiagrammen durch die Nummerierung der Nachrichten nicht so sehr ins Auge fällt. Dafür stellen Kollaborationsdiagramme Objektstrukturen mit ihren Bezügen explizit dar, was in den Sequenzdiagrammen wiederum nicht möglich ist. Manche Werkzeuge unterstützen auch die automatische Umwandlung von Sequenz- in Kollaborationsdiagramme und umgekehrt.

2.4.3 Aktivitätsdiagramme

Aktivitätsdiagramme erlauben ebenfalls die Darstellung von Abläufen. Die Basis hierfür ist jedoch nicht das Nachrichtenkonzept, sondern die Spezifikation von *Aktionen.*

Wie schon bei den Zustandsdiagrammen ausgeführt, sind Aktionen ein informelleres Konzept als Nachrichten und werden als allgemeine Zustandsänderung im System aufgefasst.

Abb. 2-37 zeigt als Beispiel ein Aktivitätsdiagramm, das einen Bestellvorgang beschreibt.

Ein Aktivitätsdiagramm spezifiziert einen Vorgang als Folge von Aktionen (Bestellung aufgeben, bezahlen, ...), wobei die Beschreibung Parallelität bzw. Unabhängigkeit, Fallunterscheidung und Iteration von Aktionen beinhalten kann.

Die Zuordnung von Aktionen zu Objekten ist nur grob und informell und kann auch fehlen (im Beispiel wird z.B. die Aktion Bestellung aufgeben in den sogenannten „Swimlanes" dem Kunden zugeordnet).

Die Aktivitätsdiagramme sind somit inhärent nicht objektorientiert, sondern funktionsorientiert. Sie sind innerhalb des objektorientierten Entwurfs manchmal von Nutzen, aufgrund ihrer anderen Systemsicht aber nur mit Vorsicht einzusetzen. Wegen ihrer informellen Natur und nicht-objektorientierten Sichtweise sind die Aktivitätsdiagramme nicht Teil von MOS. In Kapitel 3 wird allerdings kurz skizziert werden, in welchen Schritten des objektorientierten Entwurfs Aktivitätsdiagramme eingesetzt werden können.

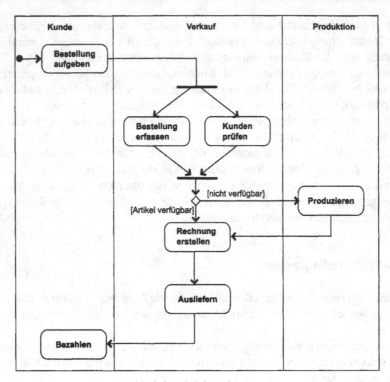

Abb. 2-37 Aktivitätsdiagramm

2.4.4 Anwendungsfalldiagramme

Anwendungsfalldiagramme (engl. *use case diagrams*) sind informelle Diagramme, die eng mit der Methodik des anwendungsfallorientierten Entwurfs zusammenhängen, konzeptionell aber ebenfalls von der objektorientierten Sichtweise unabhängig sind. Diese Diagramme werden in Kapitel 3 besprochen.

2.4.5 Implementierungsdiagramme

Mit den Komponenten- und Verteilungsdiagrammen (engl. *component diagrams* und *deployment diagrams*) besitzt die UML zwei Diagrammtypen, die die Struktur eines Systems auf technischer, implementierungsnaher Ebene darstellen. Die Diagramme beinhalten Primitive wie Komponenten, Datenbanken, Schnittstellen und Netzwerkknoten. Da die implementierungsnahe Ebene in diesem Buch nicht behandelt wird, wird auf diese Diagramme hier nicht näher eingegangen.

3 MOS – Die Methodik

In diesem Kapitel wird die MOS-Methodik des anwendungsfallorientierten Entwurfs vorgestellt, illustriert am Fallbeispiel einer elektronischen Bibliothek.

Die Methodik stützt sich auf zwei Säulen. Zum einen steuert sie die Entwurfsschritte, basierend auf dem Paradigma der Anwendungsfälle, und zum anderen beinhaltet sie Konzepte zur Systemstrukturierung im Großen. Die damit verbundenen Entwurfsschritte und Paradigmen werden in 3.2 bis 3.4 vorgestellt. Im letzten Abschnitt wird eine Einordnung der besprochenen Methodik in den Kontext des gesamten Entwurfsprozesses auf der Basis des Unified Software Development Process [JBR 99] vorgenommen.

3.1 Fallstudie – Eine elektronische Bibliothek

Das Fallbeispiel einer verteilten elektronischen Bibliothek wird den Leser in diesem Kapitel begleiten. Es soll die Konzepte und Paradigmen der Methodik anwendungsfallorientierten Entwurfs durchgängig illustrieren.

Das zu entwerfende System soll eine virtuelle Bibliothek realisieren, die dem Nutzer die Recherche im Informationsbestand und den Abruf von Dokumenten am Bildschirm erlaubt. Verfügbare Dokumente in der Bibliothek sind Bücher und Zeitschriften. Der Informationsbestand der Bibliothek ist nicht zentral organisiert, sondern auf mehrere Anbieter verteilt.

Die Fallstudie orientiert sich am Project MeDoc [BBE+ 98][1], in dem in Kooperation von Hochschulen und Verlagen ein elektronischer Publikations- und Nachweisdienst für die Informatik aufgebaut wurde. Gegenstand von MeDoc war vor allem die Bildung von Strukturen und Geschäftsmodellen für die Kostenabrechnung zwischen Anbietern und Nutzern von Dokumenten und für die Recherche in verteilten Informationsbeständen. Die dabei entwickelten Modelle sind in die Fallstudie eingegangen.

---

[1] Projektinformation findet sich auf der Seite http://medoc.informatik.tu-muenchen.de/

Für die elektronische Bibliothek treffen alle in 1.2.1 besprochenen Merkmale von Informationssystemen zu. Insbesondere besitzt sie eine verteilte Struktur, eine intensive Interaktion mit den Benutzern und komplexe interne Abläufe.

Der Rest dieses Abschnitts soll den Leser mit den Anforderungen an dieses System informell vertraut machen.

3.1.1 Die Anwender der elektronischen Bibliothek

Anwender der elektronischen Bibliothek sind Wissenschaftler, Studierende und Praktiker, die Recherche betreiben und Dokumente abrufen. Sowohl die Recherche als auch der Abruf von Dokumenten ist größtenteils kostenpflichtig.

Die Nutzer sind Einzelnutzer oder in Gruppen (z.B. Universitäten, Firmen) kategorisiert. Die Nutzer können dem System dauerhaft bekannt sein (*registrierte Nutzer*) oder nicht. Für alle Nutzertypen gelten unterschiedliche Abrechnungs- und Nutzervereinbarungen.

Zu den Anwendern der elektronischen Bibliothek zählen außerdem die Bibliotheksverwalter und Administratoren. Die Bibliotheksverwalter übernehmen die Verwaltung von Nutzer-, Anbieter- und Dokumentendaten, sowie die Kostenabrechnung und Protokollierung von Abrufen. Die Pflege des Informationsbestandes ist Aufgabe der Administratoren.

Die Anbieter von Information (z.B. Verlage) treten nicht unmittelbar mit dem System in Kontakt, sondern über die Bibliotheksverwalter im Rahmen der Abrechnung und über die Administratoren im Rahmen der Pflege des Informationsbestandes.

Abb. 3-1 zeigt zusammenfassend die Anwender der elektronischen Bibliothek.

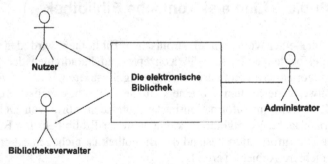

Abb. 3-1 Die Anwender der elektronischen Bibliothek

3.1.2 Die Aufgaben der elektronischen Bibliothek

Primäre Aufgabe der Bibliothek ist die Informationsvermittlung und -bereitstellung. Angeboten werden deshalb Dienste, die den Nutzern

– die Recherche in komplexen Informationsbeständen und
– das Navigieren in angeforderten Dokumenten

erlauben. Die nutzbaren Informationsbestände sind dabei auf mehrere Anbieter verteilt. Sowohl die Recherche als auch das Navigieren erfolgt über das Internet. Die Dokumente sind in eine Dokumentenhierarchie zerlegt, deren Teile einzeln abrufbar und durch Verweise miteinander verbunden sind.

Neben diesen primären Diensten zieht der Aspekt der Kostenpflichtigkeit eine Reihe von Zusatzaufgaben des Systems nach sich:

- Die Nutzer bzw. Nutzergruppen müssen verwaltet werden.
- Ebenso müssen Lizenzrechte und Gebühren verwaltet und mit den Anbietern abgerechnet werden.
- Informationsübertragungen müssen gegen Abhören und Verfälschen gesichert werden und Zugriffsberechtigungen zu Dokumenten müssen überprüft werden.

Kostenpflichtige Dokumentenabrufe können im System entweder einzeln oder, bei registrierten Nutzern, über Lizenzgebühren abgerechnet werden. Die Kosten-abrechnung erfolgt bei nicht-registrierten Nutzern über Kreditkarte, bei registrier-ten Nutzern über Rechnung. Die Kosten werden bei registrierten Nutzern auf das Konto des Nutzers bzw. seiner Gruppe gebucht.

Das Lizenzabrechnungsverfahren basiert auf Lizenzvereinbarungen zwischen Anbietern (z.B. Verlagen) und den Betreibern der Bibliothek. Jede Lizenz wird spezifisch für ein Dokument und einen Nutzer vergeben und hat eine bestimmte Gültigkeitsdauer. Innerhalb der Gültigkeitsdauer erlaubt die Lizenz dem Nutzer den unbeschränkten Zugriff auf das Dokument. Die Lizenzvereinbarung regelt Parameter wie den Preis, die Anzahl der maximal zu vergebenden Lizenzen und die Dauer der Gültigkeit.

Die Dokumente können in verschiedenen Formaten am Bildschirm ausgegeben werden oder kostenfrei als Leseprobe angezeigt werden.

3.2 Anwendungsfallorientierter Entwurf

Entwickler und Kunden denken in frühen Phasen des Entwurfs meist nicht nur in „Objekten" (wie Konten, Formularen oder Verträgen), sondern auch in Abläufen oder Aufgaben (Reservierung tätigen, Lieferplan aufstellen, Buchung stornieren usw.). Es hat sich gezeigt, dass das Operationskonzept allein nicht ausreichend ist, um solche komplexen Abläufe zu begreifen und zu modellieren, da sie meist viele Objekte betreffen und so eine Zuordnung zu einzelnen Objekten nicht natürlich ist.

Neuere objektorientierte Entwurfsmethoden verlassen deshalb den reinen Ent-wurf mit Objekten und bieten zusätzliche Modellierungskonzepte an. Der wohl prominenteste Vertreter ist Jacobson mit seinen Anwendungsfällen (engl. *use cases*), aber auch in Fusion und bei Denert wird mit den Systemoperationen bzw. den Geschäftsvorfällen ein ähnlicher Weg eingeschlagen.

Gemeinsame Grundidee dieser Ansätze ist, in den frühen Phasen des Entwurfs ein hybrides Vorgehen zu unterstützen, bei dem sowohl eine objektorientierte als auch eine funktionsorientierte Sicht des Systems eingenommen wird. Die beiden Sichten beschreiben die Objekte des Anwendungskerns zum einen und die Dienste (*Anwendungsfälle*), die das System unterstützt, zum anderen. Die weitere

Entwicklung wird dann getrieben durch die Integration der Anwendungsfälle in das objektorientierte Modell, d.h. durch die Spezifikation des Gesamtverhaltens des Systems in der objektorientierten Sichtweise.

Beschreibungstechniken, die in der hybriden Sicht verwendet werden, sind Klassendiagramme zur Konzeption des Anwendungskerns und Anwendungsfall-diagramme, zusammen mit schematischen textuellen Beschreibungen der Anwendungsfälle. Die beiden Sichten, objektorientierte und funktionsorientierte, sind dabei nicht oder nur lose gekoppelt und können zeitgleich erstellt werden.

Die anschließende Integration und Spezifikation der Anwendungsfälle in der objektorientierten Sicht involviert sowohl statische als auch dynamische Aspekte. Die Spezifikation beinhaltet damit die Erweiterung der objektorientierten Sicht um weitere Klassen, Attribute, Operationen usw., die die Anwendungsfälle realisieren, und die Spezifikation des dynamischen Objektverhaltens.

Abb. 3-2 fasst dieses, aus drei wesentlichen Aktivitäten bestehende methodische Vorgehen zusammen.

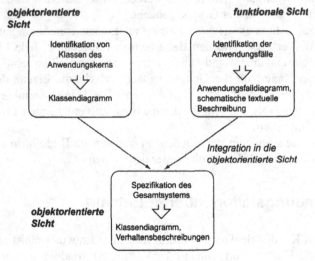

Abb. 3-2 Das methodische Rahmenkonzept

Die Identifikation von Anwendungsfällen und der Entwurf des Anwendungskerns werden in den folgenden Unterabschnitten näher besprochen. Die objektorientierte Spezifikation des Gesamtsystems ist eine komplexe Aufgabe, die viele Aspekte berührt und wiederum in einzelne Entwurfsaktivitäten zerfällt. Ihr wird in Abschnitt 3.4 breiter Raum gewährt.

3.2.1 Anwendungsfälle

Anwendungsfälle sind Dienste, die das System dem Anwender anbietet. Allgemeiner sprechen wir im folgenden nicht mehr von Anwendern, sondern von *Akteuren* und definieren die Begriffe des Akteurs und des Anwendungsfalls nach [BRJ 99] wie folgt:

Ein *(externer) Akteur* repräsentiert alles, was mit dem System interagiert.

Ein *Anwendungsfall* ist eine Abfolge von Aufgaben, die durch ein System ausgeführt werden, und die ein Ergebnis von messbarem Wert für
einen bestimmten Akteur hervorbringen.

Ein Akteur kann eine Person oder eine Maschine sein, oder auch ein anderes
Softwaresystem, das mit dem zu entwerfenden System Informationen austauscht.
Bei einer Person ist dabei nicht die Person an sich entscheidend, sondern die
Rolle, die sie in dem Anwendungsfall spielt. Personen können dabei auch mehrere
Rollen spielen. So kann die Angestellte eines Reisebüros sowohl die Rolle der
Sachbearbeiterin als auch die Rolle der Kundin wahrnehmen.

Akteure können Informationsgeber, Informationsempfänger oder beides sein.
Ein Fluggast ist z.B. ein passiver Empfänger von Information, wenn er sich am
Flughafen die Flugdaten über eine Anzeigetafel ansieht. Ein Thermometer, das
Daten an das System liefert, ist ein reiner Informationsgeber.

Anwendungsfälle beschreiben Interaktionen zwischen einem oder mehreren
Akteuren und dem System. Beispiele für Anwendungsfälle sind das Buchen eines
Flugs, das Stornieren eines Flugs, die Reservierung eines Autos oder das interak-
tive Erstellen eines Stundenplans. Die Erledigung dieser Aufgaben erfolgt abhängig von den Daten im System und verändert sie meist.

Ein Anwendungsfall stellt einen vollständigen, zusammenhängenden und sinn-
vollen Ablauf dar. Dies ist so zu verstehen, dass der Anwender die Aufgabe in
Interaktion mit dem System ohne Unterbrechung erledigen kann (aber nicht unbe-
dingt muss, z.B. weil er mehrere Aufgaben gleichzeitig bearbeitet). Ausgeschlossen werden dadurch Abläufe, die durch nicht-DV-technische Arbeitsschritte (z.B.
Einholen eines ärztlichen Attests, manuelle Übergabe von Dokumenten) unterbro-
chen werden. Keine Anwendungsfälle im Sinne obiger Definition sind somit der
Abschluss einer Lebensversicherung oder der Gesamtablauf einer Autovermietung
(mit Reservierung, Abholung und Rückgabe).

Andererseits soll der Anwendungsfall sinnvoll, also nicht zu klein sein. Beispielsweise ist die Erfassung von Kundendaten im Rahmen einer Bestellungsbear-
beitung kein eigenständiger und vollständiger Ablauf.

Anwendungsfälle sind Dienste, die das System den Akteuren anbietet. Wenn
wir dabei von *System* sprechen, sei im folgenden damit das zu entwerfende Softwaresystem gemeint. Anwendungsfallorientierter Entwurf beginnt also dann,
wenn die Informationen seitens der Auftraggeber ausreichen, die Systemgrenzen
ziehen zu können. Ist dies nicht der Fall, z.B. wenn der Entwurf des Informationssystems mit einer Reorganisation von Unternehmensabläufen verbunden ist, muss
dem anwendungsfallorientierten Entwurf eine *Geschäftsprozessmodellierung*
vorangehen.

Die Geschäftsprozessmodellierung erweitert den Systembegriff auf das Unternehmen als System und bildet unternehmerische Abläufe ab. Auf Ansätze zur
Geschäftsprozessmodellierung im Umfeld der UML wird in 3.5 eingegangen.

3.2.1.1 Anwendungsfalldiagramme

Die Anwendungsfälle und die beteiligten Akteure werden in einem *Anwendungs-falldiagramm* dargestellt. Abb. 3-3 zeigt einen Ausschnitt der Anwendungsfälle der elektronischen Bibliothek.

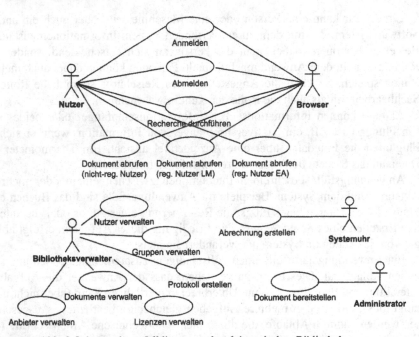

Abb. 3-3 Anwendungsfalldiagramm der elektronischen Bibliothek

Dienste, die das System dem Bibliotheksnutzer anbietet, sind die An- und Abmeldung, die Durchführung von Recherchen und der Dokumentenabruf. Da sich der Abruf eines Dokuments je nach Kostenmodell in der Benutzerinteraktion und internem Systemverhalten grundsätzlich unterscheidet, wurden hierfür drei unterschiedliche Anwendungsfälle definiert (für nicht-registrierte Nutzer, registrierte Nutzer mit Einzelabrechnung und registrierte Nutzer mit Lizenzmodell). Beteiligte Akteure bei diesen Anwendungsfällen sind neben dem Nutzer der Browser als externes System.

Der Bibliotheksverwalter interagiert mit dem System im Rahmen der Verwaltung von Nutzern, Gruppen, Lizenzen, Anbietern und Dokumentendaten. Außerdem kann er Abrufe von Dokumenten und Nutzerverhalten protokollieren. Am Ende jedes Monats wird eine automatische Abrechnung erstellt. Auslöser dieses Anwendungsfalls ist der Akteur Systemuhr. Beispiel für einen Anwendungsfall des Administrators ist das Bereitstellen eines Dokuments.

Ziel des Anwendungsfalldiagramms ist die vollständige Modellierung des Systemumfangs und der Systemgrenzen aus Sicht der Akteure. Die Anwendungsfälle berücksichtigen dabei nicht nur den normalen Betrieb des Systems, sondern auch die Pflege der Systemdaten und die Administration. Man spricht hierbei auch von *sekundären Akteuren* bzw. *sekundären Anwendungsfällen*. In der elektronischen Bibliothek ist z.B. der Administrator ein sekundärer Akteur und die Bereitstellung von Dokumenten ein sekundärer Anwendungsfall.

Das Anwendungsfalldiagramm ist Ausgangspunkt für viele weitere Aktivitäten im Entwurf, sowohl für die Systemspezifikation, als auch für unterstützende Aktivitäten des Projektmanagements, wie Budget- und Terminplanung (siehe dazu auch 3.5). Zudem bildet es eine geeignete Basis zur Kommunikation mit Kunden und Fachexperten.

3.2.1.2 Beschreibung der Anwendungsfälle

Neben der Identifizierung der Anwendungsfälle im Anwendungsfalldiagramm bilden schematische textuelle Beschreibungen der Anwendungsfälle einen essentiellen Teil der Modellierung in der funktionalen Sicht. Beschrieben werden die Anwendungsfälle in einer informellen, aber schematischen Weise, die nach Möglichkeit folgende Aspekte beinhaltet:

– Welche Akteure sind an dem Anwendungsfall beteiligt und wer löst den Anwendungsfall aus?
– Welche Daten/Objekte tauschen die Akteure mit dem System aus (d.h. was sind eingehende/ausgehende Daten des Anwendungsfalls)?
– Welches erwartete Verhalten zeigt das System?
– Welche Varianten des erwarteten Verhaltens gibt es?

Abb. 3-4 enthält eine nach obigem Schema erstellte Beschreibung des Anwendungsfalls Dokument abrufen (reg. Nutzer LM).

Anwendungsfall Dokument abrufen (reg. Nutzer LM)

Eingabe Gewünschtes Dokument, Format und Art (Leseprobe oder Volltext)

Ausgabe Inhalt des Dokuments, angezeigt am Bildschirm

Akteure Bibliotheksnutzer (Auslöser), Browser

Beschreibung Der (registrierte) Nutzer fordert ein Dokument im Volltext an. Das System prüft, ob der Nutzer eine gültige Lizenz für das Dokument besitzt. Falls er bereits eine Lizenz besitzt, wird das Dokument übertragen. Falls die Übertragung erfolgreich war, wird der Abruf im Sitzungsprotokoll vermerkt.

Varianten

Variante 1 Der Nutzer besitzt keine gültige Lizenz. Er kann sich vom System eine Lizenz zuteilen lassen, falls eine solche verfügbar ist.

Variante 2 Der Nutzer hat eine Lizenz angefordert, es ist aber keine Lizenz verfügbar. In diesem Fall wird eine Meldung ausgegeben. Der Dokumentenabruf kann nicht durchgeführt werden.

| Variante 3 | Die Übertragung schlägt fehl. Es wird eine Meldung ausgegeben. |
| Variante 4 | Das Dokument wird als Leseprobe angefordert und ist nicht kosten-pflichtig. Es wird sofort übertragen. |

Abb. 3-4 Der Anwendungsfall Dokument abrufen (reg. Nutzer LM)

Ziel der textuellen Beschreibung eines Anwendungsfalls ist die informelle Charakterisierung des Systemverhaltens und der Interaktion mit den Akteuren auf fachlicher Ebene. Die Beschreibung bildet den Ausgangspunkt für die Modellierung von Abläufen in der objektorientierten Sicht. Dies wird detailliert in 3.4 besprochen.

3.2.1.3 Erweiterungen

In der Praxis ist es oft nicht ganz einfach, die Granularität von Anwendungsfällen geeignet zu wählen. Um die Übersichtlichkeit zu wahren, sollten die Anwendungsfälle eher gröber als zu feingranular definiert werden (z.B. ein Anwendungsfall Nutzer verwalten anstatt drei Anwendungsfälle Nutzer definieren, Nutzerdaten ändern, Nutzerdaten löschen).

Schwierigkeiten bereitet auch das Umgehen mit ähnlichen Anwendungsfällen. Hierbei gibt es folgende Möglichkeiten:

– Die Varianten werden als unabhängige Anwendungsfälle modelliert (im Beispiel die Unterscheidung des Dokumentenabrufs abhängig vom Kostenmodell). Dies ist sinnvoll, wenn Ablauf und Benutzerinteraktion nur wenig Gemeinsamkeiten aufweisen.
– Die Varianten werden als ein Anwendungsfall modelliert, Unterschiede werden in der textuellen Beschreibung herausgearbeitet (im Beispiel: kostenfreier oder kostenpflichtiger Dokumentenabruf je nach Art des Dokuments). Dies ist sinnvoll, wenn die Gemeinsamkeiten bei Ablauf und Benutzerinteraktion überwiegen oder wenn eine Variante kein großes Gewicht besitzt.
– Die Varianten werden als unabhängige Anwendungsfälle modelliert, gemeinsame Teilabläufe aber im Diagramm dokumentiert.

Für die letzte Möglichkeit stellt die UML die Beziehung **include** zwischen Anwendungsfällen bereit. Abb. 3-5 zeigt die zwei Anwendungsfälle Dokument abrufen (reg. Nutzer EA) und Dokument abrufen (reg. Nutzer LM), bei denen der gemeinsame Anteil der Übertragung und Protokollierung mit Hilfe einer **include**-Beziehung dokumentiert ist.

Teilanwendungsfälle (wie Übertragen und Protokollieren im Beispiel) müssen nicht eine vollständige und sinnvolle Benutzerinteraktion darstellen, sondern nur jeweils zusammen mit ihrem Basisanwendungsfall.

Die **include**-Beziehung dient dazu, gleiche Teilabläufe im System zu dokumentieren, um Redundanzen und daraus resultierende mögliche Inkonsistenzen bei der weiteren Spezifikation zu vermeiden.

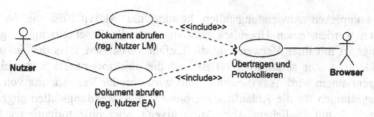

Abb. 3-5 Die **include**-Beziehung zwischen Anwendungsfällen

Die UML bietet darüber hinaus noch weitere Beziehungen zwischen Anwendungsfällen (die Beziehung **extend** zur Beschreibung von Erweiterungen und eine Generalisierungsbeziehung zwischen Anwendungsfällen), sowie eine Generalisierungsbeziehung zwischen Akteuren an. Abb. 3-6 zeigt als Beispiel eine Generalisierungsbeziehung zwischen Bibliotheksverwalter und Nutzer. Sie hat den Effekt, dass der Bibliotheksverwalter auch die Rolle des Nutzers übernehmen kann und damit alle Anwendungsfälle des Nutzers initiieren kann.

Abb. 3-6 Generalisierungsbeziehung zwischen Akteuren

Die Bedeutung und Anwendung der weiteren Beziehungen zwischen Anwendungsfällen der UML ist diffus und wird deshalb hier nicht besprochen.

Eine weitere Technik, die oft ergänzend zu den textuellen Beschreibungen der Anwendungsfälle eingesetzt wird, sind *Aktivitätsdiagramme*. Sie beschreiben den Ablauf eines Anwendungsfalls mit den Benutzerinteraktionen und dem Systemverhalten. Abb. 3-7 zeigt als Beispiel einen Ausschnitt aus einem Aktivitätsdiagramm für den Anwendungsfall Dokument abrufen (reg. Nutzer LM). Dazu sei auch auf die textuelle Beschreibung in Abb. 3-4 verwiesen.

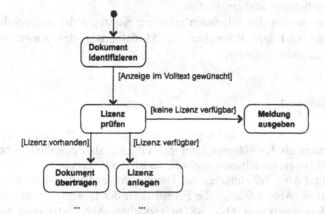

Abb. 3-7 Ausschnitt aus einem Aktivitätsdiagramm für den Anwendungsfall
Dokument abrufen (reg. Nutzer LM)

Bei komplexen Anwendungsfällen können die Aktivitätsdiagramme dazu eingesetzt werden, einen Überblick über die textuelle Beschreibung zu geben. Allerdings ist mit ihrer Verwendung die Gefahr verbunden, dass der Fokus des Entwicklers zu sehr ablauforientiert ist und die objektorientierte Sichtweise zu spät angenommen wird. Aus diesem Grund wird von der Verwendung von Aktivitätsdiagrammen für die Ablaufbeschreibung von Anwendungsfällen abgeraten. Eine Technik mit ähnlichem Abstraktionsniveau, aber objektorientierter Sichtweise, ist die Beschreibung von Zustandsdiagrammen der fachlichen Sicht (siehe 3.4.3.2).

3.2.2 Die Struktur des Anwendungskerns

Neben der Identifikation und der groben Beschreibung der Anwendungsfälle ist die Modellierung des Anwendungskerns eine zentrale Aufgabe der Entwicklung in den frühen Phasen. Die identifizierten Klassen, Attribute und Assoziationen bilden ein exaktes Glossar und sind Basis für die gesamte Systementwicklung.

Eine seit den Anfängen der Objektorientierung propagierte Stärke des Ansatzes ist, dass Begriffe und Konzepte des Anwendungsbereichs sich direkt in den Einheiten des Klassendiagramms widerspiegeln. Dies hat sich zum Teil in der Praxis bewahrheitet.

Zu beachten ist aber, dass bei jeder Modellierung Abstraktionen vorgenommen werden müssen und diese Abstraktionen anwendungsabhängig sind (ein Auto hat für eine Autovermietungsgesellschaft andere relevante Eigenschaften als für eine Werkstätte oder für ein CAD-System). Zudem ist die Erfassung der Struktur des Anwendungskerns häufige Quelle von Missverständnissen zwischen Entwicklern und Auftraggebern bzw. Anwendern. Da die Stabilität des Anwendungskerns aber Voraussetzung für die Stabilität der gesamten Anwendung ist, ist seinem Entwurf größte Aufmerksamkeit und Sorgfalt zu widmen.

Darauf, wie Klassen, Attribute und Operationen aus dem Anwendungsbereich heraus identifiziert werden können, soll an dieser Stelle nicht näher eingegangen werden. Hier haben sich CRC-Karten [BC 89], Mindmaps, Textanalyse und ähnliche Techniken bewährt und etabliert.

Statt dessen werden im folgenden einzelne Konzepte der Klassendiagramme herausgegriffen und ihre Rolle bei der Modellierung des Anwendungskerns anhand der Fallstudie diskutiert.

3.2.2.1   Klassen

Klassendiagramme des Anwendungskerns enthalten typischerweise Klassen, die wir im folgenden als *Fachklassen* (und ihre Objekte als *Fachobjekte*) bezeichnen werden. Fachklassen modellieren statische fachliche Konzepte.

Abb. 3-8 und Abb. 3-9 enthalten das Diagramm der Fachklassen der elektronischen Bibliothek. Abb. 3-9 zeigt die Feinstruktur der Dokumente und ist als Teil des Klassendiagramms von Abb. 3-8 zu verstehen. Abb. 3-10 zeigt als Beispiel einige Klassen mit Attributabschnitt. Da in dieser frühen Entwurfsphase die Zugriffsrichtung auf die Objekte (d.h. die Richtung des Nachrichtenflusses) noch nicht klar ist, enthält das Klassendiagramm nur ungerichtete Assoziationen.

Die Klassen werden im folgenden kurz charakterisiert. Für eine weitergehende Diskussion verschiedener Klassentypen sei auf 3.3 verwiesen.

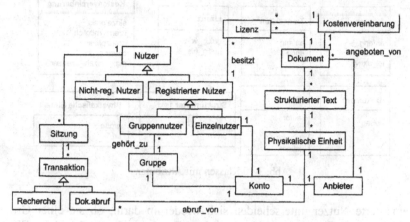

Abb. 3-8 Das Fachklassendiagramm der elektronischen Bibliothek

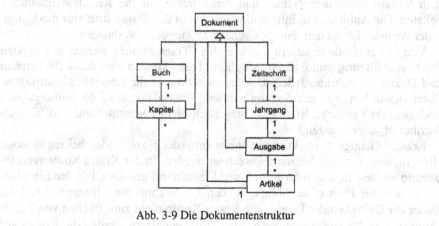

Abb. 3-9 Die Dokumentenstruktur

Die Klassen im Klassendiagramm modellieren
- die interne Systemsicht der Bibliotheksnutzer und der Anbieter
- die Dokumentenstruktur
- statische Aspekte von Benutzertransaktionen und Kostenabrechnung.

Die unterschiedlichen Nutzertypen werden in einer Generalisierungshierarchie beschrieben. Jedem Nutzer sind im System Name und Adresse zugeordnet. Die Nutzer lassen sich unterscheiden in registrierte und nicht-registrierte Nutzer. Registrierte Nutzer sind dem System dauerhaft bekannt und authentifizieren sich dem System gegenüber mit Hilfe eines Login-Kennzeichens und eines Passworts.

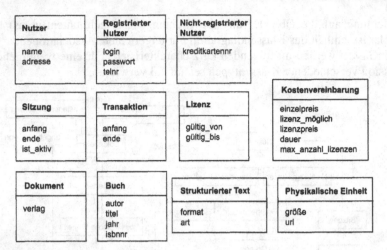

Abb. 3-10 Klassen mit Attributen

Registrierte Nutzer unterscheiden sich wiederum darin, ob sie einer Gruppe (z.B. Universität, Firma) zugeordnet werden (Gruppennutzer) oder nicht (Einzelnutzer). Die Klasse **Gruppe** enthält alle gruppenspezifischen Daten (Name und Adresse der Institution, Ansprechpartner usw.). Von nicht-registrierten Nutzern ist dem System außer dem Namen und der Adresse nur die Kreditkartennummer bekannt. Die Anbieter von Information werden in der Klasse **Anbieter** modelliert. Jeder Anbieter ist mit dem ihm gehörenden Dokumenten verbunden.

Von den Bibliotheksnutzern durchgeführte Transaktionen werden in Objekten der Klasse **Sitzung** protokolliert. Mögliche Transaktionen sind dabei Recherchen und Dokumentenabrufe. Jedem Dokumentenabruf ist die tatsächlich übertragene Datei zugeordnet. Für jede Sitzung und jede Transaktion wird der Anfangs- und Endzeitpunkt vermerkt. Ist eine Sitzung noch nicht abgeschlossen, wird dies im Attribut ist_aktiv angezeigt.

Kostenpflichtige Transaktionen können entweder einzeln oder, bei registrierten Nutzern, über Lizenzgebühren abgerechnet werden. In der Klasse **Kostenvereinbarung** werden die Daten für Einzel- und Lizenzabruf gehalten. Für den Einzelabruf ist dies der Preis eines Abrufs, für den Lizenzabruf der Lizenzpreis und die Dauer der Gültigkeit der Lizenz. Die Klasse **Konto** dient zum Buchen von Transaktionskosten für registrierte Nutzer; bei Gruppennutzern werden die Kosten auf ein Gruppenkonto gebucht.

Kernstück der Fachklassen ist die Modellierung der elektronischen Dokumente selbst. Für die Bildung einer projektbezogenen Sichtweise sind zwei Kriterien entscheidend. Zum einen muss sich die logische Struktur der Dokumente im System niederschlagen, also die Unterteilung eines Buches in Kapitel oder die Gliederung einer Zeitschrift in Jahrgänge, Ausgaben, usw. Diese logische Struktur ist sowohl Basis für Informationen, die dem Benutzer bei der Recherche und dem Navigieren Hilfe bieten, als auch für den Abruf der Dokumente.

Ein zweites Kriterium bezieht sich auf die elektronische Speicherung der Dokumente. Die Dokumente werden in verschiedenen Formaten (z.B. ps- oder pdf-Dateien) im System vorgehalten. Da das System die Verwaltung und den

Gebrauch dieser unterschiedlichen Formate unterstützen soll, muss sich auch dieser Aspekt in der Sicht der Dokumente niederschlagen.

Die in Abb. 3-8 und Abb. 3-9 gewählte Sicht einer Dokumenten-Einheit wurde vom MeDoc-System direkt übernommen [MA 98]. Sie modelliert eine Dokumenten-Einheit als Menge sogenannter strukturierter Texte, denen ihrerseits wieder sogenannte physikalische Einheiten zugeordnet sind. Eine physikalische Einheit entspricht dabei der im System gespeicherten Datei, ein strukturierter Text repräsentiert eine Dokumenten-Einheit in einem bestimmten Format oder mit einem bestimmten Inhalt (z.B. als Leseprobe).

Essentiell für die Modellierung von Dokumenten in der beschriebenen zweidimensionalen Struktur war die im MeDoc-Projekt getroffene Entscheidung, physikalische Dateien als „black boxes" zu betrachten, deren Inhalt vom System nicht interpretiert wird.

Auch wenn fachliche Aspekte bei der Modellierung des Anwendungskerns im Vordergrund stehen sollen, ist in der Praxis eine strikte Trennung von fachlichen und DV-technischen Aspekten weder realisierbar noch sinnvoll. Für das MeDoc-System ist beispielsweise die Berücksichtigung der physikalischen Struktur der Dokumente im Anwendungskern geradezu Voraussetzung für einen stabilen Entwurf. Technische Aspekte, die zu dieser Modellierung führten, wie z.B. die Internetanbindung des Systems, sind in dieser Anwendung eine gegebene und konstante Prämisse und deshalb im Entwurf zu berücksichtigen. Ein Abwägen zwischen fachlichen und (stabilen) technischen Aspekten ist in der Praxis ohnehin immer erforderlich.

3.2.2.2 Fachliche Datentypen

Ein weiterer Teil des Anwendungskernentwurfs betrifft die Identifikation und Definition von fachlichen Datentypen. Beispiele für fachliche Datentypen sind Währungen, Datumsangaben oder Maßeinheiten. Die fachlichen Datentypen treten als Typen der Wertattribute im Klassendiagramm auf und werden in der funktionalen Grundschicht von MOS spezifiziert.

Abb. 3-11 zeigt als Beispiel die Definition des fachlichen Datentyps Datum_mit_Uhrzeit, der mit den Attributen anfang und ende der Klasse **Sitzung** verbunden wird. Der Datentyp enthält außerdem Funktionen < und –, die einen zeitlichen Vergleich zweier Datumsangaben bzw. die Berechnung einer Zeitdauer (in Sekunden) erlauben.

Die Integration funktionaler Sprachelemente in MOS erlaubt eine abstrakte Sicht primitiver Datentypen. Diese Beschreibung fachlicher Grundkonzepte auf hoher Abstraktionsebene ist von großer Bedeutung für die Stabilität der späteren Implementierung. Aus dem Jahr-2000-Problem können wir die Lehre ziehen, fachliche Regeln beim Entwurf klar zu dokumentieren und von implementierungstechnischen Entscheidungen zu trennen.

Natürlich gibt es in einem Ansatz, der Objekte und Werte unterscheidet, keine eindeutige Regel, welche fachlichen Begriffe als Objekte und welche als Werte zu modellieren sind. Eine Entscheidungshilfe hierbei ist der Zustandsbegriff, der mit Objekten, aber nicht mit Werten verbunden ist. Der hybride Ansatz hat den Vorteil, dass primitive Konzepte in einem ausdruckstechnisch sehr mächtigen Rahmen kurz, prägnant und flexibel aufgeschrieben werden können.

```
┌─────────────────────────────────┐
│ Sitzung                         │
├─────────────────────────────────┤
│ anfang: Datum_mit_Uhrzeit       │
│ ende: Datum_mit_Uhrzeit         │
│ ist_aktiv: Bool                 │
└─────────────────────────────────┘
```

```
Data Types

type Datum_mit_Uhrzeit = [jahr: Jahr, monat: Monat, tag: Tag, stunde: Stunde, minute: Minute, sekunde: Sekunde]
type Jahr = 2000...2100,
type Monat = 1..12, ...
type Sekunde = 0..59,
funct _<_: (Datum_mit_Uhrzeit, Datum_mit_Uhrzeit) Bool
        d1 < d2 ⟺ (d1.jahr < d2.jahr) ∨ ((d1.jahr = d2.jahr) ∧ (d1.monat < d2.monat)) ∨ ...
funct _−_: (Datum_mit_Uhrzeit, Datum_mit_Uhrzeit) Integer
        ...
```

Abb. 3-11 Der fachliche Datentyp Datum_mit_Uhrzeit

3.2.2.3 Invarianten

Mit Invarianten lassen sich statische fachliche Regeln des Anwendungskerns beschreiben. Da die Invarianten oft komplizierte Sachverhalte ausdrücken oder signifikante fachliche Einschränkungen vornehmen, ist bei der Entwicklung der Invarianten eine enge Zusammenarbeit mit Auftraggebern und/oder Experten des Anwendungsbereichs unabdingbar.

Abb. 3-12 zeigt eine einfache lokale Invariante der Klasse **Sitzung**. Sie formuliert eine Bedingung, die Sitzungen auf die Dauer von acht Stunden beschränkt (**jetzt** sei dabei ein vordefiniertes Attribut, das die aktuelle Uhrzeit bezeichnet).

```
┌─────────────────────────────────────┐
│              Sitzung                 │
├─────────────────────────────────────┤
│ anfang: Datum_mit_Uhrzeit           │
│ ende: Datum_mit_Uhrzeit             │
│ ist_aktiv: Bool                     │
├─────────────────────────────────────┤
│ ist_aktiv = true ⟹ jetzt − anfang < 28800 │
└─────────────────────────────────────┘
```

Abb. 3-12 Lokale Invariante der Klasse **Sitzung**

Als globale Invarianten können informell und exemplarisch folgende fachliche Regeln aufgestellt werden:

- Ein Nutzer darf nur eine gegebene Anzahl an Lizenzen besitzen und ein Nutzer kann zu einem Zeitpunkt nicht mehrere Lizenzen für ein Dokument besitzen.
- Für alle in einer Nutzersitzung abgerufenen lizenzpflichtigen Dokumente muss es eine gültige Lizenz geben.

– Kein Konto gehört sowohl einem Anbieter als auch einem Einzelnutzer bzw. einer Gruppe.

3.2.2.4 Operationen

Auch wenn der Entwurf des Anwendungskerns vor allem statische Aspekte in den Vordergrund stellt, so können die Klassen bereits Operationen beinhalten. Dabei stehen in den meisten Fällen nicht so sehr anwendungsspezifische Abläufe im Blickpunkt, sondern Operationen, die eine Basisfunktionalität bereitstellen. Beispiele dafür sind die Operationen buche_betrag der Klasse **Konto** oder passwort_ändern der Klasse **Registrierter Nutzer**.

3.3 Strukturierung im Großen

In diesem Abschnitt wollen wir uns dem in 1.1.3 kurz diskutierten Aspekt der Architekturbildung widmen. MOS zielt auf den schrittweisen Aufbau einer komponentenbasierten Schichtenarchitektur während des Entwurfs bzw. auf die abstrakte Darstellung einer solchen Architektur bei der Dokumentation. Basis dafür ist die Unterscheidung verschiedener Klassen- bzw. Objekt*arten*, die beim Entwurf in jeweils spezifischer Art und Weise zum Einsatz kommen.

MOS unterscheidet fünf Arten von Klassen:

– *Fachklassen* (engl. *entity classes*) zur Modellierung statischer Konzepte,
– *Interaktionsklassen* (engl. *boundary classes*) zur Modellierung der Benutzerschnittstelle,
– *Vorgangsklassen* (engl. *control classes*) zur Steuerung komplexer Abläufe,
– *Komponenten(klassen)* zur Beschreibung der verteilten Struktur eines Systems und
– *externe Akteure* zur Beschreibung der Systemumgebung.

Auf Instanzebene sprechen wir von Fachobjekten, Interaktionsobjekten, Vorgangsobjekten und Komponenten. Wichtig ist, dass die Unterscheidung der obigen Klassentypen vom Entwurfsprozess unabhängig ist. Zum Beispiel spielen Fachklassen und Komponenten eine Rolle sowohl für den fachlichen als auch für den technischen Entwurf des Systems. In verschiedenen Phasen des Systementwurfs treten allerdings spezifische Fragestellungen bezüglich der einzelnen Klassentypen auf und es kommen unterschiedliche Beschreibungstechniken zum Einsatz. Mit dieser Thematik wird sich 3.4 näher befassen. Zunächst werden aber die vier Klassentypen genauer vorgestellt.

3.3.1 Fachklassen

Fachklassen modellieren die statischen Konzepte des Anwendungsbereichs und wurden bereits im letzten Unterabschnitt diskutiert. Sie bilden den Ausgangspunkt für die fachliche Spezifikation der Anforderungen, finden sich in gleicher oder ähnlicher Form aber auch in der Anwendungsschicht der Implementierung. Die Operationen der Fachklassen dienen der Verwaltung von Bestandsdaten und geben Informationen über diese nach außen weiter.

In der UML werden Fachklassen alternativ zur üblichen Darstellung mit Rechtecken auch mit dem in Abb. 3-13 gezeigten Symbol dargestellt.

Abb. 3-13 Fachklassen

Verwaltung von Fachklassen

Mit den Fachklassen eng verbunden ist meist eine Menge von Diensten, die der Verwaltung und Organisation der Fachobjekte dient. Ein Beispiel für eine solche Operation in der Fallstudie ist die Operation

check_passwort (login: String, passwort: String) : Boolean,

die aus der Menge aller registrierten Nutzer denjenigen Nutzer sucht, der das gegebene login-Kennzeichen besitzt und dann das zugehörige Passwort abprüft.

In MOS werden solche verwaltenden Operationen (und Attribute) sogenannten *Verwalterklassen* zugeordnet. Abb. 3-14 zeigt die Struktur von Fachklassen und ihren Verwaltern.

Der Verwalter oder Manager einer Fachklasse **C** wird im folgenden standardmäßig **CMgr** genannt (also z.B. **NutzerMgr** oder **LizenzMgr**). Es gibt aber auch viele Beispiele, in denen Verwalterklassen Konzepten des Anwendungsbereichs entsprechen und deshalb andere Namen tragen (1..*-Assoziationen bieten sich dazu an, z.B. kann im Beispiel **Strukturierter Text** als Verwalterklasse von **Physikalische Einheit** fungieren). Auch kann es ratsam sein, mehrere eng zusammenhängende Klassen mit einem Verwalter zu verknüpfen (Subklassen benötigen meist keine eigenen Verwalter).

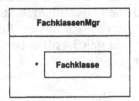

Abb. 3-14 Verwalterklasse

Die Aggregationsbeziehung zwischen Fachklassen und ihren Verwaltern ist mit folgenden Eigenschaften verknüpft:

– Die Fachobjekte sind von anderen Klassen aus zugänglich, es besteht aber auch die Möglichkeit, die Fachobjekte in den Verwalterobjekten zu kapseln.
– Es kann mehrere Instanzen einer Verwalterklasse geben. Diese Verwalterobjekte sind für jeweils disjunkte Mengen von Fachobjekten verantwortlich.

Letztere Eigenschaft ist vor allem für die Modellierung verteilter Strukturen von Bedeutung. Beispielsweise kann die Verwaltung der Bibliotheksnutzer alternativ zentral (mit einem einzigen Verwalterobjekt) oder lokal an den Institutionen (mit einem Verwaltungsobjekt pro Institution) erfolgen. Die Modellierung lässt dabei zunächst offen, wie viele Verwalterobjekte existieren.

Durch das Konzept der Verwalterklassen erhält der Entwickler eine transparente Sicht der Objektverwaltung. Anders als in der UML und anderen Methoden steht eine Klasse in MOS <u>nicht</u> zugleich für ihre Metaklasse, die alle existierenden Objekte der Klasse verwaltet. Diese Entscheidung wurde zum einen aus Vereinfachungsgründen getroffen, zum anderen kann dazu aber auch folgendes bemerkt werden:

– Mit dem Metaklassenansatz lassen sich verwaltende Operationen als sogenannte Klassenoperationen oder statische Operationen modellieren (z.B. die Operation check_passwort als Klassenoperation der Klasse **Nutzer**). Dies vereinfacht zwar das Klassendiagramm, da die Verwalterklasse nicht explizit definiert werden muss, die oft zu beobachtende exzessive Nutzung von Klassenoperationen vor allem in Sequenzdiagrammen ist aber unübersichtlich und unintuitiv.
– Metaklassen sind Verwalter für <u>alle</u> Objekte der Fachklasse. Dies ist für die Modellierung von verteilten Strukturen, wie im Beispiel oben erläutert, zu einschränkend.

3.3.2 Externe Akteure

Der Begriff der (externen) Akteure wurde in 3.2.1 in Verbindung mit dem Konzept der Anwendungsfälle eingeführt. Externe Akteure sind selbst nicht Gegenstand der Modellierung, sie tauchen aber in den Beschreibungstechniken der Dynamik als Quelle und Ziel von Nachrichten in der in Abb. 3-15 dargestellten Weise (mit ihren Rollen) auf. Die externen Akteure sorgen damit für die Modellierung eines geschlossenen Systems.

Nutzer   **Bibliotheksverwalter**   **Systemuhr**

Abb. 3-15 Externe Akteure der elektronischen Bibliothek

Auch wenn die Notation in Abb. 3-15 einzelne Objekte suggeriert, entsprechen externe Akteure doch Klassen (also z.B. die Klasse der Bibliotheksnutzer), die vielfach instantiiert sein können. Da den externen Akteuren keinerlei strukturelle Eigenschaften zugeordnet werden, sind sie nicht Teil der Klassendiagramme.

Angemerkt werden muss noch, dass die externen Akteure in vielen Fällen in einer *internen* Sicht auch innerhalb des Systems modelliert werden – im Beispiel entspricht den externen Nutzern die Fachklasse **Nutzer**. Diese Trennung ist ratsam, da externe Akteure und ihre interne Sicht meist mit ganz unterschiedlicher Funktionalität verbunden sind und eine Verschmelzung einer klaren Systemstrukturierung zuwiderlaufen würde.

3.3.3 Interaktionsklassen

Interaktionsklassen modellieren die Interaktion zwischen dem System und seinen Akteuren auf abstrakter Ebene. Die Interaktion beinhaltet dabei das Senden und Empfangen von Nachrichten an bzw. von den Akteuren. Interaktionsklassen repräsentieren oft Konzepte graphischer Schnittstellen wie Fenster, Menüs oder Felder, aber auch Druckerschnittstellen, Sensoren oder Dateiformate, die ein Fremdsystem erwartet.

Wichtig ist, dass die konkrete Repräsentation der Objekte beim Entwurf keine Rolle spielt, sondern nur der Informationsinhalt, der mit den anderen Objekten im System ausgetauscht wird.

Als Faustregel kann gelten, pro Verbindung eines Akteurs mit einem Anwendungsfall eine Interaktionsklasse zu definieren. Diese Klasse ist dann für die Interaktion mit dem Akteur während des Ablaufs des Anwendungsfalls zuständig. Im Beispiel des Anwendungsfalls Dokument abrufen (reg. Nutzer LM) definieren wir z.B. zwei Interaktionsklassen **UIDokumentenabrufLM** und **IBrowser** zur Modellierung der Interaktion mit dem Nutzer bzw. dem Browser (als Konvention sei hierbei die Abkürzung **UI** für „User Inferface" und **I** für „Interface" verwendet). Abb. 3-16 zeigt den Ausschnitt aus dem Anwendungsfalldiagramm und das graphische Symbol für Interaktionsklassen (alternativ zur Rechteck-Darstellung).

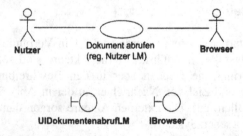

Abb. 3-16 Interaktionsklassen für den Dokumentenabruf

3.3.4 Vorgangsklassen

Vorgangsklassen dienen der Steuerung komplexer objektübergreifender Abläufe. Anwendungsfälle sind im allgemeinen solche komplexen Abläufe, weswegen in den meisten Fällen die Einführung einer Vorgangsklasse je Anwendungsfall ratsam ist. Da sie für die Beschreibung von Anwendungsfällen eine zentrale Rolle spielen, nennen wir diese Vorgangsklassen im folgenden auch *Anwendungsfallklassen*.

Als Konvention werden wir Vorgangs- und Anwendungsfallklassen mit dem Namen des Vorgangs bzw. des Anwendungsfalls und einem vorangestellten **Vg** benennen, also z.B. **VgDokumentenabrufLM**, **VgRecherche** oder **VgAnmeldung**. Abb. 3-17 zeigt das in der UML verwendete Symbol für Vorgangsklassen.

VgDokumentenabrufLM   VgRecherche   VgAnmeldung

Abb. 3-17 Vorgangsklassen

Im Unterschied zu Fachklassen und den im nächsten Unterabschnitt besprochenen Komponentenklassen, die in allen Phasen des Entwurfs eine Rolle spielen, sind Vorgangs- und Interaktionsklassen weniger mit einer fachspezifischen Analyse verbunden, sondern sind ein Konzept zur objektorientierten Realisierung der Gesamtfunktionalität des Systems. Im besonderen dienen die Vorgangsklassen dem Entwurf der Vorgangsschicht des Informationssystems (vgl. 1.2.2).

Vorgangsklassen besitzen Attribute und Operationen wie andere Klassen auch. Im folgenden soll diskutiert werden, welche Eigenschaften für Vorgangsklassen charakteristisch sind.

3.3.4.1 Operationen

Vorgangsobjekte besitzen oft nur eine einzige „Hauptoperation", die dem Ablauf bzw. dem Anwendungsfall entspricht (z.B. die Operation anmelden für **VgAnmeldung** bzw. dokument_abrufen für **VgDokumentenabrufLM**). Im folgenden unterscheiden wir meist nicht zwischen der Klasse und dieser Operation (was heißt, dass das Objekt nach seiner Kreierung die Hauptoperation automatisch ausführt).

Vorgangsobjekte werden typischerweise nach einer bestimmten Zeit passiv, d.h. nachdem der Ablauf beendet ist, erhalten sie keine weiteren Nachrichten mehr (natürlich kann es aber auch zyklische Abläufe geben).

3.3.4.2 Attribute und Assoziationen

Der Zustand eines Vorgangsobjekts stellt Bezüge zu Objekten her, die am Ablauf beteiligt sind. Diese Bezüge werden in (Bezugs-)attributen und Assoziationen beschrieben und ermöglichen es dem Vorgangsobjekt, Nachrichten an diese Objekte zu senden.

Vorgangsobjekte sind im allgemeinen mit Fach-, Verwalter- und Interaktions-objekten verbunden. So bezieht sich ein Objekt der Klasse **VgAnmeldung** auf einen Nutzerverwalter und ein Objekt der Klasse **VgDokumentenabrufLM** auf das abzurufende Dokument, einen Lizenzverwalter und ein Sitzungsobjekt. Beide Objekte haben außerdem Bezüge zu entsprechenden Interaktionsobjekten (z.B. der Klasse **UIDokumentenabrufLM**). Zusätzliche Attribute können den Zustand des Ablaufs, den Zeitpunkt der Kreierung oder den Auslöser des Anwendungsfalls beschreiben.

3.3.4.3   Kommunikationsverhalten

Abb. 3-18 illustriert das Kommunikationsverhalten von Vorgangsobjekten in der Entwurfssicht.

– Vorgangsobjekte rufen die Operationen der Fachobjekte auf oder kreieren neue Fachobjekte und erhalten deren Rückmeldungen.
– Vorgangsobjekte können neue Vorgangsobjekte kreieren. Dies ist insbesondere bei Anwendungsfallklassen der Fall, deren zugehörige Anwendungsfälle mit einer **include**-Beziehung verbunden sind.
– Anwendungsfallobjekte kommunizieren mit den Interaktionsobjekten der externen Akteure. So empfangen z.B. Objekte von **VgDokumentenabrufLM** Nachrichten von den (Interaktionsobjekten der) Bibliotheksnutzer und geben Antworten an diese zurück. Das Auslösen eines Anwendungsfalls durch einen externen Akteur entspricht in der Modellierung der Kreierung eines Anwen-dungsfallobjekts.
– Es können gleichzeitig viele Vorgangsobjekte existieren, Vorgänge also vom System parallel bearbeitet werden. Für Anwendungsfallobjekte heißt dies auch, dass ein externer Akteur mehrere Anwendungsfälle parallel bearbeiten kann (z.B. mehrere Recherchen gleichzeitig). Die parallele Bearbeitung von Anwen-dungsfällen ist essentiell für die Modellierung und unterscheidet Anwendungs-fälle von Operationen.

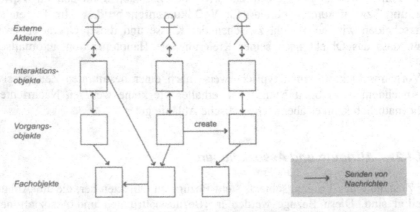

Abb. 3-18 Kommunikationsverhalten von Vorgangsobjekten

In der Modellvorstellung stehen die Anwendungsfallobjekte im Dialog mit den (Interaktionsobjekten der) externen Akteure. Es handelt sich dabei um einen *abstrakten Dialog*, bei dem es um die Abfolge von ausgetauschten Nachrichten geht und nicht um die konkrete Dialogform (vgl. 1.2.1). In Abschnitt 3.4 werden wir uns mit den Beschreibungsformen dieser Dialoge beschäftigen.

3.3.4.4 Funktionalität von Fach- und Vorgangsklassen

Hinsichtlich der Zuweisung von Daten und Funktionalität zu Vorgangs- und Fachklassen ist dem Entwickler breiter Spielraum gegeben. Ein guter Entwurf weist aber folgende Charakteristika auf:

- Die Fachklassen enthalten *lokale kontextunabhängige* Information. Sie besitzen Attribute und Operationen, die ein Fachkonzept (Kunde, Konto, Vertrag usw.) beschreiben, sind aber unabhängig von den Kontexten, in denen diese Fachkonzepte verwendet werden. So enthält die Klasse **Registrierter Nutzer** etwa Operationen zum Verwalten und Prüfen von Passwörtern, aber keine Information über die An- und Abmeldevorgänge selbst.
- Die Vorgangsklassen enthalten *globale kontextabhängige* Information. Sie halten die Information, die zum Steuern der Abläufe notwendig ist und sichern die Konsistenz der beteiligten Objekte.

Anders formuliert darf den Fachklassen nicht zu viel Verantwortlichkeit zugewiesen werden, um deren Kontextunabhängigkeit nicht zu verletzen. Dadurch wird die Stabilität und die Wiederverwendbarkeit der Fachklassenschicht gesteigert. Die Kontexte und Abläufe, in denen Fachklassen verwendet werden, sind meist mehr Änderungen unterworfen als deren reine fachliche Information.

Auf der anderen Seite darf den Fachklassen aber auch nicht zu wenig Funktionalität zugewiesen werden, da sonst das Grundkonzept der Datenlokalität verlassen wird. Die Vorgangsklassen mutieren dann zu „Hauptprogrammen", die auf Daten (den Fachklassen) operieren. Die Vorteile des objektorientierten Ansatzes, wie leichtere Sicherung der Datenkonsistenz, bessere Wartbarkeit usw., können auf diese Weise nicht mehr genutzt werden.

Eine sorgfältige Verteilung von Verantwortlichkeiten auf Vorgangs- und Fachklassen ist somit eine der zentralen Aufgaben beim Entwurf der Systemstruktur.

Vergleicht man die in Abschnitt 1.2.2 vorgestellte Standardarchitektur mit ihren vier Schichten (Präsentations-, Vorgangs-, Anwendungs- und Datenbankschicht) mit dem Konzept der Vorgangs- und Fachklassen, so sieht man, dass sich die MOS-Architektur (und Entwurf mit MOS im allgemeinen) auf die Vorgangs- und Anwendungsschicht des Informationssystems konzentriert. In diesen Schichten verbirgt sich der Kern der Funktionalität des Systems, dessen Konzeption sich der Entwurf schrittweise nähert. Mit den Interaktionsklassen wird zudem eine abstrakte Sicht der Präsentationsschicht erlangt, die eine Anbindung der Benutzeroberfläche in späteren Phasen erleichtert.

Da Vorgänge und Fachdaten auch auf fachlicher Ebene die Hauptrolle spielen, vereinen sich in der Struktur von MOS-Spezifikationen in natürlicher Weise Anforderungen des Anwendungsbereichs und der Implementierung. Die Beziehungen zu den angrenzenden Schichten der Implementierung werden in 3.5 diskutiert.

3.3.5 Komponenten

Obwohl Vorgangs- und Fachklassen prinzipiell ausreichen, um die Systemeigenschaften zu beschreiben, ist doch die resultierende Systembeschreibung in großen Anwendungen zu unstrukturiert und zu wenig abstrakt. Für die Strukturierung im Großen dient das zusätzliche Konzept der *Komponentenklassen*. Komponenten sind „große" Objekte, die die verteilte Struktur des Systems beschreiben und das System in logische Einheiten zerteilen.

Abb. 3-19 zeigt die Komponentenstruktur der elektronischen Bibliothek. Diese Struktur ergab sich im MeDoc-Projekt durch die geographische Verteilung von Nutzern und Anbietern schon zu Beginn der Planungsphase. Nutzer- und Anbieteragenten stellen eine einheitliche Schnittstelle zu Nutzern und Anbietersystemen her.

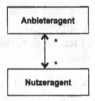

Abb. 3-19 Die Komponentenstruktur der elektronischen Bibliothek

Komponentenstrukturen spielen in vielen Anwendungen eine Rolle, nicht nur für die Konstruktion eines Systems, sondern auch für dessen fachliche Konzeption. Beispiele für fachliche Komponentenstrukturen sind die Stationen und die Zentrale einer Autovermietungsgesellschaft oder die Referatsstruktur einer Behörde. Komponentenstrukturen werden also von Beginn der Anforderungsdefinition bis zur technischen Realisierung definiert und erweitert. Der Anwendungskern kann dabei in Erweiterung von 3.2.1 neben den Fachklassen auch fachliche Komponenten enthalten.

Komponenten sind in einer abstrakten Sichtweise verantwortlich für die Bearbeitung von Vorgängen (Anwendungsfällen), den Dialog mit den Akteuren und/oder die Verwaltung von Fachklassen. So sind die Nutzeragenten im Beispiel verantwortlich für die Zugangskontrolle der Nutzer und die Nutzerverwaltung, während Anbieteragenten für die Dokumenten- und Lizenzverwaltung zuständig sind.

In einer konkreten Sichtweise bedeutet dies, dass Komponenten mit Vorgangs-, Interaktions- und Fachklassen verknüpft werden. Abb. 3-20 zeigt einen Auszug aus der Struktur der Nutzer- und Anbieteragentenklassen nach Zuordnung von Vorgangs-, Interaktions- und Fachklassen.

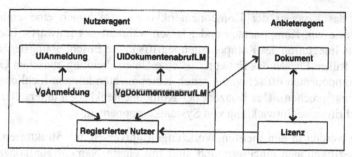

Abb. 3-20 Die innere Struktur von Nutzer- und Anbieteragenten

Die Zuordnung von Vorgangs-, Interaktions- und Fachklassen zu den Komponenten erfolgt schrittweise während des Entwurfs. Damit verknüpft ist die Fragestellung, welche Komponente welche Vorgänge steuert (Zuordnung von Vorgangsklassen), für den Dialog mit Akteuren zuständig ist (Zuordnung von Interaktionsklassen), und wie die Daten im System verteilt sind (Zuordnung von Fachklassen). Dabei ist zu beachten, dass die Komponenten möglichst lose gekoppelt sind, d.h. wenig Beziehungen zwischen den zugeordneten Klassen aufweisen, um eine möglichst große Unabhängigkeit der Komponenten voneinander zu erreichen.

Die Verteilung der Daten kann auch Redundanzen beinhalten (z.B. wenn ein Teil der Kunden in einer Anwendung sowohl zentral als auch lokal erfasst wird). Diese Redundanzen sollten durch Invarianten dokumentiert werden und müssen beim Kommunikationsentwurf berücksichtigt werden, um die Datenkonsistenz sicherzustellen.

Die Modellierung von Komponenten schließt die Möglichkeit mit ein, die zugeordneten Klassen zu kapseln. In diesem Fall wird die Komponente mit einer Menge von Diensten assoziiert, die die Schnittstelle der gesamten Komponente nach außen darstellt. Intern delegiert die Komponentenklasse die Bearbeitung der Dienste an die zugeordneten Klassen. Diese Sicht eignet sich speziell dazu, wiederverwendete Komponenten in die Modellierung mit einzubeziehen.

Weitere Dienste und Attribute einer Komponentenklasse können Verwaltungsaufgaben der zugeordneten Fachklassen übernehmen, d.h. die Komponente fungiert als Verwalterklasse. Im Fall, dass die Komponente am Ende der Spezifikationsphase eine „leere" Klasse ohne Attribute und Operationen bleibt, kann sie in der Implementierung durch ein Modulkonzept ersetzt werden.

Die Auffassung von Komponenten als Objekte in der Spezifikationsphase birgt gegenüber der Verwendung eines Modulkonzepts ohne eigenen Zustand, wie den Paketen in der UML, wichtige Vorteile:

- Komponenten haben selbst Objektcharakter.
 Komponenten können in vielen Anwendungen selbst Eigenschaften (Attribute, Operationen) zugeordnet werden; außerdem sind sie instantiierbar (in der Fallstudie gibt es einen Nutzeragenten bei jeder Institution).
 Auch Komponenten kommunizieren untereinander (entweder direkt oder in einer abstrakten Sichtweise dadurch, dass ihre zugeordneten Klassen miteinander kommunizieren).

Durch das Konzept der Komponentenklassen ergibt sich eine einheitliche Sichtweise von Komponenten und Klassen während des Entwurfs. Dies erübrigt eine Integration des Komponentenbegriffs in die Beschreibungstechniken.

– In den frühen Phasen des Entwurfs ist eine Unterscheidung zwischen Objekten und Komponenten oft schwierig (auch Komponenten können fachlichen Konzepten entsprechen). Das Konzept der Komponentenklassen unterstützt hierbei eine schrittweise Entwicklung von Systemkomponenten.

Pakete werden in den meisten Werkzeugen universell zur Strukturierung von Systemspezifikationen eingesetzt und sind mit einem Namensraumkonzept verbunden. Aus diesem Grund wäre eine Verschmelzung der Konzepte der Komponentenklassen und Paketen in der UML erstrebenswert.

Abb. 3-21 fasst die Zielarchitektur eines in MOS entworfenen Systems zusammen.

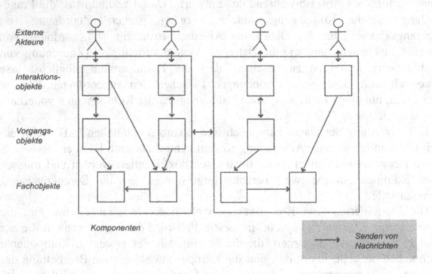

Abb. 3-21 Die MOS-Zielarchitektur

3.4 Die Spezifikation des Gesamtsystems

Im dritten Teil des methodischen Rahmenkonzepts von MOS wird die hybride objektorientierte und funktionsorientierte Sichtweise aufgegeben und zu einer rein objektorientierten Sicht des Systems übergegangen. Insbesondere werden die Anwendungsfälle in die objektorientierte Sicht integriert.

Anders als in den strukturierten Methoden wird also die funktionsorientierte Sicht nicht weiter verfeinert. Dies bedeutet, dass die Anwendungsfälle nicht weiter in einzelne Ablaufschritte aufgespalten werden, sondern direkt auf der Basis des Nachrichtenkonzepts spezifiziert und mit dem Anwendungskern integriert werden.

Die dabei entwickelte Systemspezifikation beschreibt das System in der Sichtweise einer *abstrakten objektorientierten Maschine*. Das heißt, dass die rein fachliche Sicht verlassen wird, technische Aspekte wie die Datenbankanbindung, die Verteiltheit von Objekten, Effizienzfragen o.ä. aber noch keine Rolle spielen. Kommunikationsentwurf und Entwurf der statischen Systemstruktur erfolgen in dieser Phase parallel und sind ineinander verzahnt.

Was die statische Systemstruktur betrifft, so wird das Klassendiagramm des Anwendungskerns während des weiteren Entwurfs sukzessive um neue Klassen und Beziehungen erweitert (aus pragmatischen Gründen wird in vielen Ansätzen hier auch eine Neudefinition des Klassendiagramms propagiert). Folgende Aktivitäten sind dabei charakteristisch:

– Die ungerichteten Assoziationen zwischen den Fachklassen des Anwendungskerns werden zu uni- oder bidirektionalen Assoziationen verfeinert, abhängig vom Nachrichtenfluss zwischen den Objekten,
– Interaktions- und Vorgangsklassen werden definiert,
– Zur Strukturierung des Diagramms werden weitere Komponenten eingefügt.

Das resultierende Klassendiagramm ist meist zu komplex für eine Gesamtdarstellung. Deshalb werden verschiedene Sichten definiert (z.B. Klassendiagramm der Fachklassen oder Klassendiagramm aller an einem Anwendungsfall beteiligten Klassen).

Da die Aspekte der Statik bereits in den vorangegangenen Abschnitten eingehend diskutiert wurden, soll der Schwerpunkt dieses Abschnitts auf dem Kommunikationsentwurf liegen. Entwurfsaktivitäten, die hierbei eine Rolle spielen, sind

– die Spezifikation von Szenarien zur Exploration von Abläufen,
– die Spezifikation von Operationen und
– die Entwicklung von Automatensichten zur vollständigen Modellierung von Abläufen.

Abb. 3-22 zeigt alle Entwurfsaktivitäten zusammen mit ihren Abhängigkeiten. Die Entwurfsaktivitäten werden in den folgenden Unterabschnitten 3.4.1 (Szenarien), 3.4.2 (Operationsspezifikation) und 3.4.3 (Automatensichten) diskutiert.

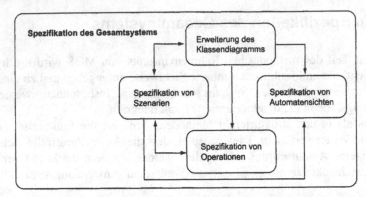

Abb. 3-22 Aktivitäten bei der Spezifikation des Gesamtsystems

3.4.1 Die Spezifikation von Szenarien

Eine Grundidee von MOS und anderen objektorientierten Entwurfsmethoden ist, sich dem oft ungeheuer komplexen dynamischen Verhalten eines Systems anhand von *Beispielen* zu nähern. Eng mit dieser Idee verbunden ist das in den letzten Jahren populär gewordene Schlagwort der *Szenarien*, mit dem diese beispielhaften Abläufe bezeichnet werden.

Beschreibungstechnik für Szenarien in MOS sind Sequenzdiagramme. Durch ihre Beispielhaftigkeit zeigen Szenarien und Sequenzdiagramme also *mögliches* Verhalten des Systems. Unter den Möglichkeiten, wie sich ein System verhalten kann, sind typische Fälle, aber auch Ausnahmefälle. Die damit verbundenen Szenarien werden meist als *primäre* bzw. *sekundäre* Szenarien bezeichnet. Abb. 3-23 zeigt ein primäres und ein sekundäres Szenario des Anwendungsfalls Anmeldung der elektronischen Bibliothek.

Szenarien werden wie im Beispiel meist mit Anwendungsfällen verbunden und oft werden beide Begriffe sogar synonym gebraucht. Allgemein lassen sich Szenarien jedoch abhängig von den in sie involvierten Objekten unterschiedlichen Ebenen und unterschiedlichen durch sie modellierten Aspekten zuordnen:

– *Systemebene* – Sitzungen der Akteure
– *Anwendungsfallebene* – Interaktion mit den Akteuren und Modellierung systeminterner Abläufe
– *Komponentenebene* – Kommunikation zwischen Komponenten
– *Operationsebene* – Aufrufstruktur von Operationen

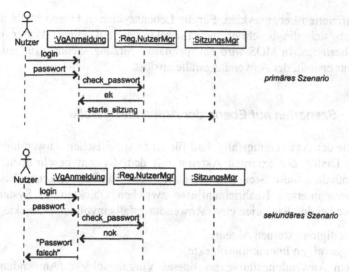

Abb. 3-23 Primäres und sekundäres Szenario des Anwendungsfalls Anmeldung

3.4.1.1 Szenarien auf Systemebene

Abb. 3-24 zeigt ein primäres Szenario von Sitzungen der Bibliotheksnutzer. Die Bibliotheksnutzer melden sich an, führen eine beliebige Folge von Recherchen und Dokumentenabrufen durch und melden sich anschließend ab. Für die Spezifikation nehmen wir eine Klasse **System** an, die alle Klassen der Anwendung aggregiert. (Eine Nachricht an ein Objekt dieser Klasse im Sequenzdiagramm bezeichnet damit in einer konkreten Sichtweise eine Nachricht an ein beliebiges, nicht näher spezifiziertes Objekt im System.)

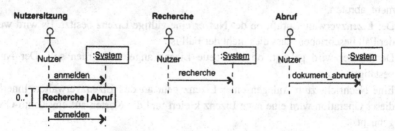

Abb. 3-24 Typische Sitzungen von Bibliotheksnutzern

Szenarien auf Systemebene beschreiben also (typische oder atypische) Anwendersitzungen mit Folgen aktivierter Anwendungsfälle. An einem solchen Szenario beteiligt ist ein Akteur und das System als Ganzes betrachtet (bzw. alternativ auch bereits identifizierte Komponenten).

Eine ähnliche Beschreibung von Interaktionen zwischen Anwendern und dem System gibt es in der Methode Fusion [CAB+ 94] in den durch reguläre Ausdrücke spezifizierten Lebenszyklen. Für die Lebenszyklen in Fusion bleibt allerdings unklar, ob sich die beschriebenen Interaktionen auf einen Akteur oder alle Akteure beziehen. In MOS wird ein (primäres) Sitzungsszenario für jeden externen Akteur erstellt, der Anwendungsfälle auslöst.

3.4.1.2   Szenarien auf Ebene der Anwendungsfälle

Auf Ebene der Anwendungsfälle wird für einen spezifischen Anwendungsfall der abstrakte Dialog der externen Akteure mit dem System beschrieben. Darüber hinaus enthalten diese Szenarien die als Reaktion auf die externen Nachrichten auftretenden internen Nachrichtenflüsse zwischen Objekten im System. Typischerweise bei den Szenarien eines Anwendungsfalls involvierte Objekte sind

- die beteiligten externen Akteure,
- die zugehörigen Interaktionsobjekte,
- ein dem Anwendungsfall zugeordnetes Vorgangsobjekt (Anwendungsfallobjekt),
- Fachklassen und Verwalterklassen, die vom Vorgangsobjekt angesprochen werden.

Die Diagramme von Abb. 3-23 beschreiben Szenarien der Anwendungsfallebene. Abb. 3-25 zeigt als weiteres Beispiel ein Szenario für den Anwendungsfall Dokument abrufen (reg. Nutzer LM). Es beschreibt den Fall, in dem ein registrierter Nutzer ein Dokument mit Lizenzabrechnungsverfahren abruft und noch keine Lizenz besitzt (vgl. dazu auch die informelle Beschreibung des Anwendungsfalls in 3.2.1):

1. Das zu übertragende Dokument wird durch den Dokumentenidentifikator, das Format (z.B. pdf-, ps-Datei) und die Art (Leseprobe oder Volltext) bestimmt. Außerdem wird der Identifikator der laufenden Sitzung und des Nutzers übergeben. Das Vorgangsobjekt zur Steuerung des Dokumentenabrufs startet seine Steuerungsoperation dokument_abrufen.

2. Der Lizenzverwalter prüft, ob der Nutzer eine gültige Lizenz besitzt. Es wird weiter der Fall beschrieben, dass dies nicht der Fall ist.

3. Der Nutzer wird gefragt, ob eine neue Lizenz angelegt werden soll. Der Nutzer bestätigt.

4. Eine Nachricht zum Anlegen einer Lizenz geht an den Lizenzverwalter. Innerhalb dieser Operation wird eine neue Lizenz kreiert und die Kosten auf ein Konto-Objekt gebucht.

5. Das Vorgangsobjekt sendet eine Nachricht an das Dokument-Objekt zum Suchen der Dokumentadresse für die Übertragung.

6. Eine Nachricht zum Abruf der gegebenen WWW-Seite geht an das Schnittstellenobjekt des Browsers. Das Ergebnis des Abrufs (hier: erfolgreicher Abruf) wird zurückgesendet.

7. Bei erfolgreicher Übertragung wird der Dokumentenabruf protokolliert.

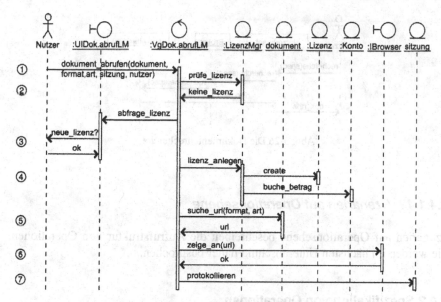

Abb. 3-25 Szenario für den Anwendungsfall Dokument abrufen (reg. Nutzer LM)

Obiges Szenario beschreibt einen spezifischen Fall des Dokumentenabrufs. Die Spezifikation ist noch ungenau, sie dient vornehmlich der Exploration prinzipieller Nachrichtenflüsse und beteiligter Objekte; z.B. fehlen die Wege, über die die Nachrichten fließen und einige Nachrichtenparameter. Diese Informationen werden in späteren Entwurfsphasen, insbesondere bei der Spezifikation vollständigen Objektverhaltens, hinzugefügt. Zudem ist es ratsam, die Ablaufstruktur der Operationen (z.B. lizenz_anlegen, suche_url) in separaten Sequenzdiagrammen näher zu beschreiben (siehe dazu 3.4.2).

3.4.1.3   Szenarien auf Komponentenebene

Szenarien auf Komponentenebene beschreiben eine abstrakte Sicht des Systemverhaltens als Interaktion zwischen Komponenten. Diese Sicht ist deshalb abstrakt, weil die gezeigten Nachrichtenflüsse nicht nur Nachrichten der Komponentenobjekte selbst, sondern auch die Nachrichten der ihnen zugeordneten Vorgangs-, Fach- und Interaktionsklassen beinhalten.

Szenarien auf Komponentenebene sind ein geeignetes Instrument der Dokumentation genauso wie der Konzeption komplexer innerer Abläufe im System. Als Beispiel betrachten wir die prinzipielle Bearbeitung von Recherchen im MeDoc-System. Ein Rechercheauftrag mit einer Recherchespezifikation wird vom *Broker*, einer weiteren Komponente im System, entgegengenommen. Der Broker ermittelt anhand von vorgehaltenen Metadaten in Frage kommende Anbieter und kontaktiert diese. Die recherchierten Dokumentenreferenzen werden über den Nutzeragenten an den Nutzer weitergeleitet und ermöglichen diesem, die Dokumente abzurufen.

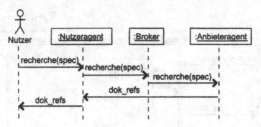

Abb. 3-26 Die Dokumentenrecherche

3.4.1.4   Szenarien auf Operationsebene

Szenarien auf Operationsebene beschreiben die Aufrufstruktur von Operationen. Sie werden im nächsten Unterabschnitt näher besprochen.

3.4.2 Spezifikation von Operationen

In einem operationsbasierten Ansatz ist das Verhalten eines Objekts durch die Summe des Verhaltens seiner Operationen bestimmt (Objekte tun nichts anderes, als sukzessive eintreffende Operationsaufrufe zu bearbeiten). Der Operationsspezifikation kommt also eine tragende Rolle für die Verhaltensbeschreibung des Systems zu.

Die MOS-Methodik stellt für die Operationsspezifikation eine Reihe von Techniken zur Verfügung, die sich durch die Sicht, die sie auf die Operation legen, unterscheiden. Die Sicht ist entweder

– *atomar*, d.h. die Operation wird als unteilbare Transaktion verstanden oder
– *ablauforientiert*, d.h. die Operation wird als Ablauf (Folge von Nachrichten) verstanden.

Die Folge von Nachrichten in der ablauforientierten Sicht einer Operation beinhaltet z.B. den Operationsaufruf und die von der Operation aufgerufenen Operationen anderer Objekte. Tab. 3-1 gibt eine Übersicht über die in MOS unterstützten Spezifikationstechniken.

Atomare Sicht	Vor- und Nachbedingungen Zustandsdiagramme mit langen Transitionen
Ablauforientierte Sicht	Sequenzdiagramme Zustandsdiagramme

Tab. 3-1 Beschreibungstechniken zur Spezifikation von Operationen

Die Spezifikationen in den einzelnen Techniken werden jeweils einer Operation zugeordnet und bilden zusammen die Operationsspezifikation dieser Operation. Die Zustandsdiagramme mit langen Transitionen bilden hierbei eine Ausnahme, da sie eine Automatensicht der Klasse beschreiben und deshalb der Klasse zugeordnet werden. Diese Diagramme werden im nächsten Unterabschnitt besprochen. Die übrigen Techniken zur Operationsspezifikation werden unten vorgestellt. Für eine detaillierte Diskussion sei auch auf 6.3 verwiesen.

Ganz allgemein ist vorher zu bemerken, dass die Definition von Operationen eng verzahnt ist mit der Entwicklung von Szenarien, insbesondere der Szenarien der Anwendungsfallebene. In diesen Szenarien werden interne Abläufe des Systems entworfen, was zur Definition von Operationen führt (die Operationen werden ihrerseits unter Umständen wieder durch Szenarien beschrieben, die zur Definition weiterer Operationen führen). Bei diesem Vorgehen ist zu beachten, dass die Schnittstelle einer Klasse nicht nur die durch die Anwendungsfälle induzierte Funktionalität bereitstellen soll, sondern alle Dienste, die für die Klasse, als Datentyp betrachtet, sinnvoll sind. Dies ist besonders für die Modifikation und Wiederverwendung des Systems von Bedeutung.

3.4.2.1 Vor- und Nachbedingungen

Vor- und Nachbedingungen einer Operation werden in der prädikativen Sprache P-MOS oder durch informellen Text ausgedrückt. Sie beschreiben die Objektzustände nach Ausführung einer Operation in Abhängigkeit von denjenigen Objektzuständen vor Ausführung der Operation, die die Vorbedingung erfüllen.

Abb. 3-27 zeigt als einfaches Beispiel die Nachbedingung* der Operation buche_betrag der Klasse **Konto** (vgl. das Szenario in Abb. 3-25). Die Operation ist abhängig von einer Kostenvereinbarung und von der Abrechnungsart (Lizenzoder Einzelabrechnug). Wir nehmen an, dass die Klasse **Konto** ein Attribut offener_betrag besitzt, auf dem noch nicht abgerechnete Beträge vermerkt werden. Mit offener_betrag@pre wird in der Nachbedingung der Wert des Attributs vor Ausführung der Operation bezeichnet.

buche_betrag (kv: Kostenvereinbarung, art:Abrechnungsart)

post (art = #lizenz ⇒ offener_betrag = offener_betrag@pre + kv.lizenzpreis) ∧
(art = #einzel ⇒ offener_betrag = offener_betrag@pre + kv.einzelpreis)

Abb. 3-27 Nachbedingung der Operation buche_betrag

Vor- und Nachbedingungen sind ein nützliches Instrument, um Operationseigenschaften kurz und implementierungsunabhängig darzustellen. Allerdings sind sie in der Systemsicht von MOS (und auch der UML) nur mit wesentlichen Einschränkungen zu interpretieren und zu benutzen. Der Grund dafür liegt zum einen in der Verteiltheit der Objekte (Objekte agieren parallel, führen also Operationen parallel aus) und zum anderen in der Verweisstruktur der Objekte. Mit diesen Einschränkungen werden wir uns in Kapitel 6 noch näher befassen.

Werden bei Vor- und Nachbedingungen die Operationen als atomare Einheit betrachtet, so steht bei den im folgenden besprochenen Techniken die innere

Struktur der Operationen im Vordergrund. Diese Spezifikationen sind damit sehr viel stärker auf die Implementierung ausgerichtet.

3.4.2.2 Sequenzdiagramme

Mit Sequenzdiagrammen lässt sich die Aufrufstruktur von Operationen exemplarisch veranschaulichen. Abb. 3-28 zeigt ein Sequenzdiagramm für die Operation buche_betrag (dazu nehmen wir an, dass in der Klasse **Kostenvereinbarung** eine Operation gib_preis existiert, die abhängig von der gegebenen Abrechnungsart den Wert des entsprechenden Attributs liefert).

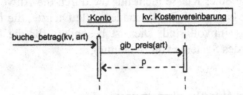

Abb. 3-28 Aufrufstruktur der Operation buche_betrag

Die Sequenzdiagramme zeigen damit aufgerufene andere Operationen und Rückgabenachrichten, aber nicht die Veränderung von Attributen. Sie sind eine nützliche Technik, um beim Entwurf oder bei der Dokumentation komplexe Aufrufbeziehungen zu veranschaulichen. Auch Operationen können mit primären oder sekundären Szenarien verbunden sein, die typisches Verhalten bzw. Ausnahmeverhalten beschreiben.

3.4.2.3 Zustandsdiagramme

Zustandsdiagramme besitzen die Ausdrucksmächtigkeit, Abläufe vollständig zu beschreiben. Operationsausführungen sind Abläufe und können somit durch Zustandsdiagramme vollständig beschrieben werden. Für ein Zustandsdiagramm, das der Operation einer Klasse zugeordnet ist, bedeutet dies, dass im Diagramm sowohl das Kommunikationsverhalten der Operation als auch die Veränderung von Attributwerten spezifiziert werden kann. Damit ist man auf der Ebene der Implementierung angelangt (vgl. das Zustandsdiagramm in Abb. 3-29 für die Operation buche_betrag).

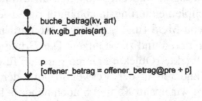

Abb. 3-29 Zustandsdiagramm für die Operation buche_betrag

Abhängig von der Entwicklungsumgebung kann die Verwendung von Zustandsdiagrammen für die Operationsspezifikation unterschiedlich bewertet werden:

- Die Entwicklungsumgebung stellt eine automatische Übersetzung in die Zielsprache bereit. In diesem Fall kann die Technik der Zustandsdiagramme die Rolle einer visuellen Programmiersprache einnehmen. Die Zustände der Automaten sind dabei Kontrollzustände.
- Falls keine automatische Übersetzung erfolgt, ist in vielen Fällen äquivalenter (Pseudo-)Code der graphischen Darstellung aus Gründen der leichteren Darstellbarkeit vorzuziehen.

Allerdings kann die Verwendung von Zustandsdiagrammen auch im zweiten Fall für Operationen mit intensivem Kommunikationsverhalten gegenüber einer textuellen Repräsentation von Vorteil sein. Dies ist z.B. für Vorgangsobjekte der Fall, die komplexe Steuerungen beschreiben. Da bei Vorgangsklassen Operations- und Klassenbegriff meist verschmolzen sind, wird das Zustandsdiagramm der Hauptoperation einer Vorgangsklasse der Klasse direkt zugeordnet. Diese Automatensicht von Vorgangsklassen wird im nächsten Unterabschnitt besprochen.

3.4.3 Entwicklung von Automatensichten

Automatensichten von Klassen beschreiben das Gesamtverhalten einer Klasse auf einer bestimmten Abstraktionsstufe. Obwohl das Gesamtverhalten eines Objekts durch das Verhalten seiner Operationen bestimmt ist, ist eine solche Gesamtsicht in einigen Fällen sinnvoll:
- für die Beschreibung einer Schnittstellensicht, wenn die Objekte der Klasse signifikante abstrakte Zustände einnehmen und
- für die Beschreibung komplexer Vorgänge bei Vorgangsobjekten, insbesondere für die Beschreibung abstrakter Dialoge mit den externen Akteuren.

3.4.3.1   Die Schnittstellensicht

Die Zustandsdiagramme der Schnittstellensicht beschreiben abstrakte Zustände einer Klasse und deren Änderung durch die Ausführung von Operationen. Die Operationen werden dabei als atomare Transaktionen behandelt und mit langen Transitionen verbunden (vgl. 2.2.2.3).

Als Beispiel betrachten wir noch einmal die Klasse **Konto**. Auf die Konten werden laufend Beträge gebucht (z.B. Kosten für Dokumentenabrufe), die zu gewissen Zeitpunkten abgerechnet werden (z.B. mit einem Einzelnutzer). Das Attribut offener_betrag vermerkt dabei offene, noch nicht abgerechnete Beträge, das Attribut rechnung abgerechnete, aber noch nicht beglichene Beträge.

Neben der bereits diskutierten Operation buche_betrag enthalte die Klasse eine Operation abrechnen, die offene Beträge abrechnet, und eine Operation zahlung, die eine erfolgte Zahlung meldet. Abhängig von den Werten der beiden Attribute können Kontoobjekten die in Abb. 3-30 dargestellten abstrakten Zustände und

Zustandsübergänge zugeordnet werden. Durch die Operation abrechnen wird z.B. der gesamte offene Betrag abgerechnet und in Rechnung gestellt. Der Zustand **Betrag offen/Zahlung ausstehend** bezeichnet die Situation, in der eine Zahlung ausstehend ist und zugleich ein Betrag offen ist (z.B. weil bereits neue kostenpflichtige Transaktionen durchgeführt wurden).

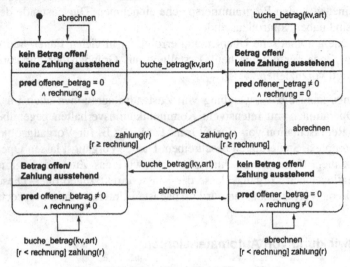

Abb. 3-30 Schnittstellensicht der Klasse **Konto**

Klassen, deren Objekte signifikante abstrakte Zustände besitzen, sind fast ausschließlich Fachklassen. Ein typisches weiteres Beispiel ist ein Auftrag, der angenommen, bearbeitet oder bezahlt sein kann.

Die Definition einer Schnittstellensicht ist sinnvoll, da sie Benutzern einer Klasse eine grobe Charakterisierung der Klasse und ihrer Operationen liefert. Zudem dient die Schnittstellensicht der Kontrolle für den Entwickler, um die Vollständigkeit und Plausibilität der Menge von Operationen einer Klasse zu prüfen.

3.4.3.2 Spezifikation komplexer Vorgänge

Mit den Vorgangs- bzw. Anwendungsfallklassen modelliert der Entwickler den abstrakten Dialog zwischen den externen Akteuren und dem System und die Steuerung komplexer interner Vorgänge. Die Bildung einer Automatensicht der Anwendungsfallklassen dient dazu, die Struktur des Dialogs und der internen Vorgänge vollständig zu erfassen. Dabei wird analysiert, welche Fälle auftreten können und wie das System darauf reagiert.

Die Automatenzustände beschreiben dabei die *Ablauf- und Dialogzustände*, d.h. die Situationen oder Zeitpunkte, in denen sich das System in einer bestimmten Art und Weise dem Benutzer präsentiert und in dem es eine bestimmte Eingabe oder Nachricht erwartet. Bei der Modellierung der Zustandsdiagramme unterscheidet MOS zwei Sichten:

– die *fachliche Sicht* und
– die *ablauforientierte Sicht*.

Bei der fachlichen Sicht steht die Abfolge der Interaktionen und Zustände im Vordergrund. Die Reaktionen des Systems werden nur informell als Aktionen erfasst. Bei der ablauforientierten Sicht wird die Reaktion des Systems detailliert durch Nachrichten des Vorgangsobjekts an andere Objekte spezifiziert.

Abb. 3-31 und Abb. 3-32 zeigen die Spezifikation der Anwendungsfallklasse **VgDokumentenabrufLM** in der fachlichen bzw. ablauforientierten Sicht. Abb. 3-32 enthält außerdem die Attribute der Anwendungsfallklasse.

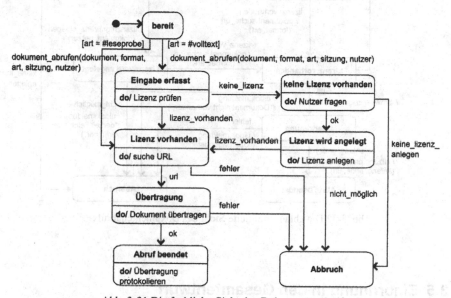

Abb. 3-31 Die fachliche Sicht des Dokumentenabrufs

Zustandsdiagramme der fachlichen Sicht ähneln in ihren Ausdrucksmitteln den Interaktionsdiagrammen bei Denert [Den 91]. Die ablauforientierte Sicht präzisiert die in der fachlichen Sicht noch informellen Aktionen durch Nachrichten an andere Objekte, vor allem an Fachobjekte, Verwalter und Interaktionsobjekte. Die Attribute der Anwendungsfallklasse stellen dabei die Bezüge zu diesen Objekten her.

Die Automatensichten der Vorgangsklasse **VgDokumentenabrufLM** sind vollständig in dem Sinn, dass sie alle für den Anwendungsfall relevanten Benutzerinteraktionen und internen Abläufe beschreiben. Die Zustandsdiagramme ergänzen und präzisieren dabei die im Vorfeld entwickelten Szenarien (Abb. 3-25), die von weitaus geringerer Komplexität sind und nur einen Ausschnitt des Gesamtverhaltens zeigen. Zudem werden die im Sequenzdiagramm nur oberflächlich spezifizierten Zielobjekte der Nachrichten in der ablauforientierten Variante der Automatensicht exakt identifiziert und die Nachrichtenwege (temporäre oder statische) bestimmt.

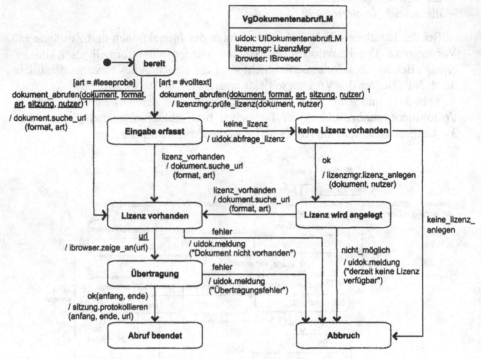

Abb. 3-32 Die ablauforientierte Sicht des Dokumentenabrufs

3.5 Einordnung in den Gesamtentwurf

Die vorangegangenen Abschnitte haben sich ausführlich mit den Prinzipien und Techniken anwendungsfallorientierten Entwurfs beschäftigt. Die besprochenen Entwurfsschritte bilden den Kern der Systemmodellierung. In diesem Abschnitt wollen wir nun den Fokus erweitern und die MOS-Methodik in den Kontext des Gesamtentwurfs stellen. Dabei sollen insbesondere die Beziehungen zu angrenzenden Entwurfsaktivitäten, wie der Geschäftsprozessmodellierung und dem Projektmanagement, kurz skizziert werden.

Als Grundlage dafür betrachten wir im folgenden den Unified Software Development Process (USDP) [JBR 99]. Die Anwendung von MOS ist allerdings nicht auf dieses Vorgehensmodell beschränkt, sondern kann auch in andere Vorgehensmodelle, z.B. Catalysis [DW 99] und V-Modell [IABG 97], integriert werden.

Der USDP ist ein Vorgehensmodell auf der Basis der UML, das einen iterativen, inkrementellen und architekturzentrierten Entwurf unterstützt. Entwickelt

---

[1.] Durch ihre Unterstreichung werden Eingabenachrichten im gesamten Diagramm zugänglich. Wie wir in Kapitel 6 sehen werden, sind Variablenbelegungen in Zustandsdiagrammen sonst nur für die jeweilige Transition gültig.

wurde der USDP von den Protagonisten der UML und des anwendungsfallorientierten Entwurfs, I. Jacobson, G. Booch und J. Rumbaugh. In 3.5.1 wird zunächst ein kurzer Überblick über den USDP gegeben. Daran anschließend wird die MOS-Methodik in den Kontext des USDPs integriert und Beziehungen zu angrenzenden Entwurfsaktivitäten aufgezeigt (3.5.2).

3.5.1 Überblick über den Unified Software Development Process

Der USDP definiert, welche Aktivitäten im Entwurfsprozess ausgeführt werden, wer diese Aktivitäten durchführt und welche Dokumente (*Artefakte*) dabei erstellt werden. Aktivitäten sind z.B. *„Beschreibe einen Anwendungsfall detailliert"* oder *„Implementiere eine Klasse"*, Ausführende sind z.B. Systemanalytiker oder Komponentenentwickler, Artefakte sind z.B. Anwendungsfallmodell oder Analysemodell.

Die Aktivitäten werden in den sogenannten *Workflows* gebündelt. Sie stellen Teilprozesse im Entwurf dar. Die fünf Kern-Workflows sind

- Anforderungsspezifikation
- Analyse
- Design
- Implementierung und
- Test.

Diese Workflows befassen sich mit der Systementwicklung im engeren Sinn. Daneben können weitere Workflows definiert werden, die unterstützende Aktivitäten zusammenfassen. Die Workflows werden nachfolgend kurz beschrieben.

Die **Anforderungsspezifikation** beinhaltet grob folgende Aktivitäten und Artefakte:

- Die Geschäftsprozesse werden identifiziert, um den Systemkontext zu analysieren.
- Im Anwendungsfallmodell werden die Anwendungsfälle identifiziert. Jeder Anwendungsfall wird detailliert beschrieben, wobei alle funktionalen und nichtfunktionalen Anforderungen erfasst werden. Nichtfunktionale Anforderungen sind z.B. organisatorische Randbedingungen, technische Anforderungen oder Qualitätsanforderungen.
- Skizzen von Benutzerschnittstellen und/oder Oberflächenprototypen werden erstellt.

Das Ergebnis der **Analyse** ist das Analysemodell, das folgende Elemente enthält:

- Klassendiagramme, die die statische Struktur des Systems beschreiben. Die Diagramme werden auf der Basis von Interaktions-, Vorgangs- und Fachklassen strukturiert.
- Realisierungen von Anwendungsfällen in Sequenz- oder Kollaborationsdiagrammen
- Eine Komponentenstruktur des Systems zur Beschreibung einer ersten fachlichen Systemarchitektur.

Während des **Designs** wird das Designmodell erstellt, das die Struktur der Implementierung vorgibt. Insbesondere werden

– die Komponenten mit ihren Abhängigkeiten und Schnittstellen beschrieben,
– Operationen, Attribute und Implementierungsvorgaben für die Klassen definiert,
– die technische Architektur mit implementierungsabhängigen Komponenten entworfen; dies beinhaltet den Entwurf der verteilten Struktur des Systems und der Datenbanken.

In der **Implementierung** wird eine lauffähige Version des Systems erstellt. Der Workflow **Test** beinhaltet die Planung, die Ausführung und die Auswertung von Systemtests.

Neben den Kern-Workflows kann der USDP um Workflows erweitert werden, die unterstützende Aktivitäten bündeln. Darunter fallen

– das *Projektmanagement* mit der Erstellung und Durchführung von Projektplänen, Kostenschätzung, Risikomanagement, Personalplanung usw.,
– das *Konfigurations- und Änderungsmanagement* und
– das *Bereitstellen der Software-Entwicklungsumgebung*.

Es ist klar, dass die Aktivitäten der Workflows voneinander abhängig sind und im Entwurfsprozess ineinander verzahnt durchgeführt werden. Hinzu kommt, dass das System im allgemeinen nicht in einem Schritt vollständig entwickelt wird, sondern in *Inkrementen*.

Unter einem Inkrement wird eine ausführbare Ausbaustufe des Systems verstanden. Frühe Inkremente sind vielleicht nur (Oberflächen)Prototypen, spätere Inkremente werden evtl. bereits an die Kunden ausgeliefert. Jedes Inkrement erweitert sukzessive die Funktionalität seines Vorgängers. Die Auswahl dieser Funktionalität orientiert sich dabei vor allem an den Anwendungsfällen.

Nimmt man den inkrementellen Entwurf hinzu, werden die Aktivitäten der einzelnen Workflows immer wieder (*iterativ*) durchgeführt. Beispielsweise werden detaillierte Anwendungsfallbeschreibungen am Anfang jeder Inkrementsentwicklung erstellt. Implementiert wird von den frühen Stadien des Projekts (Erstellung von Prototypen) bis zur Auslieferung des Systems.

Hauptsächlich zur Unterstützung des Projektmanagements definiert der USDP orthogonal zu den Workflows vier Phasen,

– die Konzeption,
– den Entwurf,
– die Konstruktion und
– den Übergang.

Da diese Phasen für die folgenden Überlegungen keine Rolle spielen, werden sie hier nicht näher erläutert. Abb. 3-33 zeigt als Zusammenfassung die ungefähre Verteilung von Aktivitäten innerhalb der Kern-Workflows im gesamten inkrementellen Entwurfsprozess.

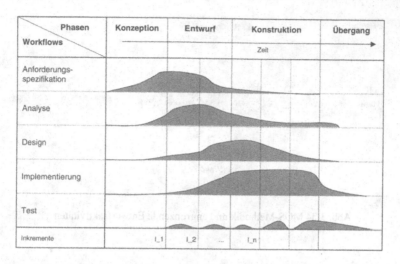

Abb. 3-33 Ausführung von Aktivitäten der Workflows im gesamten Entwurfsprozess

3.5.2 Die MOS-Methodik im Kontext des USDPs

Die Entwurfsschritte der MOS-Methodik finden ihre direkte Korrespondenz in Aktivitäten und Workflows des USDPs, und zwar

- in der Anforderungsspezifikation (Identifikation und detaillierte Beschreibung der Anwendungsfälle) und
- in der Analyse (Modellierung des Anwendungskerns und der Komponentenstruktur, Integration der Anwendungsfälle in die objektorientierte Sicht).

Die in den vorangegangenen Abschnitten besprochenen Diagramme sind damit im Kontext des USDPs Teil des Anwendungsfall- bzw. des Analysemodells. Bezieht man den inkrementellen Entwurf mit ein, so werden die MOS-Entwurfsschritte im Laufe des Entwurfs immer wieder durchgeführt und die Spezifikationen dabei sukzessive ergänzt und verfeinert.

So werden etwa die Szenarien für die Anwendungsfälle nicht gleichzeitig für alle Anwendungsfälle erstellt, sondern nur für diejenigen Anwendungsfälle, die in einem bestimmten Inkrement implementiert werden. Die Klassendiagramme werden ebenfalls im Laufe des Entwurfs erweitert, verfeinert und mit bereits implementierten Systemkomponenten konsistent gehalten.

Im folgenden soll kurz die Beziehung zu angrenzenden Entwurfsaktivitäten diskutiert werden. Abb. 3-34 zeigt die vier wichtigsten Bereiche.

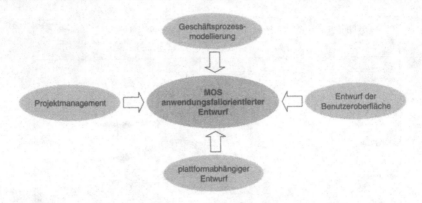

Abb. 3-34 MOS-Methodik und angrenzende Entwurfsaktivitäten

3.5.2.1 MOS und Geschäftsprozessmodellierung

In den vorangegangenen Kapiteln haben wir den Systembegriff stets auf das zu entwerfende Informationssystem bezogen und haben Anwendungsfälle als Interaktionen zwischen dem Informationssystem und den Akteuren definiert. Nicht immer ist zu Beginn des Entwurfs aber klar, welche Dienste das Informationssystem leisten soll. Dies gilt insbesondere dann, wenn der Entwurf des Informationssystems mit einer Reorganisation von Unternehmensabläufen verbunden ist.

In diesem Fall muss dem anwendungsfallorientierten Entwurf eine Modellierung der *Geschäftsprozesse* vorangehen. Sie dient dazu, bestehende und künftige Vorgänge im Unternehmen zu begreifen, Verantwortlichkeiten und Abhängigkeiten herauszuarbeiten, softwarerelevante Arbeitsschritte zu erkennen und damit Systemgrenzen bilden zu können.

Die Geschäftsprozessmodellierung (GP-Modellierung) wurde ursprünglich für betriebswirtschaftliche Anwendungen entwickelt, vor allem für die Optimierung von Arbeitsabläufen und Auslastung von Ressourcen. Sie ist heute eine etablierte Technik mit einer eigenen Begriffswelt, eigenen Beschreibungstechniken und eigenen Werkzeugen (z.B. ARIS [Sche 92] oder SOM [FS 95]).

Ansätze zu einer Integration dieser Techniken der GP-Modellierung mit der UML gibt es bereits, die Methodik des Übergangs von der GP-Modellierung zum anwendungsfallorientierten Entwurf ist heute allerdings noch wenig untersucht. Als Beschreibungsmittel für die Modellierung von Geschäftsprozessen scheinen die Aktivitätsdiagramme der UML prinzipiell geeignet.

Neben der klassischen GP-Modellierung wurde im Umfeld der UML auch eine Technik entwickelt, die den anwendungsfallorientierten Entwurf direkt auf eine Modellierung des Systemumfelds erweitert. Dabei werden Geschäftsprozesse als *Geschäftsanwendungsfälle* (engl. *business use cases*) betrachtet, die mit *Geschäftsakteuren* (engl. *business actors*) in Beziehung gesetzt werden. Die Modellierung der Abläufe selbst steht hier nicht im Vordergrund. Als Vorgehensmodelle unterstützen sowohl der USDP als auch Catalysis diesen Ansatz zur GP-Modellierung.

3.5.2.2 MOS und plattformabhängiger Entwurf

Die besprochenen Entwurfsschritte von MOS enden dort, wo eine abstrakte Sicht von Objekten und Klassen nicht mehr ausreicht und eine implementierungsnahe Sichtweise angenommen werden muss.

Der Übergang beinhaltet dabei typischerweise die Umsetzung der Systemspezifikation in der gewählten Zielsprache, die Verteilung der Komponenten auf Knoten eines Netzwerkes, die Wahl von Kommunikationswegen und –protokollen und den Entwurf der Datenbanken. Der USDP beinhaltet diese Entwurfsschritte im Workflow Design.

Zur Umsetzung der Systemspezifikation in die Zielsprache ist anzumerken, dass sich die objektorientierte Systemmodellierung nicht nur für objektorientierte Programmiersprachen eignet, sondern auch für konventionelle prozedurale Sprachen. Hierbei ist es allerdings vorteilhaft, wenn dem Entwickler methodische Unterstützung und/oder Generatoren geboten werden, um die Umsetzung der objektorientierten Konzepte in die Konzepte der Zielsprache schematisch durchzuführen.

Ein wichtiger Aspekt beim Übergang zum plattformabhängigen Entwurf ist ein systematisches Vorgehen. Die Klassen der plattformabhängigen Spezifikation müssen dabei nicht direkt den Klassen der technischen Spezifikation entsprechen, die Entwurfsentscheidungen sollten jedoch verfolgbar und dokumentiert sein.

Gute Gründe hierfür gibt es viele: Durch das Konsistenthalten der Dokumente ist die abstrakte Spezifikation nicht nur ein Dokument des Entwurfs, sondern auch der Dokumentation, die nachträgliche Revision von bereits implementierten Entwurfsentscheidungen wird erleichtert und Aufwand für die Erstellung redundanter Spezifikationen wird vermieden.

3.5.2.3 MOS und der Entwurf der Benutzeroberfläche

Der Entwurf der Benutzeroberfläche ist meist vom übrigen Entwurf entkoppelt, da bei ihm spezifische Werkzeuge zum Einsatz kommen und der Prototyp-Entwurf hier eine besondere Rolle spielt. So werden Oberflächenprototypen oft schon während der Anforderungsspezifikation entwickelt, parallel zum Identifizieren und Beschreiben der Anwendungsfälle.

Dies hat sich als besonders vorteilhaft für die Kommunikation mit den Kunden erwiesen. Der frühe Kontakt mit der Benutzeroberfläche und die Spezifikation der Anwendungsfälle erleichtern Kunden und Entwicklern, die Systemaufgaben früh verbindlich abzustecken.

In der MOS-Methodik bleiben Fragen der konkreten Form des Dialogs zwischen System und Akteuren ausgespart, nicht jedoch der abstrakte Dialogentwurf. Die Schichtung des Klassendiagramms mit den Interaktions- und Vorgangsklassen erlaubt dabei ein modulares Vorgehen und bereitet die leichte Anbindung der Benutzeroberfläche in der Implementierung vor.

3.5.2.4   MOS und Projektmanagement

Das Anwendungsfalldiagramm und das Klassendiagramm des Anwendungskerns sind zwei Dokumente, die nicht nur für den Systementwurf, sondern auch für das Projektmanagement von zentraler Bedeutung sind.

Das Anwendungsfalldiagramm ist Ausgangspunkt für die Planung von Inkrementen. Das erste Inkrement soll dabei einen Bereich abdecken, der zum einen die Kernfunktionalität des Systems und zum anderen die Anwendungsfälle mit höchstem Risiko beinhaltet.

Die Realisierung der Kernfunktionalität dient zum Aufbau der Systemarchitektur, insbesondere der Verteilungs- und Datenbankstruktur. Die frühe Realisierung von Anwendungsfällen mit hohem Risiko soll vermeiden, dass Risiken aufgeschoben werden und das Projekt in einem späten Stadium gefährdet ist. Risiken sind typischerweise hohe Anforderungen an Speicherplatz und Antwortzeit, massive parallele Interaktionen, Integration von Altsystemen oder noch zu suchende algorithmische Lösungen. Basis der Risikoanalyse ist eine Risikobewertung der Anwendungsfälle.

Anwendungs- und Klassendiagramm sind außerdem Grundlage für Kostenschätzungen für die Angebotserstellung bzw. für interne Planungen. Bekannte Techniken für Kostenschätzungen sind COCOMO II [BMS 95], Function-Point-Analyse [Sym 91] und Object-Point-Analyse [Sne 96]. Für die Anwendung dieser (oder für den anwendungsfallorientierten Entwurf abgewandelter) Techniken werden die Anwendungsfälle und Klassen des Anwendungskerns in ihrer Komplexität bewertet.

Inkrementplanungen und Kostenschätzungen sind wiederum Ausgangspunkt für weitere Aufgaben des Projektmanagers, wie die Budget- und Personalplanung, Terminplanung oder die Definition von Meilensteinen und Reviews.

4 Die Gesamtsicht

Dieses Kapitel stellt die Gesamtsicht von Systemen und Objekten vor, die dem Entwurf mit MOS zugrunde liegt. Diese Gesamtsicht definiert die Grundstruktur und das Grundverhalten von Objekten, die Basis für die Interpretation der Beschreibungstechniken in den folgenden Kapiteln ist:

> 4.1 Spezifikationen, Sichten, Modelle
> 4.2 Objekte, Identitäten, Zustände
> 4.3 Nachrichten, Lebenszyklen, Dynamische Existenz
> 4.4 Die Gesamtsicht des Entwurfsprozesses

4.1 Spezifikationen, Sichten, Modelle

Eine fundamentale Eigenschaft der Spezifikationen, die in den letzten Kapiteln besprochen wurden, also der Dokumente, die ein Klassendiagramm, ein Sequenzdiagramm o.ä. enthalten, ist, dass sie *Teilsichten* des zu entwickelnden Systems beschreiben. Sie beschränken sich dabei auf bestimmte Aspekte (Statik oder Dynamik) oder auf einen lokalen Ausschnitt des Systems (z.B. eine bestimmte Komponente). Das „System" selbst bleibt dabei, wie Abb. 4-1 darzustellen versucht, eine vage Vorstellung in den Köpfen der Entwickler.

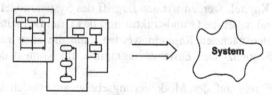

Abb. 4-1 Spezifikationen sind Teilsichten des Systems

In diesem Kapitel wird nun dieser verschwommene Begriff des Systems präzisiert und durch eine Modellbildung ersetzt (Abb. 4-2). Mit der Modellbildung werden mehrere Ziele verfolgt:

- Der Modellrahmen legt das Grundverhalten von Objekten und Systemen fest, z.B. die Art des Nachrichtenaustausches und der Verteiltheit.
- Er dient als Basis für die präzise Interpretation der Beschreibungstechniken.
- Er ist Grundlage für das Verständnis des gesamten Entwurfsprozesses, z.B. für einen Verfeinerungs- und Konsistenzbegriff von Spezifikationen.

Für die Bildung einer Gesamtsicht von Systemen wird im folgenden ein Ansatz gewählt, der auf zwei Grundannahmen beruht.

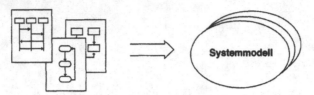

Abb. 4-2 Spezifikation und Modellbildung

4.1.1 Systemmodelle

Zum einen soll der Modellrahmen nicht nur die frühen Phasen des Entwurfs abdecken, sondern die gesamte Entwicklung, von der Anforderungsspezifikation bis zur Implementierung. Insbesondere wird als Gesamtsicht des Systems die einer *abstrakten objektorientierten Maschine* gewählt.

Eine abstrakte objektorientierte Maschine kann als objektorientiertes Programm in einer idealen Ausführungsumgebung mit unendlich viel Speicherplatz und einheitlichem Adressraum verstanden werden. Die abstrakte objektorientierte Maschine beschreibt die möglichen Abläufe im System, auf der Basis der Zustandsänderungen der Objekte und der Nachrichten, die die Objekte untereinander austauschen. Im folgenden verwenden wir für die abstrakte Maschine den Begriff des *Systemmodells* oder, äquivalent, der *Systemrealisierung*.

Ein Systemmodell bzw. eine Systemrealisierung ist also eine abstrakte objektorientierte Maschine, die die Struktur und jedes mögliche Verhalten einer Menge von Objekten beschreibt.

Im Rest dieses Kapitels werden wir den Begriff des Systemmodells noch detailliert diskutieren und dabei die Grundstruktur und das Grundverhalten von Objekten festlegen. In den nächsten Kapiteln werden dann die einzelnen Diagrammtypen, Klassen-, Sequenz- und Zustandsdiagramme, im Kontext der Systemmodelle interpretiert.

Konstrukte, die rein auf der Modellierungsebene angesiedelt sind, wie z.B. ungerichtete Assoziationen und Aggregation, müssen dabei in die Konzepte der abstrakten Maschine abgebildet werden. Ein Vorteil dieser einheitlichen Systemsicht ist, dass Brüche in der Denkweise vermieden werden und ein homogener Entwurfsrahmen geschaffen wird.

4.1.2 Offene Interpretation von Spezifikationen

Ein zweiter Grundgedanke bei der Bildung der Systemgesamtsicht ist die offene Interpretation der Spezifikationen. Damit ist gemeint, dass jede Spezifikation, jedes Diagramm, als Bedingung an mögliche Systemrealisierungen aufgefasst wird. Zum Beispiel ist ein Klassendiagramm in dieser Sichtweise nicht nur mit einer einzigen Systemrealisierung verbunden, sondern mit allen Realisierungen, die mindestens die Klassen im Diagramm enthalten und die Invarianten erfüllen.

Die offene Interpretation von Spezifikationen ist besonders geeignet, Aspekte der Unvollständigkeit und des schrittweisen Entwurfs zu erfassen. Unvollständige Diagramme stellen in dieser Sicht nur schwache Bedingungen an die Systemmodelle und lassen so viele Realisierungen zu. Im Laufe des Systementwurfs, wenn die Diagramme vervollständigt und weitere Diagramme hinzugefügt werden, wird die Menge der möglichen Realisierungen eingeschränkt.

Am Ende dieser Entwicklung steht das objektorientierte Programm, das die Bedingungen an die Systemrealisierung vollständig spezifiziert und damit mit einem einzigen Systemmodell verbunden ist. Abschnitt 4.4 wird sich noch näher mit dieser Sicht des Entwurfsprozesses befassen.

4.1.3 Das formale Modell

In den folgenden Abschnitten werden die Grundzüge der Systemgesamtsicht auf informeller Ebene vorgestellt, soweit sie für das Verständnis der Beschreibungstechniken in der Anwendung notwendig sind. Die damit verbundene mathematische Theorie ist im Anhang vollständig zu finden und soll hier nur kurz charakterisiert werden.

Der Systemmodellbegriff wurde von Broy et al. [KRB 96] geprägt und bezeichnet eine algebraische Modelltheorie mit eingebauten Strukturen. Diese eingebauten Strukturen definieren die grundlegenden Konzepte der Systemsicht (also Objekte, Attribute, Nachrichten, Zustände usw.) und deren Grundverhalten (wie Nachrichtenaustausch, Kreierung oder Operationsausführung).

Die in diesem Buch vorgestellte Variante der Systemmodelltheorie basiert auf einer Beschreibung von Objektverhalten durch *Spuren*. Dieser klassische Ansatz beobachtet die im System ausgetauschten Nachrichten und Änderungen der Zustände.

Die offene Interpretation von Spezifikationen ist in der algebraischen Modelltheorie als *loser Ansatz* bekannt und hat sich seit Jahren als besonders geeignet erwiesen, Aspekte der Unvollständigkeit und der schrittweisen Entwicklung von Spezifikationen formal zu erfassen [BW 82, Wir 86].

Systemmodelle als Gesamtsicht eines Systems sind insgesamt charakterisiert durch

– das Grundverhalten der Objekte (beschrieben in den eingebauten Strukturen der Systemmodelle) und
– die durch die Spezifikationen induzierten Aussagen.

In diesem Abschnitt steht ersterer Aspekt im Vordergrund. Abschnitt 4.2 konzentriert sich dabei auf die Aspekte der Statik von Systemmodellen, 4.3 auf die Aspekte der Dynamik. Die Einbettung der einzelnen Spezifikationstechniken in die Gesamtsicht ist dann Thema der darauffolgenden Kapitel.

4.2 Objekte, Identitäten, Zustände

In diesem Abschnitt wird die abstrakte Sicht der statischen Struktur von Systemen skizziert. Sie wird dazu dienen, die Konzepte von Klassendiagrammen zu interpretieren, ist aber auch Ausgangspunkt für die Modellierung des Objektverhaltens. Genauer wird im folgenden die statische Struktur von Objekten in einem Systemmodell vorgestellt. Jedes Systemmodell enthält dazu

- Mengen von Objektidentifikatoren,
- Objektzustände,
- Systemzustände und
- eine Attributsignatur, die die Namen von Klassen, Typen und Attributen zusammenfasst.

4.2.1 Die Attributsignatur

Die Attributsignatur eines Systemmodells beschreibt die Namen von Klassen, Typen und Attributen. Sie enthält folgende Konzepte:

- eine Menge von Typen S mit einer Teilmenge $C \subseteq S$ von Klassen(namen); die Menge der Typen enthält z.B. primitive Typen wie Boolean oder Integer, aber auch zusammengesetzte Typen wie Set[Integer] oder List[Person], wobei Person eine Klasse in C ist,
- eine Ordnung $\sqsubseteq$ auf der Menge der Klassen C; $\sqsubseteq$ beschreibt die *Subtypordnung* (bei $C1 \sqsubseteq C2$ bezeichnet $C1$ die Subklasse und $C2$ die Superklasse),
- eine Ordnung $\rightarrow$ auf der Menge der Klassen C; $\rightarrow$ beschreibt die *Aggregationsordnung* (bei $C1 \rightarrow C2$ bezeichnet $C1$ die aggregierte „Teil"-Klasse, $C2$ das Aggregat),
- eine Menge von Attributen *Attrs(C)* für jede Klasse C aus C. Jedes Attribut in *Attrs(C)* ist von der Form $X{:}s$, mit einem Typ s aus S. Die Attributmengen sind mit der Vererbungsordnung verträglich, d.h. es gilt:

$$Attrs(D) \subseteq Attrs(C) \text{ für alle Klassen } C \sqsubseteq D.$$

Die vollständige Definition einer Attributsignatur ist in Anhang B.1 zu finden. Die Attributsignatur eines Systemmodells bestimmt die Struktur von Objekten und Systemen in der nachfolgend beschriebenen Weise.

4.2.2 Objektidentifikatoren

Ein Systemmodell mit Attributsignatur *Attr-Sig* enthält Mengen ID_C von Objektidentifikatoren für alle Klassen C in C. Die Objektidentifikatoren erfüllen folgende Eigenschaften:

- Jeder Identifikator einer Subklasse ist auch Identifikator der Superklasse, d.h.

$$ID_C \subseteq ID_D \text{ für alle Klassen } C \sqsubseteq D.$$

Diese Eigenschaft ist Basis des (Subtyp-)Polymorphismus. Mit *ID* bezeichnen
wir die Vereinigungsmenge aller Objektidentifikatormengen.

- Jedem Identifikator ist eindeutig seine Klasse zugeordnet, d.h. für alle $id \in ID$
  gibt es eine (in der Vererbungsordnung) minimale Klasse C mit $id \in ID_C$. Wir
  schreiben dann

$$class(id) = C.$$

4.2.3 Werte

Jeder der Typen S in der Attributsignatur ist eine Menge von Werten VAL_S zugeordnet, z.B.

$$VAL_{Integer} = \mathbb{Z}, \ VAL_{Boolean} = \mathbb{B}, \ VAL_{Set[S]} = \mathbb{P}_{fin}(VAL_S).$$

Für die Klassen $C \in C$ gilt

$$VAL_C = ID_C;$$

dadurch werden Objekte immer durch ihre Identifikatoren angesprochen. Die
Menge *VAL* sei die Vereinigungsmenge aller Wertemengen.

4.2.4 Objektzustände

Jeder Klasse C der Attributsignatur ist in einem Systemmodell eine Menge
$STATE_C$ von Objektzuständen zugeordnet. Die Objektzustände beschreiben
(korrekt getypte) Belegungen der Attribute. Dabei wird

- jedem Wertattribut $A{:}T$ der Attributsignatur ein Wert aus VAL_T,
- jedem Bezugsattribut $A{:}D$ der Attributsignatur ein Objektidentifikator aus ID_D
  zugeordnet.

Durch die Teilmengenbeziehung zwischen den Identifikatormengen von Super-
und Subklassen kann jedem Attribut mit Typ einer Superklasse auch ein Objekt-
(identifikator) einer Subklasse zugeordnet sein. Zudem ist durch die Struktur der
Attributsignatur sichergestellt, dass die Zustände eines Objekts einer Subklasse
auch Belegungen für die Attribute der Superklasse enthalten.

Die formale Definition der Zustandsmengen $STATE_C$ ist in Anhang B.4 zu
finden. Im folgenden stellen wir Objektzustände nur informell graphisch dar. Abb.
4-3 zeigt als Beispiel ein Objekt der Klasse **Kunde** mit Identifikator *#3* und einem
Zustand, der durch die Belegung der Attribute name, adresse und telnummer,
jeweils vom Typ String, und des Attributs konto vom Typ Konto, bestimmt ist.
Das Bezugsattribut konto ist dabei mit einem Objektidentifikator (*#10*) verbunden.

Objektbezüge werden in der Graphik auch durch Pfeile dargestellt. Dies dient
nur zur Veranschaulichung und darf nicht mit einem Klassen- oder Objektdiagramm verwechselt werden.

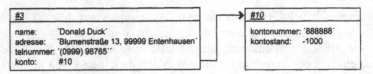

Abb. 4-3 Objektzustände mit Bezugsattributen

4.2.5 Systemzustände

Jedes Systemmodell besitzt eine Menge von Systemzuständen *SYS-STATE*. Ein Systemzustand stellt eine Momentaufnahme eines Systems mit den Zuständen aller existierenden Objekte dar (Abb. 4-4).

Durch die Attributbelegungen können sich die Objekte aufeinander beziehen und bilden dadurch ein Netzwerk von Objekten. Formal ist die Menge *SYS-STATE* definiert als Menge von Abbildungen von Objektidentifikatoren in Objektzustände, angereichert um eine Aggregationsordnung, die Aggregationsbeziehungen zwischen Objekten markiert (siehe Anhang B.5).

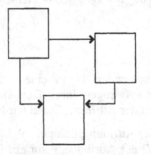

Abb. 4-4 Ein Systemzustand

4.3 Nachrichten, Lebenszyklen, Dynamische Existenz

Anders als bei der statischen Systemstruktur, bei der heute ein allgemeines Verständnis der grundliegenden Konzepte erreicht ist, lässt die Modellierung dynamischen Objektverhaltens viel Raum für unterschiedliche Sichtweisen und Interpretationen. 4.3.1 charakterisiert unterschiedliche Ansätze, Objektverhalten zu begreifen und motiviert die für MOS gewählte Sichtweise. Diese wird dann in den darauf folgenden Unterabschnitten detailliert vorgestellt. 4.3.2 beschäftigt sich mit dem Nachrichtenbegriff, 4.3.3 stellt die Modellierung von System- und Objektverhalten durch *Lebenszyklen* vor. Die speziellen Aspekte des Operationsbegriffs und der dynamischen Existenz von Objekten stehen im Zentrum von 4.3.4 bzw. 4.3.5.

4.3.1 Objekte und ihr Verhalten

Die zentralen Begriffe, um Objektverhalten zu erfassen und zu modellieren, sind die der Operation, der Nachricht und des Ereignisses. Sie werden informell in folgendem Sinn verwendet:

- *Operationen* sind Dienste, die ein Objekt nach außen zur Verfügung stellt
- *Nachrichten* sind die Informationseinheiten, die ein Objekt dem anderen sendet
- Ein *Ereignis* bezeichnet das Eintreffen einer Nachricht bei einem Objekt.

Bei der Modellierung des Objektverhaltens können verschiedene Abstraktionsebenen eingenommen werden, in denen Operationen, Nachrichten und Ereignisse in unterschiedlicher Granularität interpretiert werden.

Hinsichtlich des Verständnisses von Nachrichten und Ereignissen unterscheiden wir zwischen *Kommunikations-* und *Maschinensicht*. Diese Sichten beschreiben das Grundverhalten von Objekten. Orthogonal dazu kommt für die Verhaltensmodellierung von Objekten die Einordnung des Operationskonzepts hinzu. Hierbei unterscheiden wir die zwei Abstraktionsebenen der *Schnittstellen-* und der *Ablaufsicht*.

Die Kommunikationssicht. Die Kommunikationssicht nimmt die Position eines Beobachters ein, der die zwischen den Objekten ausgetauschten Folgen von Nachrichten und die dadurch ausgelösten Zustandsänderungen notiert. Grundlage hierfür ist eine optimistische Sicht, d.h. die beschriebenen Nachrichtenfolgen umschließen meist nicht jedes mögliche Verhalten der Objekte, sondern nur einen vom Entwickler gewählten Ausschnitt (der z.B. nicht alle Fehlerfälle umfasst). Die Unterscheidung zwischen Nachrichten und Ereignissen ist in der Kommunikationssicht unerheblich.

Als Beispiel für Ansätze, die Objektverhalten in der Kommunikationssicht beschreiben, seien die Arbeiten [ESS 90, FM 91, Saa 93] genannt.

Die Maschinensicht. Konzentriert sich die Kommunikationssicht darauf, *welche* Nachrichten zwischen den Objekten ausgetauscht werden, so beschreibt die Maschinensicht, *wie* die Nachrichten ausgetauscht werden. In der Maschinensicht stehen die Objekte und ihr Zusammenspiel im Zentrum. Die Objekte werden als Maschinen aufgefasst, die Nachrichten empfangen und als Reaktion ihren Zustand verändern und Nachrichten aussenden.

Eine wichtige Eigenschaft von Objekten in der Maschinensicht ist die *Reaktivität*. Reaktive Objekte akzeptieren und verarbeiten zu jedem Zeitpunkt jede Nachricht. Die Maschinensicht schließt damit jedes mögliche Verhalten der Objekte, im Normalfall wie im Ausnahme- oder Fehlerfall, mit ein.

Die interne Organisation des Versendens und Empfangens und die Art des Nachrichtenaustausches (synchron oder asynchron) werden in der Maschinensicht genau erfasst. Beim asynchronen Nachrichtenaustausch sind die Objekte etwa mit Puffern verbunden, die die eintreffenden Nachrichten speichern, und die nach einer bestimmten Strategie abgearbeitet werden. Mit Hilfe des Ereignisbegriffs wird das Absenden einer Nachricht und ihr Eintreffen beim Zielobjekt unterschieden. Oft ist die Maschinensicht auch mit einem Zeitbegriff verbunden.

Eine formal fundierte Maschinensicht beschreibt der Systemmodellansatz in [KRB 96, BHH+ 97].

In diesem Buch wird zur Beschreibung des dynamischen Verhaltens von Informationssystemen die Kommunikationssicht gewählt. Sie ist zwar weniger mächtig und allgemein als die Maschinensicht, dafür aber anschaulicher und weniger aufwändig in der Notation. In der Maschinensicht zusätzlich modellierbare Phänomene wie z.B. Zeit-Constraints, Verlust von Nachrichten und Unterscheidung von synchronem und asynchronem Nachrichtenaustausch sind ohnehin vor allem für die Modellierung technischer Systeme von Bedeutung und spielen für Informationssysteme nur eine geringe Rolle.

Legen die beiden oben betrachteten Sichten die Abstraktionsebene für das Grundverhalten der Objekte fest, so kommt für die Verhaltensmodellierung zusätzlich die Frage der Operationssicht hinzu. Auch hier lassen sich zwei grundlegende Abstraktionsebenen unterscheiden.

Die Schnittstellensicht. Die Operation ist in der Schnittstellensicht die atomare Kommunikationseinheit und fällt mit dem Nachrichtenbegriff zusammen. Jede Nachricht in der Schnittstellensicht entspricht demnach der Ausführung einer Operation. Interne Vorgänge, die bei der Ausführung einer Operation auftreten, werden nicht modelliert. Ein Ansatz, der auf der Schnittstellensicht von Objekten beruht, ist [EE 94].

Die Ablaufsicht. Operationen in der Ablaufsicht werden als Abläufe, d.h. Folgen von Nachrichten, aufgefasst. Jede solche Nachrichtenfolge beinhaltet den Operationsaufruf und die als Antwort zurückgesendeten Werte, aber auch während der Operationsausführung erfolgende Operationsaufrufe anderer Objekte. Arbeiten, die Objektverhalten in der Ablaufsicht beschreiben, sind z.B. [BZ 96, BG 97, PR 97].

In diesem Buch wird als Grundsicht für Operationen die Ablaufsicht gewählt. Ganz allgemein stellen Operationsausführungen in MOS Dialoge zwischen Aufrufer und ausführendem Objekt dar. Die Schnittstellensicht als Grundsicht für Operationen scheidet aus, da sie die innere Struktur der Operationen nicht erfasst und damit für die Beschreibung des Systemverhaltens zu grob ist.

4.3.2 Nachrichten

In der abstrakten Gesamtsicht der Systemmodelle beinhaltet eine Nachricht

- den Sender der Nachricht, genauer den Objektidentifikator des Senders id_s,
- den Objektidentifikator des Nachrichtenempfängers id_e,
- den Nachrichtennamen m und
- eventuelle Nachrichtenparameter $a_1, ..., a_n$.

Die Nachrichtenparameter sind Werte und Objektidentifikatoren aus der Menge *VAL*. Insgesamt hat eine Nachricht *msg* damit die Form

$$msg = id_s : id_e. m(a_1, ..., a_n).$$

Zusätzlich sind die Nachrichten mit dem Typkonzept verbunden. Jede Nachricht besitzt eine *Signatur*

$$m(x_1:s_1, ..., x_n:s_n),$$

die den Namen der Nachricht und die Typen der Parameter $s_1, ..., s_n$ festlegt. Diese Signatur wird einer Klasse als *Ein-* oder *Ausgabenachricht* zugeordnet.

Um den Unterschied zu unterstreichen, sprechen wir im folgenden auch von *Nachrichteninstanzen* und *Nachrichtensignaturen*. Wenn der Kontext klar ist, bezeichnen wir mit Nachrichten sowohl Instanzen als auch Signaturen.

Bei der Diskussion der Beschreibungstechniken der Dynamik werden wir außerdem das Konzept der *Nachrichtenspezifikation* einführen, also die Beschreibung von Nachrichten in den Diagrammen. Nachrichtenspezifikationen werden bei der Interpretation der Diagramme in der Gesamtsicht auf Nachrichteninstanzen abgebildet.

Operationen werden durch Operationsaufrufe als Eingabenachrichten einer Klasse aufgefasst. Weitere Ein- und Ausgabenachrichten einer Klasse sind die Nachrichten, die während den Operationsausführungen mit den aufrufenden Objekten ausgetauscht werden (ein Beispiel: Die Klasse **Konto** hat eine Eingabenachricht kontostand und Ausgabenachrichten return (kstand:Real) und konto_ geschlossen).

Für Subklassen fordern wir, dass sie die Nachrichten ihrer Superklassen mit identischer Signatur besitzen. Eine Ausnahme bildet hierbei die Kreierungsnachricht

$$create_C(x_1:s_1, ..., x_n:s_n),$$

die jeder Klasse C zugeordnet ist und mit der die Objekte der Klasse kreiert werden (vgl. 4.3.5). Sie wird nicht an die Subklassen vererbt. Die Kreierungsnachricht einer Subklasse besitzt allerdings mindestens die Parameter ihrer Superklasse.

Eine formale Definition von Nachrichteninstanzen und Nachrichtensignaturen findet sich in Anhang B.6.

4.3.3 Lebenszyklen

Die Lebenszyklen bilden den Kern eines Systemmodells. Jeder Lebenszyklus beschreibt einen möglichen Ablauf des Systems. Was in der gewählten Abstraktion dabei interessiert, sind

– die im System ausgetauschten Folgen von Nachrichten und
– die als Reaktion auf empfangene Nachrichten erfolgenden Änderungen der Objektzustände.

Ein (System-)Lebenszyklus *sys-tr* hat somit die Form

$$sys\text{-}tr = \rho_0 \, msg_1 \, \rho_1 \, msg_2 \, \rho_3 \, ... \, \rho_{n-1} \, msg_n \, \rho_n,$$
wobei ρ_i Systemzustände und msg_i Nachrichten sind.

Anstatt der formalen Repräsentation wählen wir im folgenden wieder eine informelle, graphische Darstellung und bilden Lebenszyklen in der in Abb. 4-5 gezeigten Weise, ähnlich zu einem Sequenzdiagramm, ab.

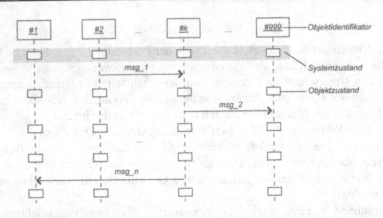

Abb. 4-5 Graphische Repräsentation eines Systemlebenszyklus

Das Diagramm enthält Lebenslinien für alle während des Systemablaufs existierenden Objekte. Auf den Lebenslinien selbst wird abwechselnd ein Systemzustand (d.h. alle Objektzustände) und eine Nachricht dargestellt. Die Bezüge zwischen Objektzuständen, wie in Abb. 4-4 gezeigt, werden nicht abgebildet. Im Unterschied zu den Sequenzdiagrammen auf der syntaktischen Ebene, die jeweils einen Ausschnitt des Systems betrachten, wird mit der Repräsentation eines Systemlebenszyklus wie in Abb. 4-5 das Verhalten des gesamten Systems verbunden.

Jedes Systemmodell enthält eine Menge von Lebenszyklen *SYS-TRACE*. Sie beschreibt alle möglichen Abläufe des Systems und stellt somit die abstrakte objektorientierte Maschine oder die Systemrealisierung dar.

Im folgenden wollen wir Systeme betrachten, in denen Nachrichten gleichzeitig ausgetauscht werden können. Für die Modellierung von Parallelität wird ein *Interleaving*-Ansatz gewählt. In diesem Ansatz werden parallele Abläufe durch alle möglichen sequentiellen Beobachtungen beschrieben. Beispielsweise werden zwei im System parallel ausgetauschte Nachrichten *msg_1* und *msg_2* im Modell durch zwei Lebenszyklen, wie in Abb. 4-6 gezeigt, repräsentiert.

Systemlebenszyklen beschreiben die Evolution eines ganzen Systems. Um das Verhalten eines einzelnen Objekts beobachten zu können, extrahieren wir aus den Systemlebenszyklen die von diesem Objekt gesendeten und empfangenen Nachrichten. Die daraus gewonnenen Nachrichtenfolgen zusammen mit den Änderungen der Objektzustände nennen wir *Objektlebenszyklen*. Abb. 4-7 zeigt das Herausfiltern eines Objektlebenszyklus (schwarz) aus einem Systemlebenszyklus (grau) für ein Objekt *#id*.

Die formale Definition von System- und Objektlebenszyklen ist in Anhang B.7 zu finden. Der Begriff der Lebenszyklen im formalen Modell entspricht dabei dem gängigen *Spurenbegriff* in der Literatur [DR 95].

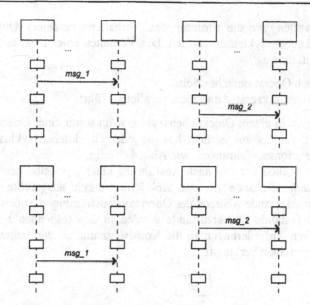

Abb. 4-6 Parallelität von Nachrichten im Interleaving-Ansatz

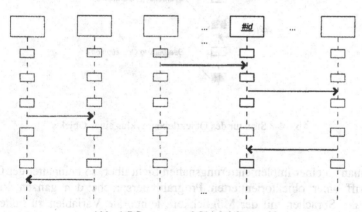

Abb. 4-7 System- und Objektlebenszyklus

4.3.4 Operationen

In einem nachrichtenbasierten Modell sind Operationen kein Kernkonzept, sondern aufgesetzt, d.h. in der Nachrichtensicht interpretiert. Wie in 4.3.1 motiviert,
werden Operationen (bzw. Operationsausführungen) in der Systemgesamtsicht als
Folgen von Nachrichten aufgefasst, die das aufrufende und das aufgerufene
Objekt im Dialog untereinander austauschen. Dabei werden bestimmte Kommu-
nikationsprotokolle ausgezeichnet, die üblichen Operationsbegriffen entsprechen.

Zunächst wollen wir die Struktur des Verhaltens einzelner Objekte, also einzelne Objektlebenszyklen, betrachten. Das Verhalten eines Objekts ist dadurch gekennzeichnet, dass es

- ausschließlich Operationen bearbeitet,
- die Operationen sukzessive und nicht parallel ausführt.

Jede Nachricht in einem Objektlebenszyklus kann somit einer Operation zugeordnet werden. Anders ausgedrückt besteht jeder Objektlebenszyklus aus einer Folge von Operationsausführungen, wie Abb. 4-8 zeigt.

Die Objektzustände vor und nach Ausführung einer Operation nennen wir im folgenden *stabile* Zustände (in der Abbildung durch ausgefüllte Rechtecke markiert), Objektzustände während der Operationsausführungen heißen *instabil*.

Stabile und instabile Objektzustände werden in den folgenden Kapiteln mit unterschiedlichen Anforderungen an die Konsistenz und an die Aufnahmebereitschaft von Nachrichten verknüpft.

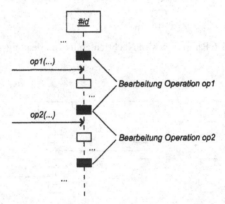

Abb. 4-8 Struktur des Objektlebenszyklus eines Objekts

Geht man zu einer implementierungsnahen Sicht über, so beinhaltet der Operationsbegriff einer objektorientierten Programmiersprache den ganzen Rahmen prozeduraler Sprachen mit der Möglichkeit, temporale Variablen zu halten und Operationen rekursiv oder verschränkt rekursiv zu gestalten.

Aus Gründen der Anschaulichkeit des Modells wird dieser allgemeine Operationsbegriff in MOS etwas eingeschränkt. Operationen in MOS sind dadurch charakterisiert, dass sie Operationen anderer Objekte aufrufen können und einen privaten Zustandsraum besitzen, dass aber während einer Operationsausführung nicht eine Operation des ausführenden Objekts aufgerufen wird. Dies verhindert insbesondere rekursive Operationen.

Operationsausführungen werden in den Systemmodellen in der Weise gehandhabt, dass das ausführende Objekt die Bearbeitung der Operation an ein Hilfsobjekt, den *Operationsbearbeiter*, delegiert. Genauer wird diese Konstruktion, zusammen mit verschiedenen Operationsprotokollen, in Abschnitt 6.3 besprochen. Eine Erweiterung des Operationsbegriffs auf den allgemeinen Fall kann auf der Basis klassischer Kellertechniken ohne Einschränkungen realisiert werden.

4.3.4.1 Reaktivität von Objekten

Objekte können mit der Eigenschaft assoziiert werden, *reaktiv* zu sein. Ein reaktives Objekt akzeptiert zu jeder Zeit jede Nachricht und reagiert auf sie. Auf der anderen Seite steht eine *dialogorientierte* Sicht, in der Objekte untereinander im Dialog stehen, d.h. bestimmte Folgen von Nachrichten austauschen. In dieser Sicht wartet ein Objekt in einem bestimmten Zustand auf den Empfang der nächsten im Dialog relevanten Nachricht.

MOS nimmt gegenüber diesen beiden Sichten eine differenzierte Sichtweise ein und assoziiert

– die stabilen Objektzustände mit einer reaktiven Sicht und
– die instabilen Objektzustände mit einer dialogorientierten Sicht.

Das bedeutet, dass Objekte in den stabilen Zuständen beliebige Operationsaufrufe akzeptieren, während sie in den instabilen Zuständen auf bestimmte Nachrichten warten. Eine dialogorientierte Sicht in den stabilen Zuständen wäre nicht akzeptabel, da Operationsaufrufe von beliebigen Objekten im System aus erfolgen und deren Reihenfolge in einer verteilten Objektumgebung nicht steuerbar ist. In den instabilen Zuständen beschränkt sich der Nachrichtenaustausch hingegen auf zwei Objekte, die in bestimmter Weise miteinander kommunizieren.

Dialogorientierung ist die Grundsicht in den Systemlebenszyklen der Systemmodelle. Reaktivität wird als Vollständigkeitseigenschaft auf Ebene der Beschreibungstechniken ausgedrückt (vgl. 6.3).

4.3.4.2 Verteilte Ausführung von Operationen

MOS unterstützt eine Sicht von Verteiltheit, die keine Parallelität innerhalb eines Objekts, aber die parallele Ausführung von Operationen in unterschiedlichen Objekten erlaubt. Abb. 4-9 zeigt als Beispiel einen Systemlebenszyklus, in dem zwei Operationen *op1* und *op2* parallel ausgeführt werden. Im Interleaving-Ansatz drückt sich die parallele Ausführung als Verzahnung der mit den Operationsausführungen verknüpften Nachrichtenfolgen aus.

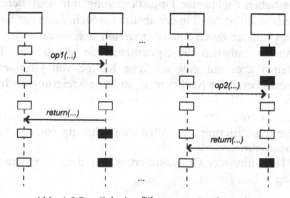

Abb. 4-9 Parallele Ausführung zweier Operationen

Im Unterschied zu MOS erlaubt die UML auch Parallelität innerhalb von Objekten, also die parallele Ausführung mehrerer Operationen in einem Objekt. Diese Sicht ist nicht grundsätzlich abzuweisen, da z.B. auch Java als Zielsprache Parallelität innerhalb von Objekten unterstützt.

Allerdings ist heute noch weitgehend unerforscht, wie die Beschreibungstechniken der Dynamik in einem solchen Kontext verwendet und interpretiert werden, und welche methodische Rolle Parallelität innerhalb von Objekten spielt. Zu beachten ist ja, dass Parallelität innerhalb von Objekten zu parallelem Datenzugriff führt und durch Synchronisationsmechanismen eingeschränkt werden muss.

Die Systemsicht von MOS ist somit die allgemeinste Systemsicht, die heute methodisch und semantisch in der Systemmodellierung beherrscht ist. Zudem kann festgestellt werden, dass die Einschränkung auf sequentielles Objektverhalten den anwendungsfallorientierten Entwurf verteilter Informationssysteme nicht wesentlich tangiert.

4.3.5 Dynamische Existenz von Objekten

Eng mit dem objektorientierten Ansatz verbunden ist der Aspekt der dynamischen Existenz von Objekten. Objekte sind nicht permanent existent, sondern werden von ihrer Umgebung *kreiert* und in manchen Ansätzen auch wieder *gelöscht*, haben also eine *Lebenszeit*. In diesem Unterabschnitt soll die Sicht der Systemmodelle auf Kreieren und Löschen von Objekten vorgestellt werden.

4.3.5.1 Dynamisches Kreieren von Objekten

Jeder Klasse *C* ist eine Kreierungsnachricht

$$create_C(x_1:s_1, ..., x_n:s_n)$$

zugeordnet. Erst nach Erhalt der Kreierungsnachricht kann ein Objekt der Klasse weitere Nachrichten empfangen und Operationen ausführen. Während in einer implementierungsnahen Sichtweise Objektkreierung mit dem Bereitstellen von Speicherplatz verbunden ist, wird in der abstrakten Sichtweise der Systemmodelle das Kreieren von Objekten durch einen *Aktivierungsmechanismus* modelliert.

In diesem Ansatz enthalten die Systemzustände alle potentiell kreierbaren Objekte, von denen aber nur eine endliche Menge von Objekten *aktiv*, d.h. empfangs- und sendebereit für Nachrichten, ist. Eine Kreierungsnachricht versetzt in dieser Sichtweise ein Objekt in den aktiven Zustand.

Neben der Aktivierung kann die Kreierungsnachricht noch weitere Reaktionen auslösen, z.B. die Initialisierung von Attributen abhängig von den Parameterwerten der Kreierungsnachricht.

Die formale Definition der Objektkreierung mit dem Aktivierungsmechanismus ist in Anhang B.7 zu finden.

4.3.5.2　Löschen von Objekten

Anders als z.B. die UML, die das Löschen von Objekten unterstützt, bleiben MOS-Objekte nach ihrer Kreierung immer existent. Dies ist mit einigen Vorteilen für den Spezifikationsrahmen verbunden:

– Die Spezifikationen werden einfacher, da beim Senden einer Folge von Nachrichten nicht wiederholt die Existenz des Zielobjekts geprüft werden muss. Dies ist vor allem in einer verteilten Umgebung vorteilhaft, in der Abläufe (Operationen) parallel erfolgen, da die in einen Ablauf involvierten Objekte von anderen Objekten nicht unversehens gelöscht werden können.
– Als Folge sind die Spezifikationen auch weniger fehleranfällig, da in den Objektzuständen Verweise auf nicht existierende Objekte („dangling references") seltener auftreten (bei expliziter Initialisierung von Attributen kann dieser Fall sogar ganz ausgeschlossen werden).
– Das Löschen von Objekten ist zudem unnötig, da es in den Spezifikationen durch zwei verschiedene Techniken ersetzt werden kann:

  – durch ein Abhängen aus Verweisstrukturen (z.B. wird ein geschlossenes Konto aus der Verweisstruktur des Kontoverwalters ausgehängt). Objekte, die von keinem anderen Objekt aus mehr erreichbar sind, erhalten keine Nachrichten mehr.
  – durch das Versetzen in einen speziellen, vom Benutzer definierten, „gelöschten" Zustand (z.B. „weiß" das Kontoobjekt dann, dass es geschlossen ist und reagiert auf eingehende Nachrichten mit entsprechenden Meldungen). Die so modellierten Objekte übernehmen die Fehlerbehandlung von Nachrichten, die sie in ihrem „gelöschten" Zustand erhalten, selbst.

Beide Techniken können kombiniert werden und führen so zu einer robusten Objektumgebung.

4.4　Die Gesamtsicht des Entwurfsprozesses

In den letzten beiden Abschnitten wurde der Begriff des Systemmodells definiert, mit dem eine abstrakte Gesamtsicht eines objektorientierten Systems geschaffen wird. Jedes Systemmodell beschreibt dabei eine bestimmte Systemrealisierung als eine abstrakte objektorientierte Maschine. Kernkonzepte in einem Systemmodell sind

– die Objektzustände und Objektidentifikatoren,
– die Systemzustände, die die Zustände aller zu einem bestimmten Zeitpunkt im System existierenden Objekte beinhalten,
– die Systemlebenszyklen, die alle möglichen Abläufe des Systems als Folgen von Nachrichten und Systemzuständen beschreiben.

Aufbauend auf dem Konzept der Systemmodelle wird in diesem Abschnitt der semantische Gesamtrahmen von MOS vorgestellt. MOS-Diagramme werden in diesem Rahmen in offener Weise als Aussagen über Systemmodellen interpretiert. Die Interpretation von MOS-Spezifikationen in diesem Ansatz wird in 4.4.1 skizziert. Die dahinterliegende Sicht des gesamten Entwurfsprozesses ist Gegenstand von 4.4.2.

4.4.1 Die offene Interpretation von MOS-Spezifikationen

MOS-Spezifikationen werden in Phasen erstellt, in denen eine vollständige Erfassung von Anforderungen oft nicht möglich oder sinnvoll ist. Unvollständigkeit und schrittweiser Entwurf sind deshalb grundlegende Konzepte, die der abstrakte Rahmen der Entwurfsmethode adäquat zu erfassen in der Lage sein muss.

In MOS werden Spezifikationen *offen* interpretiert. Dies bedeutet, dass Spezifikationen stets als minimale Eigenschaften interpretiert werden, die das zu realisierende System erfüllen muss. In diesem Kontext bedeutet schrittweiser Entwurf das sukzessive Anreichern der Spezifikation um Eigenschaften, die das Systemverhalten immer weiter eingrenzen. Unvollständige Spezifikationen stellen Eigenschaften dar, die unterschiedliches Systemverhalten zulassen.

Die Dokumente, die die Diagramme enthalten, werden im offenen Ansatz daher nicht mit einem einzigen Systemmodell, sondern mit einer *Menge von Systemmodellen* assoziiert. Jedes Dokument (synonym: jede Spezifikation) stellt somit eine Aussage über Systemmodellen dar. Diese Sichtweise gründet in der oben skizzierten Auffassung, dass jede Spezifikation (Mindest-)Anforderungen an das zu entwickelnde System stellt, die von möglicherweise vielen Realisierungen (abstrakt dargestellt durch Systemmodelle) erfüllt werden können. Beispielsweise wird ein Klassendiagramm nicht ein einziges Systemmodell mit genau den Klassen des Diagramms beschreiben, sondern alle Systemmodelle, die *mindestens* die Klassen des Diagramms enthalten, vielleicht aber noch weitere.

Die Assoziation von Dokumenten mit Systemmodellen hängt von der Art der Dokumente ab und muss für jeden Dokumententyp separat definiert werden. Von jedem Systemmodell, das mit einem Dokument D verbunden ist, sprechen wir von einem *Systemmodell des Dokuments* und sagen, dass das Systemmodell das Dokument *erfüllt*.

> Mit $Mod(D)$ bezeichnen wir die Menge der Systemmodelle eines Dokuments (synonym: einer Spezifikation) D.

Die offene Interpretation von Klassen-, Sequenz- und Zustandsdiagrammen wird in den folgenden Kapiteln 5 und 6 behandelt werden. Wie in Abschnitt 1.3 besprochen, wird dafür eine formale Kernsprache von MOS ausgezeichnet.

Aufbauend auf dieser isolierten Betrachtungsweise von Dokumenten können Systemspezifikationen, bestehend aus einer Menge von Dokumenten, mit der Vereinigung aller Anforderungen der einzelnen Dokumente verbunden werden. Wir definieren:

> Ein Systemmodell *erfüllt eine Systemspezifikation* $\{D_1, ..., D_n\}$ (synonym: ein Systemmodell ist ein *Systemmodell der Systemspezifikation*), wenn es alle Dokumente D_i, $i = 1,..., n$, erfüllt. Die Menge der Systemmodelle einer Systemspezifikation $\{D_1, ..., D_n\}$ bezeichnen wird mit $Mod(\{D_1, ..., D_n\})$.

Durch die Abbildung aller Dokumente in eine einheitliche Systemsicht wird eine Ausgangsbasis für die Untersuchung von Beziehungen zwischen unterschiedlichen Dokumenten (insbesondere unterschiedlicher Dokumenttypen) und damit für die Fundierung technischer Schritte auf methodischer Ebene gelegt. So ist der semantische Gesamtrahmen in diesem Ansatz Ausgangspunkt für die Überlegungen hinsichtlich des Zusammenspiels von Sequenz- und Zustandsdiagrammen in Kapitel 6 und für die Verfeinerung von Zustandsdiagrammen in Kapitel 7.

Eigenschaften, wie die Konsistenz einer Menge von Dokumenten und die Redundanz eines Dokuments bezüglich einer Menge von gegebenen Dokumenten, finden im Gesamtrahmen eine natürliche Interpretation in folgender Weise:

Eine Systemspezifikation $\{D_1, ..., D_n\}$ ist *konsistent*, wenn es ein Systemmodell gibt, das alle Dokumente $D_1, ..., D_n$ erfüllt.

Ist eine Systemspezifikation nicht konsistent, sprechen wir von einer *inkonsistenten* Spezifikation. Inkonsistente Systemspezifikationen beschreiben Eigenschaften, die widersprüchlich sind und damit von keiner Systemrealisierung erfüllt werden können. Außerdem definieren wir den Begriff der *Redundanz*:

Ein Dokument D ist *redundant* im Kontext einer Systemspezifikation $\{D_1, ..., D_n\}$, wenn gilt $Mod(\{D_1, ..., D_n, D\}) = Mod(\{D_1, ..., D_n\})$.

Ein redundantes Dokument beschreibt nicht mehr Systemeigenschaften als die bereits gegebenen Dokumente oder, in anderen Worten, die Eigenschaften des redundanten Dokuments sind in den gegebenen Dokumenten bereits gültig. Ein Beispiel für Redundanz sind die Dokumente der Systemdokumentation, die eine abstrahierende Sicht auf die Implementierung legen, bzgl. dieser aber semantisch redundant sind.

Für die Praxis des Entwerfens ist es von großer Bedeutung, Kriterien für die Konsistenz und Redundanz von Dokumenten und Systemspezifikationen auf der Ebene der Beschreibungstechniken zu finden, die z.B. durch Werkzeuge überprüft werden können. Durch das intuitive Verständnis von Konsistenz und Redundanz bildet der vorgestellte Rahmen eine gute Ausgangsbasis für das Finden solcher Kriterien.

4.4.2 Der Entwurfsprozess

Während des Entwurfsprozesses werden neue Dokumente erstellt und bereits bestehende modifiziert und ergänzt. In der offenen Interpretation bedeutet das Hinzufügen neuer Dokumente zu einer Systemspezifikation die Einschränkung der assoziierten Menge von Systemmodellen. Je mehr Dokumente eine Systemspezifikation enthält, desto mehr Anforderungen werden an die Realisierungen gestellt und desto weniger Realisierungen erfüllen die Systemspezifikation.

Das Ende einer solchen Kette von Entwurfsschritten ist entweder die Beschreibung einer bestimmten Systemrealisierung, d.h. einem (abstrakten) objektorientierten Programm, oder – ein nicht erwünschter Fall – eine inkonsistente Systembeschreibung.

Das Hinzufügen von Dokumenten zu einer Systemspezifikation entspricht also dem Anreichern der Spezifikation um Eigenschaften, die das System charakterisieren. Eine ähnliche Sichtweise kann auch für die Vervollständigung von bereits existierenden Spezifikationen eingenommen werden. Beispiele für eine solche Erweiterung sind die Einführung neuer Klassen und Attribute in Klassendiagrammen oder die Einführung neuer Nachrichten, Zustände und Transitionen in Zustandsdiagrammen.

Jedes Hinzufügen neuer Dokumente und die Erweiterung bereits bestehender Dokumente entspricht daher einer Anreicherung des Systems um weitere Eigenschaften, auf der semantischen Ebene dem Einschränken von Systemmodellmengen. Wir definieren deshalb eine Verfeinerungsrelation auf Dokumenten wie folgt.

Ein Dokument *D1* ist eine *Verfeinerung* eines Dokuments *D2* genau dann, wenn *Mod(D1)* ⊆ *Mod(D2)*. Eine Systemspezifikation *{D₁, ..., Dₙ}* ist eine Verfeinerung einer Systemspezifikation *{D'₁, ..., D'ₘ}* genau dann, wenn *Mod({D₁, ..., Dₙ})* ⊆ *Mod({D'₁, ..., D'ₘ})*.

Verfeinerungs- und Redundanzbegriff stehen in engem Zusammenhang. Für alle Dokumente *D1*, *D2* gilt nämlich

D2 ist redundant im Kontext von *D1* genau dann wenn *D1* eine Verfeinerung von *D2* ist.

Bezieht man diese Äquivalenz mit ein, so kann die im einführenden Kapitel postulierte Sichtweise des Entwurfsprozesses als eine Folge von Systemspezifikationen (die untereinander in Verfeinerungsbeziehung stehen) in folgender Weise uminterpretiert werden: Eine Systemspezifikation besteht aus der Gesamtheit aller während des gesamten Entwurfsprozesses erstellten Dokumente, und bestimmte Dokumente dieser Systemspezifikation stehen in Verfeinerungs- (bzw. Redundanz)beziehung zueinander.

Abstrakt wird dann aus einer Folge von Systemspezifikationen ein Graph von Spezifikationen, dessen Kanten ausgezeichnete Relationen wie Verfeinerung, aber auch Abhängigkeitsbeziehungen, darstellen. Der Begriff des Entwurfsprozesses wird somit in den Begriff der Systemspezifikation integriert. Abb. 4-10 und Abb. 4-11 stellen diese beiden Sichtweisen gegenüber. Die Verfeinerungsbeziehung wird dabei als gestrichelter Pfeil dargestellt.

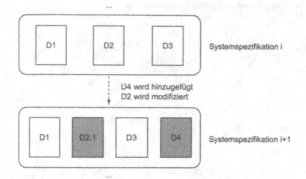

Abb. 4-10 Der Entwurfsprozess als Folge von Systemspezifikationen

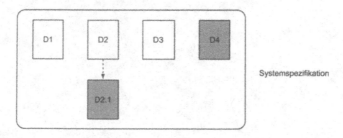

Abb. 4-11 Der Entwurfsprozess als Dokumentengraph

Der oben beschriebene Sichtenwechsel des Entwurfsprozesses hat den Vorteil, dass nicht die gesamte Systemspezifikation die Grundeinheit des Entwurfs ist, sondern die Dokumente selbst. Damit wird insbesondere der Entwurf von Teilsystemen unterstützt, der auch parallel erfolgen kann.

Für die Praxis des Entwerfens ist es wichtig, die Verfeinerung von Dokumenten durch Richtlinien und Paradigmen auf Ebene der Beschreibungstechniken methodisch zu begleiten. Für Zustandsdiagramme sind dies z.B. Regeln, die zulässige Modifikationen der Diagramme im Sinne der Erhaltung von Verfeinerungsbeziehungen beschreiben. Ein solcher Verfeinerungskalkül wird in Kapitel 7 vorgestellt.

An dieser Stelle ist auch die enge Verzahnung von Methodik und semantischer Interpretation von Dokumenten zu erkennen. Die Art der Interpretation eines Dokuments bestimmt mögliche (d.h. semantisch korrekte) Erweiterungen und Regeln auf Dokumentenebene. Anders gesehen muss der formale Rahmen methodisch sinnvolle Regeln semantisch untermauern. Während sich der gewählte Verfeinerungsbegriff dabei auf Ebene der Beschreibungstechniken in Form von technischen Schritten auswirkt, bestimmt die Sicht des Entwurfsprozesses die Art, in der ein Werkzeug Dokumente verwaltet und dem Entwerfer Unterstützung bei dokumentenübergreifenden Fragestellungen bietet.

5 Klassendiagramme

Neben der Interpretation von Klassendiagrammen und der Sprache P-MOS in der Systemgesamtsicht behandelt dieses Kapitel in vertiefter Weise eine Reihe ausgewählter Fragestellungen. Um die Problematik ungerichteter Assoziationen zu verstehen, wird zunächst ein Bogen von der E/R-Modellierung zum objektorientierten Entwurf gespannt. Die weiteren Abschnitte befassen sich mit der Interpretation von Invarianten in einer verteilten Objektumgebung und mit der Bedeutung von Aggregationsbeziehungen:

> 5.1 Die Interpretation von Klassendiagrammen
> 5.2 Ungerichtete Assoziationen
> 5.3 Invarianten
> 5.4 Aggregation

5.1 Die Interpretation von Klassendiagrammen

Klassendiagramme modellieren die statische Objektstruktur eines Systems und stellen das zentrale Dokument der Systemspezifikation in allen Entwurfsphasen dar.

In den vorangegangenen Kapiteln wurden die Konstrukte der Diagramme vorgestellt (Abschnitt 2.1) und die methodischen Aspekte beim Entwurf von Klassendiagrammen behandelt (Kapitel 3). Die Teilsprache P-MOS, in der Ausdrücke, Funktionen und Prädikate über Objektstrukturen formuliert werden können, wurde in 2.3 vorgestellt. Dieses Kapitel ist nun der Interpretation der Diagramme in der Systemgesamtsicht gewidmet.

Dem in Kapitel 4 skizzierten Schema folgend, werden im folgenden Bedingungen formuliert, die festlegen, wann ein Klassendiagramm in einem Systemmodell gültig ist. Die Konstrukte in den Diagrammen haben dabei in natürlicher Weise ihre Auswirkung auf den statischen Teil des Systemmodells.

Genauer bestimmen Klassen, Datentypen, Attribute, Assoziationen und Generalisierungsbeziehungen eines Klassendiagramms in einem Systemmodell

— den primitiven zustandsunabhängigen Teil und
— die Struktur der Objekt- und Systemzustände.

Formuliert werden diese Eigenschaften durch Bedingungen an die Attributsignatur und durch Prädikate der Sprache P-MOS. Diese Prädikate werden als Invarianten behandelt und stellen damit Einschränkungen von Objekt- und Systemzuständen dar. Insofern beschreibt ein Klassendiagramm eine *Menge von Systemzu-ständen*.

Die Modellierung der Diagramme ist offen. Systemmodelle können also mehr Klassen und Attribute enthalten als die durch ein Diagramm induzierten (z.B. fordern wir für jedes Attribut im Diagramm ein entsprechendes Attribut im Systemmodell, lassen das Systemmodell aber hinsichtlich weiterer Attribute offen). Hierdurch wird der schrittweise Entwurf der Diagramme im Sinne der in 4.4.2 vorgestellten Sichtweise unterstützt, aber auch die Integration mehrerer Klassendiagramme.

Die folgenden Unterabschnitte befassen sich mit den einzelnen Grundelementen von Klassendiagrammen (Klassen und Datentypen (5.1.1), Attributen (5.1.2), gerichteten Assoziationen (5.1.3) und Generalisierung (5.1.4)). Die weiteren Konstrukte werden in den vertiefenden Abschnitten 5.2 bis 5.4, Operationen in Abschnitt 6.3 behandelt.

5.1.1 Klassen und Datentypen

Für jede Klasse **C** im Diagramm fordern wir einen zugehörigen Typ C in der Attributsignatur des Systemmodells, d.h. $C \in \mathbf{C}$.

Klassen können im Diagramm mit einer Vielfachheit gekennzeichnet sein, wodurch die Anzahl der Objekte in den Systemzuständen beschränkt wird. Formal assoziieren wir jede Vielfachheit a..b einer Klasse, dargestellt durch

$$\boxed{\begin{array}{l} \text{a..b} \\ \quad \text{C} \end{array}}$$

mit einer globalen Invariante (Inst); a, b seien dabei natürliche Zahlen mit a≤b oder b=*. Die Invariante wird als Prädikat in der Sprache P-MOS formuliert und als solche, wie in 5.2 beschrieben, behandelt. Das Prädikat stützt sich auf eine parameterlose Zustandsfunktion obj_C ab, die alle existierenden Objekte einer Klasse **C** im (implizit gegebenen) Systemzustand sammelt. Die Funktion wird ebenfalls durch ein Prädikat in P-MOS spezifiziert.

> (Inst)   a ≤ # obj_C ∧ (# obj_C ≤ b) (der zweite Teil entfällt, falls b=*);
> **funct** obj_C: ( ) Set[C];   ∀x: C. x ∈ obj_C;
> mit # sei die Kardinalitätsfunktion einer Menge bezeichnet.

Fehlt die Vielfachheit, wird die Klasse mit der Vielfachheit 0..* assoziiert (d.h. die Anzahl der Objekte ist nicht beschränkt). Ein Standardanwendungsfall ist die Definition von *einelementigen* Klassen, also Klassen mit nur einer einzigen Instanz.

Im Abschnitt **Data Types** enthalten die Klassendiagramme die Deklaration von Datentypen, denen zusätzlich eine Menge von Konstruktoren, Funktionen und Konstanten zugeordnet sein kann, und die in funktionaler oder axiomatischer Weise spezifiziert sind.

Zusammen bildet dieser zustandsunabhängige Teil des Klassendiagramms eine (algebraische) Spezifikation, die in üblicher Weise im Systemmodell interpretiert wird [BFG+ 91, Wir 86]. Insbesondere wird gefordert, dass

- jedem Datentyp T im Klassendiagramm ein Typ $T \in S\text{-}C$ in der Attributsignatur und damit eine Wertemenge VAL_T zugeordnet ist, und
- jeder Funktion f: $(s_1, ..., s_n)$ s eine (zustandsunabhängige) Funktion f im Systemmodell zugeordnet ist, mit Eingabeparametern aus VAL_{s_i} und Wertebereich VAL_s,
- die Funktionen die Axiome und funktionalen Spezifikationen in üblicher Weise erfüllen.

5.1.2 Attribute

Attribute im Attributabschnitt einer Klasse C im Diagramm sind von der Form

> X:T   oder   X [a..b]:T,
> wobei a..b eine Vielfachheit mit natürlichen Zahlen a≤b oder b=* ist. Im ersten Fall kann der Typ T auch fehlen.

Attribute in den Diagrammen induzieren in einfacher Weise Bedingungen an die Attributsignatur des Systemmodells und damit Attribute in den Objektzuständen. Wir fordern für jedes Attribut:

- im Fall X:T oder X [a..b]:T, mit a=b=1, gilt $X{:}T \in Attrs(C)$,
- sonst gilt $X{:}Set[T] \in Attrs(C)$, das Attribut ist also mengenwertig;
- fehlt der Typ des Attributs, gilt $X{:}T \in Attrs(C)$ für einen beliebigen Typ T.

Attribute bestimmen so die Struktur der Objektzustände im Systemmodell und beschreiben, falls der Typ T eine Klasse ist, Bezüge auf andere Objekte. Ein Attribut mit fehlendem Typ wird in den Systemmodellen in offener Weise interpretiert.

Zusätzlich wird jede Vielfachheit a..b≠1..1 in einem Attribut X [a..b]:T in natürlicher Weise durch folgende lokale Invariante (Mult-Attr) der Klasse C formuliert:

> (Mult-Attr) $a \leq \# X \wedge (\# X \leq b)$ (der zweite Teil entfällt, falls b=*);
> (in voller Schreibweise: $a \leq \# self.X \wedge (\# self.X \leq b)$)

Ein Objekt der Klasse C bezieht sich über das Attribut X also auf mindestens a und höchstens b Objekte oder Werte. Im speziellen Fall der Vielfachheit 0..1 ist ein Attribut mit keinem oder höchstens einem Objekt (bzw. einem Wert) verbunden. Wir sprechen in diesem Fall von einem *optionalen* Attribut. Die Verwendung von „leeren" Referenzen (wie nil oder void) wird in dieser Modellierung also durch die Zuordnung einer leeren Referenzenmenge ersetzt.

5.1.3 Gerichtete Assoziationen

Gerichtete Assoziationen der Form

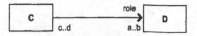

werden, wie bereits in 2.1 argumentiert wurde, ähnlich wie Bezugsattribute interpretiert, wirken sich also ebenfalls auf die Attributsignatur (und damit auf die
Objektzustände) des Systemmodells aus. Bei der Assoziation oben können sowohl
der Rollenname als auch eine oder beide Vielfachheiten fehlen.

Wir fordern für jede Assoziation der obigen Form

- *role: D $\in$ Attrs(C)*, falls a=b=1,
- *role: Set[D] $\in$ Attrs(C)* sonst (auch wenn die Vielfachheit a..b fehlt);
- ein fehlender Rollenname wird durch den standardmäßigen Rollennamen
  d ersetzt (also den Klassennamen klein geschrieben). Im Systemmodell
  gibt es in diesem Fall also ein Attribut *d:D* bzw. *d:Set[D]* in *Attrs(C)*.

Rollennamen induzieren in der obigen Interpretation Attribute im Systemmodell. Wie bei den Attributen werden die Vielfachheiten einer Assoziation zusätzlich als Invarianten formuliert, die die Menge der Systemzustände in den Systemmodellen einschränken.

- Die Vielfachheit a..b ($\neq$ 1..1) induziert eine lokale Invariante in der
  Klasse **C**, nämlich

    (Loc-Assoc)   a $\leq$ # role $\wedge$ (# role $\leq$ b)

  (der zweite Teil entfällt, falls b=*); jedes Objekt der Klasse **C** bezieht sich
  also auf mindestens a und höchstens b Objekte der Klasse **D**.

- Die Vielfachheit c..d induziert eine globale Invariante

    (Glob-Assoc) $\forall$ y:D. c $\leq$ # role^{-1}(y) $\wedge$ (# role^{-1}(y) $\leq$ d)

  (der zweite Teil entfällt, falls d=*); dabei sei role^{-1} die Zustandsfunktion

    funct role^{-1}: (D) Set[C],

  spezifiziert durch das Prädikat

    $\forall$ x:C. $\forall$ y:D. x $\in$ role^{-1}(y) $\Leftrightarrow$ y $\in$ x.role

  (bzw. ... y = x.role, falls a..b = 1..1). Es beziehen sich in der Assoziation
  also mindestens c, aber höchstens d Objekte auf ein Objekt der Klasse **D**.

Bidirektionale Assoziationen der Form

werden zunächst in analoger Weise als zwei unidirektionale Assoziationen behandelt. Zusätzlich wird die Kompatibilität der beiden unidirektionalen Assoziationen
in folgender globalen Invariante gefordert:

    (Bidir) $\forall$ x:C. $\forall$ y:D. y $\in$ x.drole $\Leftrightarrow$ x $\in$ y.crole

Die Assoziationen haben in den Systemzuständen damit in Umkehrrelation
zueinander zu stehen (für Vielfachheiten 1..1 und fehlende Rollennamen kann die
Invariante analog formuliert werden).

5.1.4 Generalisierung

Jede im Klassendiagramm enthaltene Generalisierungsbeziehung der Form

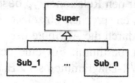

drückt sich im Systemmodell in der Subtypordnung

$$Sub\_1 \sqsubseteq Super, ..., Sub\_n \sqsubseteq Super$$

der Attributsignatur aus. Weitere statische Eigenschaften, wie die Teilmengenbeziehung zwischen Attributen und Nachrichten, werden bereits durch die allgemeinen Eigenschaften der Systemmodelle gesichert. Auf die Verhaltensähnlichkeit zwischen Super- und Subklassen wird in Kapitel 7 noch näher eingegangen.

5.2 Ungerichtete Assoziationen

Assoziationen in MOS sind konzeptionell gerichtet und beschreiben die statische vernetzte Struktur von Objektsystemen. In den meisten anderen objektorientierten Entwurfsmethoden, so auch in der UML, werden Assoziationen grundlegend wie Relationen in der Entity/Relationship-Modellierung verstanden, also als ungerichtete Relationen zwischen Objekten. Abb. 5-1 zeigt noch einmal die Assoziation besitzt zwischen den Klassen **Kunde** und **Konto**.

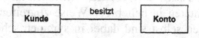

Abb. 5-1 Ungerichtete Assoziation

Um zu verstehen, warum diese ad-hoc Anpassung von Entity/Relationship-Diagrammen auf die objektorientierte Sicht mit Interpretationsproblemen auf objektorientierter Seite verbunden ist, soll zunächst die Systemsicht der E/R-Modellierung rekapituliert werden. Anschließend wird ein Ansatz vorgestellt, der ungerichtete Assoziationen in fundierter Weise in die objektorientierte Sicht integriert und sie so in den frühen Phasen des Entwurfs einsetzbar macht.

5.2.1 Von E/R-Diagrammen zu Klassendiagrammen

Entity/Relationship-Diagramme (E/R-Diagramme), entwickelt für den Entwurf relationaler Datenbanken, haben die Relation als Basiselement der Interpretation. Sowohl Entitätstypen als auch Relationentypen besitzen ihre Entsprechung in den Relationen (bzw. Tabellen) der zu realisierenden Datenbank. Abb. 5-2 verdeut-

licht diese Sicht für das Beispiel (das für den Moment als E/R-Diagramm aufgefasst werden soll).

Die Abbildung enthält je eine Tabelle für Kunden und Konten (also die Entitätstypen) und eine Tabelle für den Relationentyp besitzt. Instanzen dieser Typen,
die Entitäten und Relationen, entsprechen einzelnen Zeilen in den Tabellen. Die
Spalten der Tabellen werden durch die Attribute der Entitätstypen bzw. die in der
Relation beteiligten Entitäten, bestimmt. Für eine detaillierte Darstellung dieser
relationalen Sichtweise von E/R-Diagrammen sei z.B. auf [Vos 94] verwiesen.

> Anmerkung: Die Tabelle **besitzt** enthält genau genommen nicht die beteiligten
> Entitäten, sondern deren Schlüssel, mit denen sie eindeutig identifiziert werden
> können. Die Schlüsselattribute (kundennr bzw. kontonr) sind in den Tabellen der
> Entitätstypen unterstrichen.

Kunde	kundennr	name	adresse
	101	Donald Duck	Blumenstraße 13, 99999 Entenhausen
	102	Dagobert Duck	Geldspeicherweg 1, 99999 Entenhausen

Konto	kontonr	kontostand	besitzt	kundennr	kontonr
	999999	100000000000		101	888888
	888888	-1000		102	999999

Abb. 5-2 Relationale Sicht eines E/R-Diagramms

Die üblicherweise vorgenommene Einbettung von E/R-Diagrammen in eine
verhaltensorientierte Sicht kann durch die globale und symmetrische Datensicht
und die sequentielle Umgebung charakterisiert werden:

Globale und symmetrische Datensicht. Anfragen an die Datenbank können
auf Relationen und Entitäten in beliebiger Weise zugreifen und sie miteinander
verknüpfen. Die Tabellen selbst sind dabei in symmetrischer Weise verwendbar
(also sowohl „welcher Kunde besitzt das Konto mit der Nummer 999999?" als
auch „welches Konto besitzt Kunde Dagobert Duck?").

Sequentielle Umgebung. Anfragen an die Datenbank werden (zumindest in
einer Grundsicht) als Verknüpfungen der Tabellen, d.h. als Operationen auf Relationen, aufgefasst.

Die objektorientierte Sicht von MOS und auch der UML ist im Gegensatz dazu
durch eine lokale Datensicht und eine verteilte Objektumgebung gekennzeichnet.
Dieser Sichtenwechsel ist beim Übergang von E/R-Diagrammen zu Klassendiagrammen zu beachten und in die Interpretation der Beschreibungselemente mit
einzubeziehen.

Abb. 5-3 skizziert noch einmal die in Kapitel 4 besprochene Sicht der Systemstruktur im objektorientierten Ansatz. Der Übergang von Entitätstypen und Entitäten auf Klassen bzw. Objekte bereitet konzeptionell wenig Probleme. Jede Zeile
in den Tabellen entspricht einem Objektzustand. Die Identifizierung von Entitäten

durch Schlüsselattribute wird in der objektorientierten Sicht ersetzt durch das
Konzept der Objektidentifikatoren.[1]

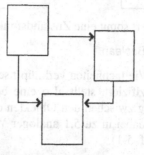

Abb. 5-3 Statische objektorientierte Systemsicht

Im Gegensatz dazu verlieren die Relationen ihre direkte Entsprechung in der
objektorientierten Systemsicht. Der konzeptionell intuitivste Weg ist die Abbildung der Relationen (bzw. Assoziationen) auf die statischen Bezüge zwischen
Objekten. Andere Arten der Interpretation von Relationen, etwa als Kommunikationsbeziehungen oder als eigene Objekte, zeigen sich als nicht geeignet.

Objektbezüge sind in der objektorientierten Systemsicht aufgrund der Datenlokalität immer gerichtet. Wie in den vorhergehenden Kapiteln bereits argumentiert
wurde, ist diese Gerichtetheit vor allem in Verbindung mit dem dynamischen
Verhalten von Objekten von essentieller Bedeutung, da diese Bezüge die Wege
induzieren, über die Nachrichten fließen können. Aus diesem Grund sind Assoziationen in MOS konzeptionell gerichtet.

Auf der anderen Seite ist diese Interpretation von Assoziationen nicht ganz
befriedigend. In den frühen Phasen des Entwurfs ist es oft nicht möglich, Assoziationen in qualifizierter Weise zu richten, da noch nicht klar ist, in welcher Art auf
die Objekte zugegriffen wird. Dies ist insbesondere bei der Modellierung der
fachlichen Konzepte des Anwendungsbereichs der Fall, die, wie in Kapitel 3
besprochen, meist unabhängig vom Kommunikationsentwurf erfolgt.

Im nächsten Unterabschnitt wird deshalb ein Weg aufgezeigt, der ungerichtete
Assoziationen in den frühen Phasen des Entwurfs einsetzbar macht.

5.2.2 Ungerichtete Assoziationen in MOS

Ungerichtete Assoziationen mit Relationennamen, wie die Assoziation besitzt aus
Abb. 5-1, werden in MOS als Prädikate (bzw. boolesche Zustandsfunktionen)
betrachtet und legen somit eine relationale Sichtweise von Objektbezügen auf die
Struktur der Systemzustände.

---

[1] Warum es in der objektorientierten Sicht dennoch oft ratsam ist, eindeutig identifizierende
Attribute, wie Kundennummer oder Kontonummer, zu definieren, liegt nicht an der
Identifizierung der Objekte im System, sondern an der Notwendigkeit, Objekte nach außen
(den externen Akteuren) zu präsentieren und von außen identifizierbar zu machen. Diese
Attribute sind dann motiviert durch fachliche und nicht durch technische Aspekte.

Jede Assoziation der Form

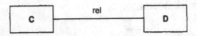

im Klassendiagramm induziert somit eine Zustandsfunktion

funct rel: (C, D) Boolean.

Diese Relation kann mit Vielfachheiten verknüpft sein, bleibt aber ansonsten in den Systemmodellen unspezifiziert, stellt also eine beliebige, nur die Vielfachheiten beachtende Beziehung zwischen den Objekten der beteiligten Klassen dar. Die Vielfachheiten werden dabei in zu 5.1 analoger Weise durch globale Invarianten ausgedrückt (siehe Def. 5-1).

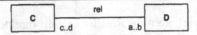

Die Vielfachheiten induzieren folgende globale Invariante (Mult-Rel):

$\forall$ x:C. a $\leq$ #ds(x) $\wedge$ (# ds(x) $\leq$ b)) $\wedge$ ($\forall$ y:D. c $\leq$ #cs(y) $\wedge$ (# cs(y) $\leq$ d),

wobei cs und ds folgende Zustandsfunktionen seien:

funct ds: (C) Set[D] mit $\forall$x:C. $\forall$y:D. y $\in$ ds(x) $\Leftrightarrow$ rel(x, y)[2] und
funct cs: (D) Set[C] mit $\forall$x:C. $\forall$y:D. x $\in$ cs(y) $\Leftrightarrow$ rel(x, y).

Bei Fehlen einer Vielfachheit oder wenn das Zeichen * in den Vielfachheiten vorkommt, fehlen die entsprechenden Teile im Prädikat analog zu 5.1.

Def. 5-1 Ungerichtete Assoziationen mit Vielfachheiten

Ungerichtete Assoziationen stellen in den frühen Phasen des Entwurfs noch nicht näher spezifizierbare Beziehungen zwischen Objekten dar. Sie können zur Spezifikation fachlicher Regeln in den Invarianten benützt werden

Ist in späteren Phasen des Entwurfs die Zugriffsrichtung klar, wird diese durch Pfeile (in eine oder beide Richtungen) markiert und die Rollennamen ins Diagramm eingefügt. Abb. 5-4 illustriert dies für das Beispiel.

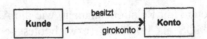

Abb. 5-4 Hinzufügen einer Zugriffsrichtung

---

[2] Boolesche Ausdrücke werden im folgenden abkürzend als Prädikate verwendet; der Ausdruck rel(x, y) steht also für das Prädikat rel(x, y) = true.

In den Systemmodellen wirkt sich diese Entwurfsentscheidung in einer Verknüpfung der Relation mit den Objektbezügen aus. Die gerichtete Assoziation in Abb. 5-4 induziert dabei die globale Invariante

$$\forall \text{ku:Kunde. } \forall \text{ko:Konto. besitzt(ku, ko)} \Leftrightarrow \text{ko} \in \text{ku.girokonto}$$

Die Relation wird somit durch die gerichtete Assoziation implementiert, d.h. ihre Interpretation in den Systemmodellen festgelegt. Def. 5-2 definiert die Invariante im allgemeinen Fall.

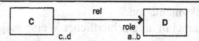

Relation und gerichtete Assoziation werden durch folgende Invariante in Bezug gesetzt:

(Rel) $\forall \text{ x:C. } \forall \text{ y:D. rel(x, y)} \Leftrightarrow \text{y} \in \text{x.role.}$

Ist die Assoziation in der anderen Richtung gerichtet, wird die Invariante analog spezifiziert. Der bidirektionale Fall führt mit der Invariante (Bidir) zu äquivalenten Prädikaten in beiden Richtungen. Die Invarianten (Mult-Rel) und (Loc-Assoc) zusammen mit (Glob-Assoc), die die Vielfachheiten spezifizieren, sind dann ebenfalls äquivalent.

Def. 5-2 Implementierung von ungerichteten Assoziationen durch gerichtete

Werden in dem hier vorgestellten Ansatz ungerichtete Assoziationen immer durch gerichtete implementiert, ist auch ein allgemeineres Vorgehen denkbar, in dem das Assoziationsprädikat rel vom Entwickler spezifiziert wird. In diesem Fall ist eine Realisierung von ungerichteten Assoziationen durch Objektbezüge möglich, die über mehrere Objekte hinweg führen können (z.B. durch Einführung einer Assoziationsklasse).

Wichtig zu beachten ist, dass die Verwendung von ungerichteten Assoziationen stets auf die statische Sicht von Systemen beschränkt bleibt, also auf Klassendiagramme und Invarianten. Sobald das dynamische Verhalten von Objekten, also Nachrichtenflüsse, in die Modellierung mit einfließt, muss auf die Sichtweise gerichteter Objektbezüge gewechselt werden. Insbesondere können ungerichtete Assoziationen nicht in den Prädikaten der Zustandsdiagramme verwendet werden.

Bemerkt werden muss auch, dass mit den ungerichteten Assoziationen die lokale Datensicht der Objekte verlassen wird. Dies gilt allerdings nicht nur für ungerichtete Assoziationen, sondern für alle globalen Invarianten. Hierzu kann festgestellt werden, dass das mit der lokalen Datensicht verbundene Geheimhaltungsprinzip in den frühen Phasen des Entwurfs von weit weniger großer Bedeutung ist als etwa im technischen Entwurf oder auf der programmiersprachlichen Ebene. Klassen, Attribute und Beziehungen entsprechen in den frühen Phasen des Entwurfs fachlichen Konzepten, für die es gilt, Zusammenhänge, auch globaler Natur, herauszufinden und darzustellen.

5.3 Invarianten

Klassendiagramme beschreiben Systemzustände konzeptionell auf der Typebene, bestimmen also die grobe Struktur der Zustände. Zur detaillierten Charakterisierung von Objekten und Objektbezügen dient das Konzept der Invarianten. Invarianten formulieren Abhängigkeiten und Bedingungen, die in und zwischen Objekten gelten sollen und schränken so die Menge der erlaubten Systemzustände ein. Invarianten spielen eine wichtige Rolle in allen Entwurfsphasen – von der Spezifikation fachlicher Regeln bis hin zur Darstellung von Datenabhängigkeiten und -redundanzen bei der Dokumentation.

Invarianten können dabei in unterschiedlicher Weise ausgedrückt werden:

- formal durch Prädikate in der Sprache P-MOS,
- informell durch Text,
- graphisch.

Die graphische Darstellung von Invarianten bezieht sich vor allem auf die im letzten Abschnitt diskutierten Konzepte in Klassendiagrammen, die (prädikative) Invarianten induzieren, wie die Angabe von Vielfachheiten oder bidirektionaler Assoziationen. Aber auch die in der UML unterstützten Objektdiagramme, also Diagramme, die Systemzustände auf Objektebene darstellen, sind konzeptionell durch Prädikate über Systemzuständen fassbar.

Da die prädikative Beschreibung von Invarianten damit also eine Grundsicht darstellt, soll sich die Diskussion im folgenden darauf konzentrieren. Im Mittelpunkt stehen dabei zwei Fragestellungen:

- Welche Systemzustände charakterisiert eine Invariante?
- Wann soll eine Invariante gelten?

Verknüpft man diese Fragestellung mit dem formalen Rahmen der Systemmodelle, so ist damit zum einen ein Gültigkeitsbegriff von Invarianten in den Systemzuständen verbunden und zum anderen die Gültigkeit von Invarianten in den Lebenszyklen. 5.3.1 beschäftigt sich mit ersterem Aspekt, 5.3.2 mit letzterem. Ausgangspunkt ist dabei die Vorstellung, dass Invarianten nur in den stabilen Zuständen, also den Zuständen vor und nach den Operationsausführungen, gelten müssen. Im verteilten Kontext von MOS, in dem Objekte parallel agieren, bedarf diese Interpretation jedoch einer eingehenderen Betrachtung.

5.3.1 Interpretation von P-MOS-Prädikaten

Ausdrücke und Prädikate, formuliert in der Sprache P-MOS, beziehen sich auf ein gegebenes Klassendiagramm und werden, wie in Kapitel 2 beschrieben, gebildet aus

- den Funktionen und Konstanten der Datentypen,
- den Attributen und Assoziationen im Klassendiagramm,
- Variablen,
- benutzerdefinierten Zustandsfunktionen und
- den logischen Konnektoren.

Die Ausdrücke beschreiben Navigationen entlang der Objektstrukturen. Ihnen ist ein Typ T (eine Klasse oder ein Datentyp) zugeordnet. Im folgenden wird definiert, wann ein Systemmodell ein P-MOS Prädikat in einem gegebenen Systemzustand erfüllt. Da die Gültigkeit von P-MOS-Prädikaten abhängig ist von der Interpretation von P-MOS-Ausdrücken, wird letztere zuerst vorgestellt.

In den Systemmodellen wird jeder P-MOS-Ausdruck e eines Typs T durch einen Wert (in der Menge VAL_T) interpretiert. Diese Abbildung von Ausdrücken in die Menge der Werte VAL ist abhängig

- von einem gegebenen Systemzustand und
- der Belegung der Variablen des Ausdrucks.

Die Interpretation I eines Ausdrucks e des Typs T notieren wir deshalb mit

$$I_{\rho,\beta}[e],$$

wobei ρ der Systemzustand und β die Belegung der Variablen ist; $I_{\rho,\beta}[e]$ bezeichnet damit einen Wert in VAL_T. Die Belegung β ordnet jeder Variablen in e einen Wert zu. Die formale Definition der Interpretationsfunktion I ist in Anhang C.1 zu finden. Die Konstruktoren der P-MOS-Ausdrücke werden dabei auf ihr semantisches Äquivalent in den Systemmodellen abgebildet.

Aufbauend auf der Interpretation von Ausdrücken wird dann die Gültigkeit von Prädikaten in üblicher Weise definiert. P-MOS-Prädikate beziehen sich dabei, genauso wie die Ausdrücke, auf einen gegebenen Systemzustand. Wir schreiben

$$\rho, \beta \vDash P,$$

wenn das Prädikat P in einem Systemzustand ρ und für eine Belegung β gültig ist. Ist das Prädikat geschlossen, d.h. enthält es keine freien (nicht durch Quantoren gebundene) Variablen, und ist somit unabhängig von der Belegung β, schreiben wir

$$\rho \vDash P.$$

Def. 5-3 definiert induktiv die Gültigkeit von Prädikaten. Zu beachten sind dabei vor allem der Allquantor, dessen Interpretation sich auf die *aktiven Objekte* des Systemzustandes beschränkt (die aktiven Objekte sind die zu einem Zeitpunkt existierenden Objekte, vgl. 4.3.5).

$\rho, \beta \vDash$ e1 = e2	gdw.	$I_{\rho,\beta}[e1] = I_{\rho,\beta}[e2]$,
$\rho, \beta \vDash \neg P$	gdw.	nicht $\rho, \beta \vDash P$ gilt,
$\rho, \beta \vDash$ P1 $\wedge$ P2	gdw.	$\rho, \beta \vDash$ P1 und $\rho, \beta \vDash$ P1 gilt,
$\rho, \beta \vDash \forall$x:T. P	gdw.	für alle Werte $a \in VAL_T$ mit $a \in active\_objects(\rho)$, falls T Klasse, gilt: $\rho, \beta' \vDash P$, wobei $\beta'[y] = a$, falls y=x, $\beta'[y] = \beta[y]$ sonst.

Die anderen Konnektoren werden wie üblich definiert, z.B.
P1 $\vee$ P2= $\neg$ ($\neg$P1 $\wedge$ $\neg$P2) usw.

Def. 5-3 Gültigkeit von P-MOS-Prädikaten

Zustandsfunktionen werden in P-MOS durch (geschlossene) Prädikate definiert, wie z.B. die Funktion

> **funct** inhaber: (Konto) Kunde
>
> $\forall$ko: Konto. $\forall$ku: Kunde. inhaber(ko) = ku $\Leftrightarrow$ ko $\in$ ku.girokonto,

bezogen auf das Klassendiagramm unten.

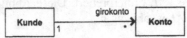

Wir nennen dieses Prädikat die *Spezifikation der Zustandsfunktion* und fordern, dass dieses Prädikat in allen Systemzuständen der Systemmodelle gültig ist. Die Spezifikation beschränkt die Interpretation der Zustandsfunktion in den Systemmodellen in offener Weise.

5.3.2 Invarianten und Lebenszyklen

Bezüglich der Lebenszyklen könnten wir fordern, dass eine Invariante in allen Zuständen eines Lebenszyklus, d.h. eines Systemablaufs, gelten soll. Diese Eigenschaft ist jedoch in den meisten Fällen zu streng. Die Zustände, die innerhalb der Operationsausführungen angenommen werden, sind instabil, ändern sich, und meist wird erst nach Beenden einer Operation wieder ein Zustand angenommen, von dem die Gültigkeit einer Invariante zu fordern sinnvoll ist. Eine ähnliche Sichtweise von Invarianten findet sich in vielen Ansätzen, z.B. im Bereich der Datenbanken [Vos 94] auf der Grundlage des Transaktionskonzepts.

Damit verbunden kann Invarianten eine Außen- und eine Innenwirkung zugeschrieben werden:

- Die *Außenwirkung* bezieht sich auf die Benutzer der Klassen: Nach Ausführung einer Operation ist die Gültigkeit der Invariante garantiert.
- Die *Innenwirkung* bezieht sich auf die Entwickler: Die Operationen müssen so implementiert werden, dass sie die Invarianten nicht verletzen.

Dieses Prinzip wird auch oft das *Vertragsprinzip* genannt. Die Spezifikation (hier: die Invariante) ist der Vertrag, den der Entwickler einhalten muss und auf dessen Einhaltung der Benutzer vertrauen darf.

Betrachtet man diese Grundidee genauer, so wird deutlich, dass sie zunächst nur auf Invarianten anwendbar ist, die sich auf einzelne Objekte beziehen, da Operationen sich in der objektorientierten Sicht ebenfalls immer auf einzelne Objekte beziehen. Invarianten, die nur vom Zustand einzelner Objekte abhängen, wurden in Kapitel 2 *lokale Invarianten* genannt und es wurde eine Teilsprache von P-MOS ausgezeichnet, mit der lokale Invarianten beschrieben werden können (2.3.3). Lokale Invarianten sind lokale Prädikate mit der (einzigen freien) Variable self. Sie werden in den Klassendiagrammen einer Klasse direkt zugeordnet.

Ein klassisches Beispiel ist die Spezifikation von Rechtecken mit Attributen länge, breite und fläche und Operationen zum verschieben und skalieren. Die lokale Invariante beschreibt den funktionalen Zusammenhang zwischen den Attributen (Abb. 5-5).

Abb. 5-5 Lokale Invariante

In voller Schreibweise lautet die Invariante in Abb. 5-5

    self.fläche = self.länge * self.breite,

wobei self: Rechteck im Prädikat freie Variable ist.

Lokale Invarianten können mit Systemmodellen und Systemlebenszyklen, aufbauend auf der oben beschriebenen Idee, in einfacher Weise verknüpft werden. In der folgenden Definition bezeichnen die stabilen Objektzustände dabei die Objektzustände vor und nach den Operationsausführungen (vgl. 4.3.4), ein Objektlebenszyklus extrahiert das Verhalten eines einzelnen Objekts aus einem Systemlebenszyklus (vgl. 4.3.3). Die Menge ID_C beschreibt alle Objektidentifikatoren der Klasse **C** (einschließlich Objektidentifikatoren von Subklassen). Die formale Definition ist in Anhang C.2 zu finden.

> – Eine Invariante gilt in einem Systemmodell, wenn sie in allen Systemlebenszyklen gilt.
> – Eine lokale Invariante einer Klasse **C** gilt in einem Systemlebenszyklus, wenn für alle Objektidentifikatoren *id* aus ID_C gilt: Die Invariante ist in allen stabilen Zuständen des zu *id* gehörigen Objektlebenszyklus gültig.

Def. 5-4 Gültigkeit lokaler Invarianten

Abb. 5-6 stellt die Gültigkeit von lokalen Invarianten schematisch dar (Systemzustände, an denen die Invariante gilt, werden informell durch ausgefüllte Rechtecke dargestellt; jede Operationsausführung wird durch einen Aktivierungsbereich markiert). Im Beispiel muss die Fläche eines Rechtecks also nicht in jedem Systemzustand korrekt enthalten sein, sondern nur in den Zuständen vor und nach Ausführung der Operationen verschieben und skalieren und nach der Kreierung.

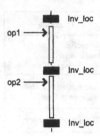

Abb. 5-6 Gültigkeit von lokalen Invarianten

Zu beachten ist, dass oben formuliertes Kriterium für lokale Invarianten die Gültigkeit der Invariante auch für Objekte von Subklassen fordert, Invarianten also vererbt werden. Auf diesen Aspekt wird in Kapitel 7 noch näher eingegangen.

Globale Invarianten beziehen sich im Unterschied zu lokalen Invarianten auf den Zustand mehrerer Objekte. Sie durchbrechen damit zwar das Prinzip der lokalen Datenkapselung, ihre Aufgabe liegt aber gerade im Sichtbarmachen globaler Abhängigkeiten zwischen Objekten. Die in die Invariante involvierten Objekte agieren parallel und unabhängig, führen also insbesondere Operationen parallel aus. Abb. 5-7 skizziert als Beispiel das Verhalten dreier Objekte.

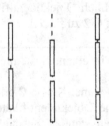

Abb. 5-7 Paralleles Agieren dreier Objekte

In diesem Kontext lässt sich die Interpretation von lokalen Invarianten auf globale Invarianten dahingehend erweitern, dass wir die Gültigkeit der Invariante in denjenigen Systemzuständen fordern, in denen sich alle (aktiven) Objekte in stabilen Zuständen befinden. Die formale Definition ist wieder in Anhang C.2 zu finden.

> Eine globale Invariante gilt in einem Systemlebenszyklus, wenn sie in allen Systemzuständen gültig ist, in denen sich alle aktiven Objekte in einem stabilen Zustand befinden.

Def. 5-5 Gültigkeit globaler Invarianten

Die durch diesen Gültigkeitsbegriff vorgenommene Kopplung von globalen Invarianten und Systemverhalten und die damit verbundene Außen- und Innenwirkung der Invarianten soll an einem Beispiel näher diskutiert werden.

Gegeben seien zwei Klassen, die die Zentrale und die Filialen eines Unternehmens repräsentieren. Beide Klassen halten eine Liste der Telefonnummern aller Mitarbeiter bzw. der Mitarbeiter einer bestimmten Filiale (Abb. 5-8).

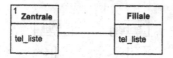

Abb. 5-8 Zentrale und Filiale

Von den Telefonlisten der Zentrale und der Filialen fordern wir, dass sie konsistent sind, d.h.

- jeder in der lokalen Telefonliste vermerkte Mitarbeiter einer Filiale ist auch in der Telefonliste der Zentrale vermerkt, und
- die zugeordneten Telefonnummern sind gleich.

Auf eine Formulierung dieser globalen Invariante als P-MOS-Prädikat sei an dieser Stelle verzichtet.

Der Gültigkeitsbegriff globaler Invarianten fordert in diesem Fall, dass die Telefonlisten in denjenigen Zuständen konsistent sind, in denen sich sowohl die Zentrale als auch die Filialen in einem stabilen Zustand befinden, d.h. gerade keine Operationen ausführen. Dieses Kriterium führt dazu, dass alle Operationen, die Telefonnummern verändern (z.B. bei Einstellung eines neuen Mitarbeiters), Objekte der jeweiligen anderen Klasse (Zentrale oder Filiale) über diese Änderung informieren müssen, z.B. anhand einer Operation änderung_melden in beiden Klassen.

Der Gültigkeitsbegriff globaler Invarianten führt somit zu der gewünschten, oben beschriebenen Innenwirkung. Invarianten, die, wie im Beispiel, globale Abhängigkeiten oder Redundanzen beschreiben, beeinflussen somit das Kommunikationsverhalten der beteiligten Objekte, da sich die Objekte gegenseitig über die geänderten Zustände informieren müssen.

Dieser Nachrichtenfluss steht nicht direkt in Zusammenhang mit der Funktionalität der Operationen, sondern mit den Abhängigkeiten im statischen Modell. Aus diesem Grund ist leicht einsehbar, wie wichtig die Dokumentation von statischen Abhängigkeiten beim Systementwurf ist, gerade hinsichtlich einer Systemerweiterung oder -modifikation. Da typischerweise nur wenige Operationen zustandsverändernd auf die in einer Invariante involvierten Attribute wirken, ist der Aufwand, die Gültigkeit einer Invariante (informell) zu prüfen, in den meisten Fällen gering.

Wie ist auf der anderen Seite die Außenwirkung globaler Invarianten zu interpretieren? Objekte agieren parallel und unabhängig. Dies bedeutet, dass Nutzer weder Einfluss noch Einsicht in das Verhalten von Systemen oder Teilsystemen haben. Für sie sind die Zeitpunkte (bzw. Systemzustände), an denen globale Invarianten gelten, deshalb nicht unterscheidbar. Es gibt sogar Lebenszyklen, in denen lange Zeit oder nie ein Systemzustand angenommen wird, in dem sich alle Objekte in einem stabilen Zustand befinden.

Im Beispiel tritt dieser Fall ein, wenn Zentrale und Filialen so „beschäftigt"
sind, dass sie fortwährend Operationen ausführen und durch Zufall die Operationen nie zu einem gemeinsamen Zeitpunkt beendet sind. Abb. 5-9 skizziert diese
Situation.

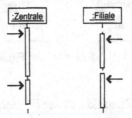

Abb. 5-9 Sehr beschäftigte Zentrale und Filiale

In einem solchen Lebenszyklus kann es passieren, dass eine Invariante tatsächlich nie erfüllt ist. Abb. 5-10 zeigt als Beispiel einen Ablauf, in dem sich die
Änderungen der Telefonnummern (informell dargestellt durch Dreiecke) der
Zentrale und zweier Filialen so überlagern, dass kein konsistenter Zustand erreicht
wird.

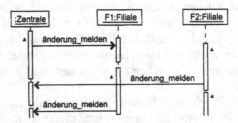

Abb. 5-10 Ablauf, in dem die Invariante nicht erfüllt ist

Die Außenwirkung globaler Invarianten muss also weitaus schwächer interpretiert werden als bei lokalen Invarianten. Systeme, die eine globale Invariante
erfüllen, können deren Gültigkeit nicht in bestimmten, von Nutzern einsehbaren
Zuständen garantieren, sie sind aber mit einem *Streben nach Konsistenz* verbunden. Durch die Verpflichtung, sich gegenseitig über die Änderung von Telefon-
nummer zu informieren, streben Zentrale und Filialen zu einer konsistenten Telefonliste.

Das Streben nach Konsistenz in den Lebenszyklen kann man sich auch anders
vorstellen: Drückt man in einem Systemablauf zu einem bestimmten Zeitpunkt
auf einen Halteknopf, d.h. unterbindet man weitere Operationsaufrufe, und lässt
das System die bereits begonnenen Operationen fertig ausführen, so ist im dann
erreichten Zustand die Gültigkeit der Invariante garantiert (vgl. Abb. 5-11).

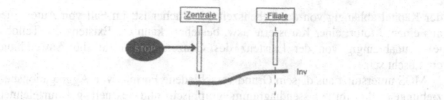

Abb. 5-11 Der Halteknopf

Abschließend kann bemerkt werden, dass die Verwendung von globalen Invarianten beim Systementwurf vor allem auf die innere Sicht gerichtet ist, insbesondere auf den korrekten Entwurf von Operationen. Die Sicht nach außen ist mit Einschränkungen verbunden, die aber tatsächlich auftretende Phänomene bei verteilten Systemen widerspiegeln. Die Ursache dieser Einschränkungen ist der Bruch des Datenkapselungsprinzips, der mit dem Begriff der globalen Invariante einhergeht.

5.4 Aggregation

Aggregation ist ein Konstrukt der Modellierung, mit dem „ist-Teil-von"-Beziehungen ausgedrückt werden können. Abb. 5-12 zeigt als Beispiel eine Aggregationsbeziehung, die der Klasse **Buch** die Klassen **Inhaltsverzeichnis** und **Kapitel** als Teilklassen zuordnet.

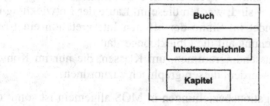

Abb. 5-12 Aggregation

Motiviert wird die Modellierung einer solchen Beziehung durch eine Reihe unterschiedlicher Aspekte:

– Aggregationsbeziehungen können spezifische Eigenschaften zugeordnet sein und drücken dadurch abstrakte Verhaltensmuster kurz und prägnant aus,
– Aggregationsbeziehungen strukturieren ein Klassendiagramm und machen es dadurch übersichtlich,
– Aggregation ist ein Konstrukt, das den schrittweisen Entwurf von Klassen und Systemen unterstützt.

Hinsichtlich den mit Aggregation verbundenen Eigenschaften zeigt es sich, dass es kein allgemeines intuitives Verständnis von einer „ist-Teil-von"-Beziehung gibt. So ist es im Fall der Bücher sinnvoll zu fordern, dass die Lebenszeit

der Kapitel abhängig von der Lebenszeit der Bücher ist; im Fall von Autos, die
aus einem Motor, einer Karosserie usw. bestehen, kann die Existenz der Teilobjekte unabhängig von der Existenz des Ganzen jedoch für die Anwendung
erwünscht sein.

MOS unterstützt aus diesem Grund verschiedene Formen von Aggregationsbeziehungen, die im Klassendiagramm graphisch und textuell gekennzeichnet
werden. Die Basissicht ist dabei, Aggregationsbeziehungen als spezielle Ausprägungen von Assoziationen zwischen Aggregatklasse und Teilklassen zu betrachten. Die folgenden Unterabschnitte stellen die verschiedenen Aggregationsformen
vor:

- Aggregation auf Klassenebene (5.4.1),
- Aggregation auf Objektebene (5.4.2),
- Konstante, abhängige und gekapselte Aggregation (5.4.3 bis 5.4.5).

Die Rolle von Assoziationsbeziehungen im Entwurf fasst 5.4.6 zusammen. Die
formale Interpretation der einzelnen Aggregationskonzepte ist jeweils in Anhang
C.3 zu finden.

5.4.1 Aggregation auf Klassenebene

Aggregation auf Klassenebene stellt die schwächste Form von Aggregation dar
(Abb. 5-12). Diese Aggregationsform ist mit keinen Eigenschaften auf Objektebene verbunden und findet Verwendung

- im schrittweisen Entwurf, wenn die spezifischen Eigenschaften der Aggregationsbeziehung noch nicht klar sind; werden diese im Laufe der Entwicklung ins
  Diagramm hinzugefügt, findet im Sinne der offenen Interpretation ein Übergang der Aggregationsbeziehung auf die Objektebene statt,
- zur Strukturierung von Klassendiagrammen, um Klassen, die nur im Kontext
  anderer Klassen verwendet werden, diesen graphisch zuzuordnen.

Die Grundsicht von Aggregationsbeziehungen in MOS allgemein ist somit die
Modellierung von Ganzen und Teilen als Klassen. Da dem Ganzen eigene Attribute und Operationen zugeordnet sein können, ist damit die Philosophie verbunden, dass das Ganze mehr als die Summe seiner Teile ist (ein Auto besteht nicht
nur aus seinen Teilen, sondern hat als Ganzes betrachtet zugeordnete Eigenschaften, wie z.B. die Höchstgeschwindigkeit oder den Kfz-Brief). Die Beziehungen
zwischen Objekten der Aggregatklasse und den Objekten der Teilklassen bleiben
bei der Aggregation auf Klassenebene unspezifiziert.

Mit Aggregation in MOS nicht verbunden ist eine Strukturierung des Namens-
raums der Klassen. Dies bleibt einem zusätzlichen, in der Kernsprache MOS aber
nicht unterstützten Paket- oder Modulkonzept überlassen.

5.4.2 Aggregation auf Objektebene

Werden die Beziehungen zwischen Objekten der Aggregatklasse und Objekten der Teilklassen näher spezifiziert, so sprechen wir von *Aggregation auf Objektebene*. Abb. 5-13 zeigt dies im Beispiel der Bücher, Abb. 5-14 gibt die allgemeine Form einer Aggregationsbeziehung auf Objektebene an.

Abb. 5-13 Aggregation auf Objektebene – Beispiel

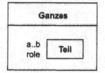

Abb. 5-14 Aggregation auf Objektebene – allgemeine Form

Einer Aggregatklasse können beliebig viele Teilklassen zugeordnet sein und auch hinsichtlich der Beziehungen der Teilklassen untereinander und zu Klassen außerhalb der Aggregation bestehen keine Einschränkungen. Die Angabe einer Rolle ist wie bei den Assoziationen optional.

Die strukturelle Beziehung zwischen Objekten der Aggregatklasse und Objekten der Teilklasse, die durch eine solche Aggregation definiert wird, ist äquivalent zu der in Abb. 5-15 angegebenen Assoziation.

Abb. 5-15 Äquivalente Darstellung ohne Aggregation

Aggregatobjekte sind also mit ihren Teilobjekten verbunden. Zusätzlich fordern wir, dass jedes Teilobjekt höchstens einem Ganzen zugeordnet ist. Die Spezifikation von bidirektionalen Beziehungen zwischen Aggregaten und Teilen (jedes Teil kennt auch sein Ganzes) wird in MOS nicht graphisch unterstützt und muss durch Attribute und Invarianten modelliert werden.

Dürfen sich Aggregationen überschneiden?

Die Eigenschaft, dass jedes Teilobjekt höchstens einem Aggregatobjekt zugeordnet sein darf, widerspricht nicht der Zuordnung von Klassen zu mehreren Aggregaten. Aggregatobjekte können mit demselben *Typ* von Teilobjekten verbunden sein, aber nicht mit denselben Teilobjekten selbst. Abb. 5-16 zeigt dies für das Beispiel der Zentrale und der Filiale, die beide eine Telefonliste halten.

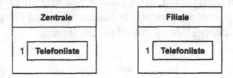

Abb. 5-16 Aggregationen mit Überschneidungen

Die Klasse **Telefonliste** taucht zweimal im Diagramm auf und ist semantisch dabei identisch. In der durch das Diagramm beschriebenen Objektstruktur sind sowohl Objekte von **Zentrale** als auch Objekte von **Filiale** mit einer Telefonliste verbunden, diese sind jedoch immer unterschiedliche Objekte.

Klassendiagramme suggerieren in diesem und in ähnlichen Fällen leicht eine Überschneidung (Sharing) auf Objektebene, obwohl sie nur eine Überschneidung auf Typ-Ebene ausdrücken.

5.4.3 Konstante Aggregation

Konstante Aggregation stellt, ebenso wie die in den nächsten Unterabschnitten folgenden Aggregationskonzepte, eine spezielle Form von Aggregation auf Objektebene dar. Mit einer konstanten Aggregationsbeziehung wird die folgende Eigenschaft verbunden:

> Jedes Teilobjekt ist im Laufe seiner Lebenszeit höchstens einem Aggregatobjekt zugeordnet.

Ein typisches Beispiel für konstante Aggregation ist das Beispiel der Bücher, da Inhaltsverzeichnis und Kapitel unveränderlich einem Buch zugeordnet sind (dies bedeutet nicht, dass ein Kapitel nicht *inhaltlich* in ein anderes Buch übernommen werden kann, in diesem Fall aber durch ein anderes Objekt repräsentiert wird).

Eine charakteristische Anwendung konstanter Aggregation ist die Beziehung zwischen Verwalterklassen und zugeordneten Fachklassen (vgl. 3.3.1). Die Fachobjekte sind in vielen Fällen den Verwalterobjekten konstant zugeordnet.

Da die Konstanz einer Aggregationsbeziehung nur für einzelne Teilklassen zutreffen kann, wird eine konstante Aggregationsbeziehung im Klassendiagramm durch das Schlüsselwort **cons** in der Teilklasse markiert, wie Abb. 5-17 dies für das Beispiel demonstriert.

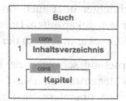

Abb. 5-17 Konstante Aggregation

5.4.4 Abhängige Aggregation

Abhängige Aggregation fordert die Abhängigkeit der Lebenszeiten von Aggregat-
und Teilobjekten. Genauer fordern wir folgende Eigenschaft:

> Jedes Teilobjekt muss in den stabilen Zuständen seiner Existenz einem
> Aggregatobjekt zugeordnet sein, es kann also nicht unabhängig von den
> Aggregatobjekten existieren.

Während der Operationsausführungen fordern wir die Zuordnung der Teilobjekte zu einem Aggregatobjekt nicht. Abhängige Aggregation wird wie konstante
Aggregation durch ein Schlüsselwort (**dep**) in den Teilklassen gekennzeichnet
(Abb. 5-18). In vielen Fällen, wie im Beispiel der Bücher, ergibt die kombinierte
Verwendung konstanter und abhängiger Aggregation eine treffende Charakterisierung der Beziehung. Sie ordnet jedes Teilobjekt in seiner gesamten Lebenszeit
genau einem Aggregatobjekt zu.

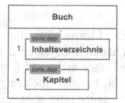

Abb. 5-18 Abhängige Aggregation

5.4.5 Gekapselte Aggregation

Gekapselte Aggregation schränkt die Art und Weise ein, in der Teilobjekte mit
ihrer Umgebung kommunizieren können. Hierbei sind viele Varianten denkbar,
die sich darin unterscheiden, welche Nachrichten in die Kapselung miteinbezogen
werden. Die Nachrichten an und von Teilobjekten können so beschränkt werden,
dass

– nur Operationsaufrufe oder alle Nachrichten betroffen sind,

– nur das Empfangen der Nachrichten oder auch das Senden betroffen ist und
– die Kommunikationspartner von gekapselten Teilobjekten die Aggregatobjekte allein sind oder auch andere Objekte innerhalb der Aggregation.

Eine strenge Form der Kapselung schränkt die Kommunikation von Teilobjekten strikt auf einen Nachrichtenaustausch zwischen Aggregatobjekt und Teilobjekt ein. MOS unterstützt eine liberalere, den meisten Anwendungen mehr gerecht werdende Form der Kapselung, in der

– Aufrufe von Operationen eines Teilobjekts beschränkt sind auf das Aggregatobjekt und andere Teilobjekte des Aggregatobjekts,
– keine Einschränkung hinsichtlich der Nachrichten, die ein Teilobjekt aussendet, besteht.

Ähnlich zu den bisher vorgestellten Formen von Aggregation wird gekapselte Aggregation mit einem Schlüsselwort (**hidden**) in den betroffenen Teilklassen markiert. Abb. 5-19 zeigt als Beispiel die Aggregationsbeziehung zwischen den Klassen **Anbieteragent**, **Dokument** und **Lizenz** (vgl. 3.3.5), bei der die Klasse **Lizenz** gekapselt ist.

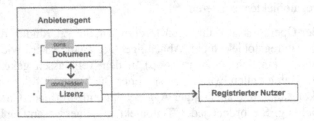

Abb. 5-19 Gekapselte Aggregation

Objekte der gekapselten Klasse **Lizenz** können nur Nachrichten der Aggregatklasse **Anbieteragent** und von anderen Objekten der Aggregationsstruktur (z.B. Dokument-Objekten) empfangen, aber nicht von Objekten außerhalb der Aggregation (z.B. von Nutzern). Wie das Beispiel auch zeigt, kann gekapselte Aggregation im Zusammenhang mit konstanter (und abhängiger) Aggregation verwendet werden und stellt in vielen Fällen eine sinnvolle Verschärfung dieser Aggregationsformen dar.

Da dies in den meisten Fällen der Kapselungseigenschaft widerspricht, fordern wir zusätzlich, dass es keine Assoziationen von Klassen außerhalb der Aggregation zu gekapselten Teilklassen gibt (bzw. gekapselte Teilklassen nicht als Typ von Bezugsattributen in Klassen außerhalb der Aggregation auftreten). Abb. 5-20 zeigt eine solche verbotene Assoziation.

Assoziationen von gekapselten Teilklassen nach außen, wie die Beziehung zwischen **Lizenz** und **Nutzer** in Abb. 5-19, stellen im Gegensatz dazu kein Problem dar, da das Senden von Nachrichten von Teilobjekten aus keinen Einschränkungen unterworfen ist.

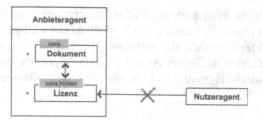

Abb. 5-20 Eine verbotene Assoziation

Während es beim Objektbegriff die internen Daten sind, die gekapselt werden, sind es bei der gekapselten Aggregation ganze Objektstrukturen, die nach außen versteckt werden. Gründe, eine Aggregation zu kapseln, sind jedoch ähnlich:

– Die Struktur der Teilobjekte soll konsistent gehalten werden; die Aggregatobjekte sind zuständig für die Konsistenthaltung,
– die Teilobjekte enthalten sensible Daten, die nur vom Aggregatobjekt geändert werden dürfen (Beispiel Lizenzen),
– die Teilklassen realisieren einen Detaillierungsgrad, der nach außen verborgen werden soll.

Typische Anwendungsfelder gekapselter Aggregation sind

– die Kapselung von Komponenten,
– die Kapselung von Verwalterklassen, die für Fachklassen mit komplexen Strukturen und/oder sensiblen Daten zuständig sind,
– die Fixierung von Schnittstellen beim schrittweisen Entwurf; die Aggregationsklasse stellt in diesem Fall die für die Umgebung sichtbare Schnittstelle dar.

5.4.6 Die Rolle von Aggregationsbeziehungen im Entwurf

Die in der Einführung formulierten Aspekte, die mit dem Aggregationskonzept im allgemeinen verbunden werden, können abschließend folgendermaßen bewertet werden.

Aggregation und Hierarchiebildung

Aggregation in MOS und anderen objektorientierten Entwurfsmethoden unterstützt eine graphische Strukturierung von Klassendiagrammen. Je nach zur Verfügung stehendem Werkzeug können Teilklassen ein- und ausgeblendet werden und das Diagramm so in unterschiedlichen Abstraktionsstufen dargestellt werden.

In engem Zusammenhang mit dieser Vorstellung von Hierarchie und Abstraktion steht die Rolle von Aggregationsbeziehungen in Sequenzdiagrammen, in denen Nachrichten an Aggregatobjekte stets auch als Nachrichten an Teilobjekte interpretiert werden können (vgl. 2.2.1 und 6.1). Diese Form der Abstraktion ist von besonderer Bedeutung beim schrittweisen Entwurf von Klassen und bei der Dokumentation.

Eine ähnliche Sicht kann auch für Zustandsdiagramme eingenommen werden, die in diesem Fall eine Beschreibung des Verhaltens einer Objektstruktur (Aggregat- und Teilobjekte) darstellen, die vollständig bzgl. einer nach außen sichtbaren Menge von Nachrichten ist. Dieser Ansatz wird im folgenden jedoch nicht weiter verfolgt und Zustandsdiagramme immer nur einzelnen Klassen bzw. Objekten zugeordnet.

Spezifische Eigenschaften von Aggregation

Die Modellierung von Aggregationsbeziehungen wird ferner motiviert durch die Zuordnung spezifischer struktureller und verhaltensorientierter Eigenschaften der beteiligten Objekte. In den letzten Unterabschnitten wurden fünf Aggregationsformen vorgestellt, die für viele Anwendungen charakteristisch sind. Weitere Varianten der vorgestellten Aggregationsformen sind denkbar.

Mit den einzelnen Aggregationsformen verbunden ist natürlich die Frage ihrer Realisierung. Die Modellierung einer Aggregationsbeziehung auf Ebene der Klassendiagramme verlangt Implementierungen, die die mit ihr verbundenen Eigenschaften, wie Kapselung oder Abhängigkeit der Lebenszeiten, respektieren. Dabei kann jede Aggregationsform mit Entwurfsmustern assoziiert werden, die ein Schema für die Realisierung auf programmiersprachlicher Ebene vorgeben.

Die Kapselung von Teilklassen ist z.B. verbunden mit der Verlagerung der nach außen sichtbaren Funktionalität in die Aggregatobjekte, die die Bearbeitung an die Teilobjekte weiterleiten. Dies entspricht dem Muster der Fassadenobjekte bei Gamma et al. [GHJ+ 95]. Für die anderen Aggregationskonzepte können entsprechende Muster gefunden oder definiert werden.

Aggregation und schrittweiser Entwurf

Eine weitere Anwendung von Aggregation ist die schrittweise Verfeinerung von Klassen. In Kapitel 3 wurde dies am Beispiel der Entwicklung von Komponentenstrukturen bereits detailliert diskutiert.

Für die zu verfeinernde Klasse bedeutet die Zuordnung neuer (Teil-)klassen grob die Erweiterung um neue Assoziationen bzw. Attribute. Das Vorgehen ist dabei nicht streng top-down; die beteiligten Klassen können auch parallel entworfen und durch die Aggregation anschließend miteinander in Beziehung gesetzt werden. Im Unterschied zum Konzept der Generalisierung, das, wie in Kapitel 7 noch näher diskutiert werden wird, ebenfalls ein Verfeinerungskonzept von Klassen darstellt, wird die durch Aggregation unterstützte Verfeinerung selbst nicht in der Klassenstruktur dokumentiert und hat auch keine Auswirkung auf das dynamische Verhalten der Objekte.

Ebenfalls im Unterschied zu Verfeinerungsbeziehungen in anderen Entwurfssprachen, wie z.B. in GRAPES [Hel 91a], bleibt die verfeinerte Klasse nach der Verfeinerung Teil des Modells, wie Abb. 5-21 deutlich macht – die Klasse **Geldautomat** bleibt eine Klasse auch in der detaillierten Betrachtungsweise.

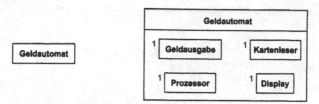

Abb. 5-21 Schrittweise Verfeinerung eines Geldautomaten

Diese Sicht von Verfeinerung bringt den Vorteil, dass Nachrichten an die verfeinerten Objekte (Geldautomat) auch in der detaillierten Sicht als solche behandelt werden können und nicht durch Nachrichten an die Teilobjekte ersetzt werden müssen. Die Aggregatobjekte fungieren in der detaillierten Sicht dabei meist als Fassadenobjekte, da sich der Kern der Funktionalität in die Teilklassen verlagert.

6 Die Beschreibungstechniken der Dynamik

In diesem Kapitel werden die Beschreibungstechniken der Dynamik, Sequenzdiagramme und Zustandsdiagramme, in vertiefter Weise besprochen und zueinander in Beziehung gesetzt. Ein weiterer Abschnitt ist dem Operationskonzept und der Spezifikation von Operationen gewidmet:

> 6.1 Sequenzdiagramme
> 6.2 Zustandsdiagramme
> 6.3 Operationen und Operationsspezifikation

6.1 Sequenzdiagramme

Die Beschreibungselemente von Sequenzdiagrammen wurden in 2.2.1 anhand von Beispielen vorgestellt, die methodische Verwendung der Diagramme beim anwendungsfallorientierten Entwurf wurde in 3.4 diskutiert. Dieser Abschnitt befasst sich nun detailliert mit der Syntax der Diagramme und ihrer Interpretation.

In 6.1.1 werden grundsätzliche Sichtweisen von Sequenzdiagrammen diskutiert, 6.1.2 stellt die einzelnen Grundelemente der Diagramme vor. Die Einbettung der Diagramme in die Gesamtsicht der Systemmodelle ist Gegenstand von 6.1.3.

Sequenzdiagramme werden im Kontext von Klassendiagrammen entwickelt. Wir setzen deshalb im folgenden stillschweigend Klassendiagramme voraus, die die Grundlage der Interpretation bilden.

6.1.1 Die Interpretation von Sequenzdiagrammen

Sequenzdiagramme weisen in den letzten Jahren einen steigenden Popularitätsgrad auf. Ursprünglich für den Einsatz im Telekommunikationsbereich entwickelt, finden sie heute in den objektorientierten Entwurfsmethoden und bei der Beschreibung von Entwurfsmustern vermehrt Verwendung. Die Diagramme sind sehr anschaulich und werden deshalb von den Anwendern im Entwurf und bei der Dokumentation schnell akzeptiert.

Abb. 6-1 zeigt als Beispiel den Ablauf einer Reservierung bei einer Autovermietungsgesellschaft. Vermeint man zunächst die Bedeutung eines Sequenzdiagramms auf den ersten Blick zu erfassen, erweisen sich die Diagramme bei genauerer Betrachtungsweise als äußerst tückisch. Die durch die Beschreibungselemente (Nachrichtenpfeile und Operatoren wie Iteration und Auswahl) spezifizierten Folgen von Nachrichten können nämlich in ganz unterschiedlicher Weise interpretiert werden:

– Das Diagramm beschreibt *eine mögliche* Interaktion der beteiligten Objekte (*exemplarische Interpretation*)
– Das Diagramm beschreibt *alle* Interaktionen der beteiligten Objekte (*vollständige Interpretation*)

Zwischen diesen Möglichkeiten gibt es zahlreiche Varianten der Interpretation. Sie erlauben z.B. den beteiligten Objekten außer den im Diagramm enthaltenen Nachrichten noch andere Nachrichten auszutauschen oder verbinden die Vollständigkeit der beschriebenen Abläufe mit einer Bedingung (im Beispiel: „Wenn der Kunde die Anfragenachricht an die Filiale sendet, muss der darauffolgende Ablauf erfolgen").

erfolgreiche_Reservierung

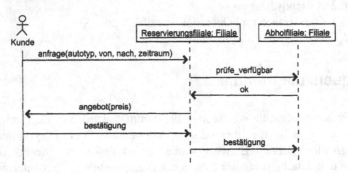

Abb. 6-1 Ablauf einer Autoreservierung

Sprachen, die auf eine exemplarische Interpretation der Diagramme zielen, bieten meist nur einen Basissatz an Operatoren an, der die Beschreibung von signifikanten Abläufen erlaubt. Beispiele hierfür sind die Booch Methode [Boo 91] und auch MOS.

Sprachen, in denen die Diagramme vollständig interpretiert werden, müssen im Gegensatz dazu mit einer größeren Menge an Operatoren ausgestattet sein, um die vollständige Beschreibung von Abläufen überhaupt zu ermöglichen. Zu diesen Operatoren zählen Schleifen, Fallunterscheidung, Bedingungen an Objektzustände und Rekursion. Sprachen, die auf dieser Idee aufbauen, sind z.B. MSC '96 [ITU 96] oder EET [BHK+ 97].

Problematisch ist, wenn die Art der Interpretation nicht fixiert ist. Hieraus können sich viele Fehldeutungen und Missverständnisse ergeben, da die Grundlage für ein gemeinsames Verständnis der Diagramme unter den Entwicklern fehlt.

Um die Einordnung der beiden unterschiedlichen Interpretationsweisen von Sequenzdiagrammen zu erleichtern, soll noch einmal an die methodischen Betrachtungen in 3.4 angeknüpft werden. Dort wurde festgestellt, dass die exemplarische Beschreibung von Abläufen ein geeignetes methodisches Mittel ist, um das in vielen Anwendungen ungeheuer komplexe dynamische Verhalten eines Systems zu begreifen und zu konzipieren.

Exemplarische Beschreibungen dienen der Anschauung, sind aber Spezifikationen mit nur eingeschränktem semantischen Gehalt und können nicht sinnvollerweise mit einem Vertragsprinzip verbunden werden (eine Autoreservierung *kann* so ablaufen, wie im Diagramm beschrieben, muss aber nicht). Vollständige Beschreibungen auf der anderen Seite sind Verträge und deshalb wichtig, weil sie exakte Verpflichtungen für die Implementierung darstellen.

Je nach Art der verwendeten Beschreibungstechniken lassen sich die in Abb. 6-2 dargestellten Ansätze der Verhaltensspezifikation unterscheiden.

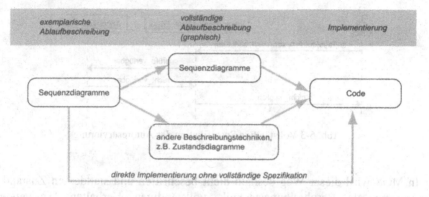

Abb. 6-2 Ansätze der Verhaltensspezifikation

Abb. 6-2 macht deutlich, dass in einem Vorgehen, in dem Sequenzdiagramme die alleinige Beschreibungstechnik zur Verhaltensspezifikation sind, die Diagramme in unterschiedlicher Weise interpretiert werden müssen. Diagramme, die eine vollständige Ablaufbeschreibung darstellen, erhalten also quasi einen Stempel, der ihre Vollständigkeit markiert.

Während das Diagramm in Abb. 6-1 in einem solchen Kontext exemplarisch interpretiert wird, zeigt Abb. 6-3 die vollständige Spezifikation des Reservierungsvorgangs in einem Sequenzdiagramm. Die modulare Struktur der vollständigen Ablaufbeschreibung gibt dabei auch einen Hinweis auf den schrittweisen Aufbau aus exemplarischen Abläufen (erfolgreiche Reservierung, Auto nicht verfügbar, Abbruch). Auf die Spezifikation letzteren Ablaufs, der den Fall beschreibt, in dem der Kunde den Reservierungsvorgang abbricht, sei an dieser Stelle verzichtet.

Das Beispiel und Erfahrungen aus der Praxis zeigen aber auch, dass vollständig interpretierte Sequenzdiagramme schon für kleine Abläufe schnell sehr komplex werden, wenn mehrere Varianten möglich sind. In diesem Fall stößt man an die Grenzen der graphischen Darstellbarkeit und Anschaulichkeit der Diagramme.

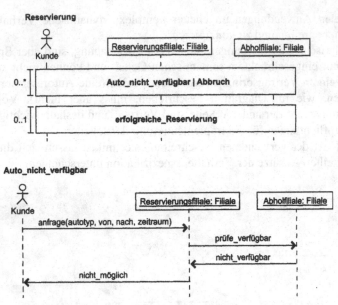

Abb. 6-3 Vollständige Spezifikation der Autoreservierung

In MOS wird dieser Weg deshalb nicht beschritten und stattdessen Zustandsdiagramme als Beschreibungstechnik vollständigen Verhaltens verwendet.
Zustandsdiagramme sind für die Beschreibung vollständigen Verhaltens weitaus
geeigneter und übersichtlicher als Sequenzdiagramme. Aus diesem Grund
erscheint die Verwendung unterschiedlicher Beschreibungstechniken für die
Verhaltensspezifikation, ein durchaus zu diskutierender Punkt, voll gerechtfertigt.
Der Übergang zwischen den beiden Beschreibungstechniken wird in 6.2.3 noch
detailliert diskutiert.

Im übrigen ist die vollständige Beschreibung von Abläufen in der Praxis nicht
für das gesamte Systemverhalten machbar und ratsam und somit das direkte
Übergehen auf Code bzw. Pseudocode für Teile des Systems die Regel. Die vollständige Spezifikation von Kernabläufen kann allerdings die Robustheit und
Korrektheit des Systems in wirkungsvoller Weise erhöhen.

Die vorangegangene Diskussion macht klar, wie eng Syntax, Semantik und
Methodik für Sequenzdiagramme miteinander verknüpft sind. In der in den
nächsten Abschnitten vorgestellten Interpretation der Diagramme in der Gesamtsicht der Systemmodelle wird der Gedanke der Beispielhaftigkeit seine Unter-
mauerung finden.

6.1.2 Die Grundelemente von Sequenzdiagrammen

Abb. 6-4 zeigt die Grundbausteine eines Sequenzdiagramms:

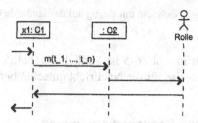

Abb. 6-4 Die Grundbausteine eines Sequenzdiagramms

Lebenslinien

Lebenslinien für Objekte sind gekennzeichnet durch einen Namen (x1) und eine Klasse (C1); fehlt der Name, so sprechen wir von einem *anonymen Objekt*. Spezielle anonyme Objekte sind die *externen Akteure*, die durch ihre Rolle gekennzeichnet sind (vgl. 3.3.2). Die angegebenen Klassen sind im Klassendiagramm enthalten. Für jeden externen Akteur mit Rolle R nehmen wir eine implizite Klasse **ext R** an.

Nachrichten

Nachrichten werden durch Pfeile vom sendenden zum empfangenden Objekt dargestellt. Die Pfeile repräsentieren in ihrer Anordnung von oben nach unten eine Sequenz von ausgetauschten Nachrichten. Mit Pfeilen ohne Sender oder Empfänger werden Nachrichten beschrieben, die von einem beliebigen, nicht näher spezifizierten Objekt, ausgesendet bzw. empfangen werden.

Jeder Pfeil ist mit einer Nachrichtenspezifikation markiert. Für die in Abb. 6-4 dargestellte Nachrichtenspezifikation $m(t_1, ..., t_n)$ gelten folgende Bedingungen:

- Ist m eine in der Senderklasse C1 deklarierte Ausgabenachricht (z.B. zum Senden des Rückgabewerts einer Operation, vgl. 6.3) oder Eingabenachricht der Empfängerklasse C2 (z.B. ein Operationsaufruf), so sind die Parameter t_1, ..., t_n lokale P-MOS-Ausdrücke bzgl. der Variablen x1 (vgl. 2.3.3). Die Typen der Ausdrücke stimmen mit der Nachrichtensignatur überein; im Sinne einer unvollständigen Spezifikation ist das Fehlen von Argumenten erlaubt.
- In allen anderen Fällen sind die Parameter t_1, ..., t_n Ausdrücke, die aus Variablen, Funktionen und Konstanten der Datentypen gebildet sind. Im Sinne der offenen Modellierung betrachten wir die Nachricht als noch nicht näher spezifiziert. Dies schließt den Fall mit ein, dass m Nachricht von Teilklassen von C1 oder C2 ist.

Im ersten Fall können sich die Parameter in einer Nachricht also auf den Zustand des sendenden Objekts beziehen, wie Abb. 6-5 illustriert.

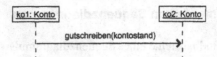

Abb. 6-5 Nachricht mit Bezug auf das sendende Objekt

Der Nachrichteninhalt in Abb. 6-5 ist ähnlich wie bei den lokalen Invarianten eine abkürzende Schreibweise für die Nachricht gutschreiben(ko1.kontostand).

6.1.3 Interpretation von Sequenzdiagrammen

Im Rahmen der abstrakten Gesamtsicht eines Systems muss festgelegt werden, wann eine Systemrealisierung (d.h. ein Systemmodell) ein Sequenzdiagramm erfüllt. Dabei ist vor allem die Einbettung der Diagramme in die Systemlebenszyklen, die ja die Systemabläufe beschreiben, von Bedeutung.

Die exemplarische Natur von Sequenzdiagrammen kommt in der Interpretation dahingehend zum Ausdruck, dass die Diagramme keine Aussage über alle Lebenszyklen eines Systemmodells treffen, sondern nur die Existenz eines bestimmten Lebenszyklus fordern. Dieser Lebenszyklus muss Instanz des im Diagramm spezifizierten Ablaufs sein. Der Instanzbegriff umfasst dabei die Abbildung von Lebenslinien und Nachrichtenspezifikationen auf Objekte und Nachrichten im Systemmodell, aber auch das Extrahieren von Nachrichten im Systemmodell.

Im folgenden wird die Idee der Einbettung von Sequenzdiagrammen in den Kontext der Systemmodelle informell skizziert. Die formale Definition ist in Anhang D.2 zu finden. Die Definition baut auf einer abstrakten Darstellung der Diagramme auf, die in Anhang D.1 definiert ist.

Den obigen Gedanken aufgreifend, erfüllt ein Systemmodell also ein Sequenzdiagramm, wenn es einen Systemlebenszyklus im Systemmodell gibt, der Instanz des Sequenzdiagramms ist. Instanz zu sein heißt, dass eine Nachrichtenfolge aus dem Systemlebenszyklus abstrahiert werden kann, die als abstraktes Äquivalent der Nachrichtenfolge im Diagramm betrachtet werden kann.

Dies heißt wiederum, dass sich die Variablen, Objekte und Nachrichtenspezifikationen im Diagramm auf Objektidentifikatoren, Werte und Nachrichteninstanzen im Systemmodell abbilden lassen. Abb. 6-6 veranschaulicht die Instanzbildung.

Ein Sequenzdiagramm entspricht in dieser Interpretation einer Folge von Nachrichten, die sich aus einem Systemlebenszyklus extrahieren lässt. Das Sequenzdiagramm wird damit als möglicher Teilablauf des Systems interpretiert, wobei die im Diagramm spezifizierten Nachrichten nicht unmittelbar aufeinanderfolgen müssen, sondern beliebige andere Nachrichten dazwischen auftreten können.

Ein Sequenzdiagramm stellt somit eine Aussage über die Existenz eines bestimmten Lebenszyklus in einem Systemmodell dar. Das Verhalten und die Struktur der Objekte in den Systemmodellen bleibt ansonsten unspezifiziert, die Semantik des Diagramms ist damit hochgradig offen.

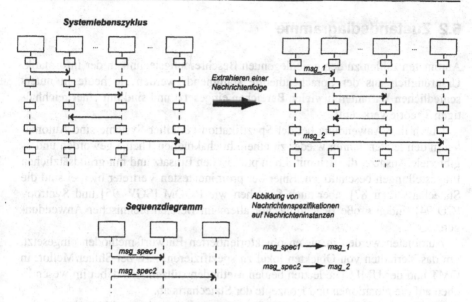

Abb. 6-6 Interpretation eines Sequenzdiagramms in einem Systemlebenszyklus

Für die Interpretation der Diagramme gelten außerdem folgende Bemerkungen:

Bemerkungen

– Die Belegung der Variablen in den Nachrichten gilt global für das gesamte Diagramm und entspricht damit dem intuitiven Verständnis. Für eine vollständige Interpretation von Sequenzdiagrammen muss im Gegensatz dazu eine lokale Belegung gewählt werden, um Schleifenspezifikationen zu ermöglichen.

– Die Interpretation versteht eine Nachricht an ein Objekt im Diagramm so, dass die Nachricht an das Objekt selbst oder an ein beliebiges Objekt einer Teilklasse gerichtet sein kann. Basis hierfür ist das Aggregationskonzept auf Klassenebene (vgl. 5.4.1). Analoges gilt für das Senden von Nachrichten.

– Variablen (und Lebenslinien von Objekten) einer Superklasse können mit Objekten von Subklassen assoziiert sein. Eine Nachricht von oder an ein Objekt im Diagramm schließt also die Möglichkeit ein, dass dieses Objekt nicht von der spezifizierten Klasse, sondern von einer Subklasse ist. Dies entspricht dem Polymorphiekonzept der Generalisierung.

– Betrachtet man nicht nur die Grundform von Sequenzdiagrammen, sondern bezieht die erweiternden Sprachelemente, wie Stellvertreter, Iteration und alternative Abläufe (vgl. 2.2.1) mit ein, so wird ein Sequenzdiagramm anstatt mit einem einzelnen Lebenszyklus mit einer Menge von Lebenszyklen assoziiert. Ein Wechsel zu einer vollständigen Interpretation ist damit nicht verbunden.

6.2 Zustandsdiagramme

Automaten zählen zu den grundlegenden Beschreibungstechniken der Informatik. Ursprünglich aus der Sprachentheorie stammend, werden sie heute in unterschiedlichen Varianten in vielen Bereichen eingesetzt und sind mit einer reichhaltigen Theorie verknüpft.

Durch ihre Anwendung bei der Spezifikation verteilter Systeme sind Automaten in den letzten Jahren wieder zu einem hochaktuellen Thema geworden und es gibt viele Ansätze, die sich mit ihrem praktischen Einsatz und mit grundsätzlichen Fragestellungen beschäftigen. Einer der prominentesten Vertreter hierbei sind die Statecharts [Har 87], aber auch Sprachen wie ROOM [SGW 95] und Syntropy [CD 94] finden große Beachtung, vor allem im Bereich technischer Anwendungen.

Automaten werden in vielen objektorientierten Entwurfsmethoden eingesetzt, um das Verhalten von Objekten lokal zu spezifizieren, z.B. bei Shlaer/Mellor, in OMT und der UML. Die letzten beiden Methoden stützen sich dabei im wesentlichen auf die Notationen und Konzepte der Statecharts ab.

Die Zustandsdiagramme in MOS orientieren sich an diesen Methoden, stellen die Diagramme aber noch tiefgreifender in den Kontext von Objekten. So erlaubt MOS die Verknüpfung von Automatenzuständen mit Objektzuständen und die Verbindung von Zustandsübergängen mit Nachbedingungen, die eine Änderung der Attributwerte als Reaktion auf empfangene Nachrichten beschreiben. Erweiterte Konzepte, wie parallele Zustände oder komplexe Transitionen, werden in MOS nicht betrachtet, da sie für die Spezifikation von Informationssystemen nur eine untergeordnete Rolle spielen.

Im folgenden werden in 6.2.1 die Grundelemente von Zustandsdiagrammen detailliert vorgestellt. Die Einbettung der Diagramme in die abstrakte Gesamtsicht ist Gegenstand von 6.2.2. In 6.2.3 werden die Beziehungen zwischen Sequenz- und Zustandsdiagrammen im Entwurfsprozess diskutiert.

Zurückblickend sei auf 2.2.2 für eine kurze Einführung in die Diagramme und auf die 3.4.2 und 3.4.3 über methodische Gesichtspunkte ihrer Verwendung verwiesen.

6.2.1 Die Grundelemente von Zustandsdiagrammen

Zur leichteren Einordnung der im folgenden diskutierten Konzepte zeigt Abb. 6-7 ein Zustandsdiagramm, das einen Anmeldevorgang beschreibt. Das Zustandsdiagramm sei einer Vorgangsklasse zugeordnet (vgl. 3.3.4), nutzerverwalter sei ein Verwalter der Benutzerkennungen.

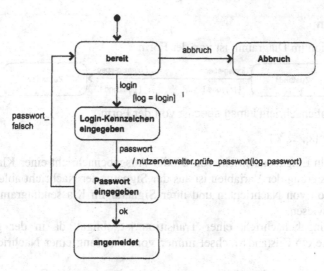

Abb. 6-7 Zustandsdiagramm eines Anmeldevorgangs

Die Beschreibungselemente eines Zustandsdiagramms – Zustände und Transitionen – sind allgemein von folgender Form. Wir nehmen dabei an, dass das Zustandsdiagramm mit einer Klasse **C** in einem gegebenen Klassendiagramm verbunden ist.

Zustände

Jedem Zustandssymbol im Diagramm sind zugeordnet

- ein Name (optional)
- ein lokales Prädikat P der Klasse **C** mit freier Variable self:C (optional) und
- eine durch informellen Text beschriebene Aktion (optional).

Die Prädikate erlauben die Charakterisierung der Automatenzustände durch konkrete (Attribut-)Zustände von Objekten der Klasse **C**. Die Aktionen, die die Reaktionen des Objekts auf eingehende Nachrichten informell beschreiben, sind nicht Gegenstand der Interpretation der Diagramme und werden deshalb im folgenden nicht weiter betrachtet.

In jedem Diagramm ist ein initialer Zustand, wie unten abgebildet, ausgezeichnet.

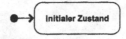

---

[1] log sei ein Attribut der Vorgangsklasse, das mit dem eingegebenen Login-Kennzeichen belegt wird.

Transitionen

Jede Transition im Diagramm ist von der Form

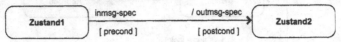

- Die Eingabenachricht inmsg-spec ist von der Form

  $m\text{-}in(x_1, ..., x_n),$

wobei m-in Eingabenachricht von **C** oder Ausgabenachricht einer Klasse **D** ist. Die Typisierung der Variablen ist aus der Signatur der Nachricht ableitbar. Zur Deklaration von Nachrichten und ihrer Signatur im Klassendiagramm sei auf 6.3.2 verwiesen.

  Die Eingabenachricht einer Transition ist obligat, da in der gewählten Sichtweise ein Zustandswechsel immer vom Empfang einer Nachricht ausgelöst wird.
- Die Ausgabenachricht outmsg-spec ist optional und von der Form

  $t.\ m\text{-}out(t_1, ..., t_m),$

wobei m-out Ausgabenachricht von **C** oder Eingabenachricht einer Klasse **D** ist. Die Terme $t, t_1, ..., t_m$ sind lokale P-MOS-Ausdrücke bzgl. der Variable self:C; der Ausdruck t beschreibt das Objekt, an das die Nachricht gerichtet ist. Die Typen der Ausdrücke t_i haben der Signatur von m-out zu entsprechen. Der Typ von t ist beliebig, falls m-out Ausgabenachricht von **C** ist, oder **D**, falls m-out Eingabenachricht der Klasse **D** ist. Falls m-out Kreierungsnachricht von **D** ist, muss t echt vom Typ **D** sein, d.h. nicht von einem Subtyp von **D** (vgl. 2.3.1).
- Die Bedingungen precond und postcond sind Prädikate (optional).
  Die Vorbedingung precond ist ein lokales Prädikat bzgl. der Variable self:C. Die Nachbedingung postcond ist ein lokales Prädikat, das zusätzlich Ausdrücke der Form A@pre für Attribute A von **C** (bzw. self.A@pre in voller Schreibweise) enthalten kann; A@pre bezeichnet den Wert des Attributs A vor Erhalt der Eingabenachricht.

Der initiale Zustand kann optional mit der Kreierungsnachricht in folgender Weise markiert sein:

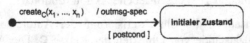

Hierbei ist $create_C$ die Kreierungsnachricht der Klasse **C**, postcond ein lokales Prädikat bzgl. self:C und outmsg-spec eine Ausgabenachricht wie oben.

Eine spezielle Transitionsform, die *langen Transitionen* (vgl. 2.2.2), sind mit Operationen markiert und werden im Zusammenhang mit dem Operationskonzept in 6.3.4 besprochen.

6.2.2 Interpretation von Zustandsdiagrammen

Analog zur Interpretation von Sequenzdiagrammen in 6.1.3 wollen wir uns in diesem Abschnitt mit der Einbettung der Zustandsdiagramme in die abstrakte Gesamtsicht von Systemen beschäftigen. Konkret heißt dies, dass Bedingungen formuliert werden, die festlegen, wann eine Systemrealisierung (d.h. ein Systemmodell) ein Zustandsdiagramm erfüllt. Dabei ist sowohl der statische als auch der dynamische Teil des Systemmodells betroffen, da die Zustandsdiagramme sowohl Eigenschaften von Objektzuständen als auch des Nachrichtenflusses spezifizieren.

Zwei Hauptaspekte, die in der Interpretation der Diagramme zum Ausdruck kommen, sind

- die *Lokalität* der Diagramme und
- die *Vollständigkeit* der Spezifikation.

Lokalität bedeutet, dass das spezifizierte Verhalten auf die Objekte der gegebenen Klasse beschränkt ist. Im Kontext der Systemmodelle heißt dies, dass ein Zustandsdiagramm Eigenschaften von Objektlebenszyklen der Objekte der zugeordneten Klasse darstellt. Jenseits der betrachteten Objekte bleibt das Systemverhalten unspezifiziert oder offen.

Vollständigkeit bedeutet, dass die Diagramme das Verhalten der Objekte vollständig bestimmen. Im Kontext der Systemmodelle heißt dies wiederum, dass ein Zustandsdiagramm eine Bedingung an *alle* Objektlebenszyklen eines Objekts darstellt. Vollständigkeit wird dabei relativ zu den Eingabenachrichten des Zustandsdiagramms verstanden. Das Verhalten bzgl. weiterer Nachrichten bleibt unspezifiziert und kann in Subklassen konkretisiert werden. Auf letzteren Aspekt wird in Kapitel 7 noch näher eingegangen.

Wie bei den Sequenzdiagrammen stützt sich die Interpretation der Zustandsdiagramme auf einen Instanz- oder Ablaufbegriff ab. Genauer wird definiert, wann ein Objektlebenszyklus Instanz oder Ablauf eines Zustandsdiagramms ist. Im folgenden soll die Idee der Interpretation kurz skizziert werden. Für die vollständige Definition der Interpretation sei auf Anhang D.4 verwiesen. Die formale Modellierung stützt sich analog zu den Sequenzdiagrammen auf eine textuelle Repräsentation der Diagramme ab (Anhang D.3).

Den Ablaufbegriff nutzend, erfüllt ein Systemmodell also ein Zustandsdiagramm einer Klasse **C**, wenn alle Objektlebenszyklen aller Objekte von **C** Ablauf des Zustandsdiagramms sind (die Objektlebenszyklen entstehen aus den Systemlebenszyklen durch Herausfiltern von Zuständen und Nachrichten eines bestimmten Objekts).

Ablauf eines Zustandsdiagramms zu sein heißt für einen Objektlebenszyklus, dass es einen Pfad von Zuständen und Transitionen im Diagramm gibt, der als syntaktisches Äquivalent zum Objektlebenszyklus betrachtet werden kann. Dies heißt wiederum, dass sich die Automatenzustände und Nachrichtenspezifikationen im Diagramm auf Objektzustände und Nachrichten im Objektlebenszyklus so abbilden lassen, dass die gegebenen Prädikate (Vor- und Nachbedingungen der Transitionen und Zustandsprädikate) erfüllt sind. Abb. 6-8 veranschaulicht diese Interpretation.

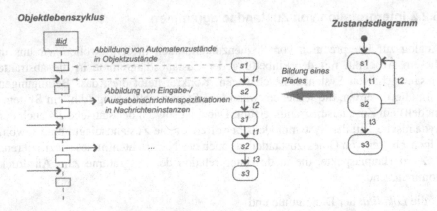

Abb. 6-8 Interpretation eines Zustandsdiagramms in einem Objektlebenszyklus

In der Interpretation der Diagramme wird jeder Objektlebenszyklus mit einem Pfad im Diagramm verknüpft, das Verhalten der Objekte ist dadurch bzgl. der Nachrichten im Diagramm vollständig determiniert. Die Objektzustände sind dabei beliebig, müssen aber die Prädikate in den Zuständen und Transitionen erfüllen. Dadurch erfolgt eine Verknüpfung von Objektzuständen und Automatenzuständen.

Für die Interpretation der Diagramme gelten außerdem folgende Bemerkungen:

Bemerkungen

– Enthält eine Systemspezifikation Zustandsdiagramme für mehrere Klassen, so müssen die Systemmodelle alle Zustandsdiagramme erfüllen. Wechselwirkungen zwischen den Automaten ergeben sich dabei dadurch, dass jede Nachricht in einem Systemlebenszyklus sowohl zum Objektlebenszyklus des Empfängerobjekts als auch zum Objektlebenszyklus des Senderobjekts gehört.

– Ein Zustandsdiagramm determiniert nicht nur das Verhalten der Objekte der zugehörigen Klasse, sondern auch das der Objekte von Subklassen, die Diagramme werden also im allgemeinen vererbt. Die Kreierungsnachricht im Diagramm wird im Kontext eines Objekts einer Subklasse dabei als Kreierungsnachricht der Subklasse interpretiert. Wird die Vererbung eines Zustandsdiagramms in einer Anwendung nicht gewünscht, kann dies im Zustandsdiagramm der Subklasse vermerkt werden.

Auf die mit dem Konzept der Generalisierung verbundenen Fragen der Erweiterung und Verfeinerung von Zustandsdiagrammen in Subklassen wird in Kapitel 7 eingegangen.

– Im Objektzustand vor Erhalt einer Eingabenachricht ist das Prädikat des zugehörigen (Automaten-)Vorzustands und die Vorbedingung der Transition erfüllt, im Objektzustand nach Erhalt der Eingabenachricht ist das Prädikat des (Automaten-)Folgezustands und die Nachbedingung der Transition erfüllt. Dabei ist zu beachten, dass die Nachbedingung einer Transition nicht notwendigerweise beim Eintreffen der nächsten Nachricht gilt (der Objektzustand

kann dazwischen durch nicht im Zustandsdiagramm spezifizierte Nachrichten
verändert werden).
– Anders als in den Sequenzdiagrammen ist die Variablenbelegung in einem
  Zustandsdiagramm nur über eine einzige Transition gültig, wodurch die Spezifikation von Schleifen unterstützt wird. Im Diagramm von Abb. 6-7 können
  z.B. bei einem mehrmaligen Durchlaufen des Zyklus login-Kennzeichen und
  Passwort mit unterschiedlichen Werten belegt sein.
  Ist die Verfügbarkeit einer Eingabenachricht im gesamten Diagramm notwendig, muss sie in einem korrespondierenden Attribut gehalten werden, wie das
  Beispiel des Attributs log von Abb. 6-7 zeigt. Dieses Verfügbarmachen von
  bestimmten Eingabenachrichten im gesamten Diagramm wird in MOS syntaktisch durch Unterstreichen unterstützt (vgl. 3.4.3 und 6.3.3).
– Die Interpretation lässt nichtdeterministische Diagramme zu. Ein Diagramm ist
  nichtdeterministisch, wenn es Automatenzustände gibt, von denen unterschiedliche Transitionen mit derselben Eingabenachricht wegführen (Abb. 6-9).
  Nichtdeterminismus besitzt für die Modellierung von Informationssystemen
  allerdings kaum praktische Relevanz. Die Verwendung von nichtdeterministi-
  schen Transitionen zur Modellierung offenen Systemverhaltens wird in MOS
  konzeptionell ersetzt durch die offene Interpretation der Diagramme.

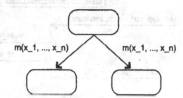

Abb. 6-9 Nichtdeterministisches Zustandsdiagramm

6.2.3 Zustands- und Sequenzdiagramme im Kontext

Abläufe mit Zustandsdiagrammen vollständig und mit Sequenzdiagrammen
exemplarisch zu beschreiben – in den letzten Kapiteln fand dieses Paradigma im
methodischen und semantischen Rahmen von MOS seine Umsetzung. In diesem
Unterabschnitt sollen die Diagramme noch einmal kurz in einen gemeinsamen
Kontext gestellt werden und die Aspekte des Übergangs von der einen Technik
zur anderen diskutiert werden, illustriert am Beispiel des Reservierungsvorgangs
bei der Autovermietungsfirma. Abb. 6-10 zeigt noch einmal die bereits in 6.1.1
diskutierten Szenarien der Autovermietung.

Beim Übergang von der exemplarischen zur vollständigen Ablaufbeschreibung
in Zustandsdiagrammen wird das Verhalten der beteiligten Objekte fixiert. Dabei
spielen folgende Fragestellungen eine Rolle:

– Welche Varianten des Ablaufs treten auf?
– Welche Quell- und Zielobjekte haben die Nachrichten?
– Welche Parameter haben die Nachrichten?

– Wie ändern sich die Objektzustände?

Die entwickelten Zustandsdiagramme müssen dabei nicht sofort alle Aspekte berücksichtigen, sondern können ebenfalls schrittweise vervollständigt werden.

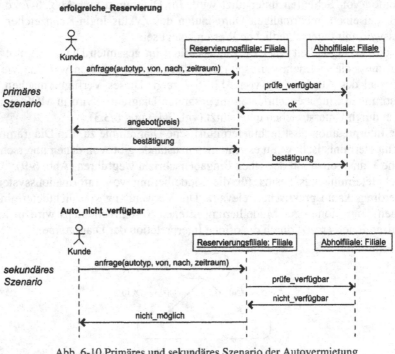

Abb. 6-10 Primäres und sekundäres Szenario der Autovermietung

Abb. 6-11 zeigt die vollständige Beschreibung des Reservierungsvorgangs im Zustandsdiagramm einer Vorgangsklasse **VgReservierung**. Im Sinne des MOS-Architekturschemas nehmen wir dazu an, dass **VgReservierung** eine Teilklasse der (Komponenten-)Klasse **Filiale** ist (das Akteurssymbol im Zustandsdiagramm spezifiziert dabei den externen Akteur, mit dem das Vorgangsobjekt im Dialog steht).

Ein Zustandsdiagramm als vollständige Ablaufbeschreibung wird so entwickelt, dass es die vorher spezifizierten Szenarien in grober Weise als Pfade enthält. Dies kann als Heuristik für die Spezifikation der Zustandsdiagramme per Hand gelten, es gibt heute aber auch bereits einige Ansätze, die sich mit der automatischen Generierung von automatenbasierten Ablaufbeschreibungen aus Szenarien beschäftigen [RKW 95, HSG+ 94, Kru 00].

Die Grundidee ist dabei meist die Generierung eines Automatenskeletts aus einer Menge von Szenarien, das im Anschluss vom Entwerfer verifiziert und weiterentwickelt werden kann. Für die Generierung müssen gleiche Teilsequenzen von Nachrichten in den Szenarien identifiziert werden. Die Implementierung solcher Generierungsansätze in Entwurfswerkzeugen ist hilfreich, da dadurch dem Entwickler der Übergang zwischen den Beschreibungstechniken erleichtert wird und für die Spezifikation der Zustandsdiagramme bereits vorhandene Information genutzt wird.

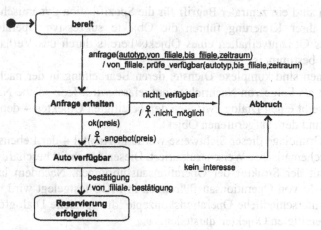

Abb. 6-11 Zustandsdiagramm der Klasse **Reservierung**

Vom semantischen Standpunkt aus enthalten Sequenzdiagramme im Kontext der entsprechenden Zustandsdiagramme redundante Information. Abb. 6-12 zeigt die Systemspezifikation im Beispiel der Autovermietung. Sie besteht aus den beiden Sequenzdiagrammen, dem Zustandsdiagramm der Vorgangsklasse **VgReservierung** und einem (hier nicht näher spezifizierten Klassendiagramm).

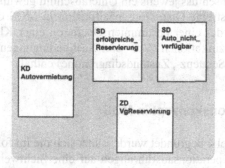

Abb. 6-12 Systemspezifikation der Autovermietung

Die durch die Sequenzdiagramme beschriebenen Abläufe stellen nur Bedingungen hinsichtlich der Variablenbelegung in den Systemmodellen der Zustandsdiagramme, sind ansonsten aber als Abläufe im Zustandsdiagramm ableitbar.

In dieser Redundanz manifestiert sich der exemplarische Charakter der Sequenzdiagramme. Er kann für den schrittweisen Entwurf ebenso wie zur Veranschaulichung von Abläufen in der Dokumentation oder zur Beschreibung von Testfällen genutzt werden. In jedem dieser Anwendungen enthalten die Diagramme Information, die aus anderen Teilen der Systemspezifikation (Zustandsdiagrammen, Code) ableitbar ist.

6.3 Operationen und Operationsspezifikation

Operationen sind ein zentraler Begriff für die Spezifikation dynamischen Verhaltens. Nach ihrer Kreierung führen die Objekte sukzessive Operationen aus, wodurch das Gesamtverhalten eines Objekts bereits durch das Verhalten seiner Operationen bestimmt ist.

Operationen sind komplexe Dienste, deren Bearbeitung in der nachrichtenbasierten Sicht als Folge von Nachrichten aufgefasst wird. Jede solche Nachrichtenfolge beschreibt einen Dialog zwischen den beteiligten Objekten – dem aufrufenden Objekt und dem aufgerufenen Objekt.

Auf der Grundlage dieser Sichtweise wurde in Kapitel 4 der Lebenszyklus der Objekte in schematischer Weise strukturiert. Dieser Abschnitt beschäftigt sich nun detailliert mit der Struktur der Operationsausführungen. Nachdem in 6.3.1 die generelle Sicht von Operationsausführungen in MOS festgelegt wird, charakterisiert 6.3.2 unterschiedliche Operationskonzepte, die spezielle Dialogformen zwischen den beteiligten Objekten darstellen.

Der zweite Teil dieses Abschnitts ist der Operationsspezifikation gewidmet, anknüpfend an die Diskussion in 3.4.2. Dort wurden zwei Sichtweisen für die Operationsspezifikation identifiziert: die ablauforientierte Sichtweise, die Operationen als Folgen von Nachrichten versteht und die atomare Sichtweise, die Operationen zu atomaren Transaktionen abstrahiert.

6.3.3 stellt Zustands- und Sequenzdiagramme in den Kontext ablauforientierter Operationsspezifikation. Beschreibungstechniken der atomaren Operationssicht sind Vor- und Nachbedingungen und die Zustandsdiagramme der Schnittstellensicht. Ihnen ist im Anschluss jeweils ein Unterabschnitt gewidmet.

Ganz allgemein ist eine Operationsspezifikation in MOS damit als ein Dokument zu betrachten, das einer bestimmten Operation einer Klasse zugeordnet ist, und prädikative Spezifikationen (Vor- und Nachbedingungen) und Verweise auf andere Dokumente (Sequenz-, Zustandsdiagramme) enthält.

6.3.1 Das Operationskonzept in MOS

Wie bereits in Kapitel 4 begründet wurde, stützt sich die im folgenden vorgestellte Modellierung von Operationsausführungen auf eine Sichtweise, in der Operationen von speziellen internen Objekten, den *Operationsbearbeitern*, ausgeführt werden. Diese Modellierung ist mit einigen Einschränkungen verbunden, z.B. verhindert sie rekursive Operationsaufrufe oder Aufrufe interner Operationen, dafür erlaubt sie aber eine einfache und intuitive Interpretation der Beschreibungstechniken in den folgenden Abschnitten. Eine Erweiterung auf den allgemeinen Fall ist ohne Probleme realisierbar [PR 97].

Für jede Operation op einer Klasse **C** gebe es eine Operationsbearbeiterklasse **C_OP** mit folgender Struktur:

– **C_OP** besitzt die Attribute der Klasse **C** und zusätzliche Attribute, die den Parametern der Operation op entsprechen
– **C** aggregiert **C_OP** auf Klassenebene
– Falls **C** Subklasse einer Klasse **D** ist, dann ist auch **C_OP** Subklasse von **D_OP**.

Bei jedem Operationsaufruf von op in einem Objekt o der Klasse **C** kreiert o einen Operationsbearbeiter, übergibt diesem die aktuellen Attributwerte A, die aktuellen Parameter des Operationsaufrufs x und die eigene und die Identität des Aufrufers. Anschließend wartet o, bis der Operationsbearbeiter eine Antwort (ok) zurücksendet. Die Antwort enthält die durch die Operationsausführung veränderten Attributwerte, die wieder aktualisiert werden.

Abb. 6-13 beschreibt das resultierende Gesamtverhalten der Objekte in einem schematischen Zustandsdiagramm. Die Übergabe der Identität des aufrufenden Objekts r beim Operationsaufruf ist notwendig, da Zustandsdiagramme nicht den Zugriff auf den Sender einer Eingabenachricht erlauben.

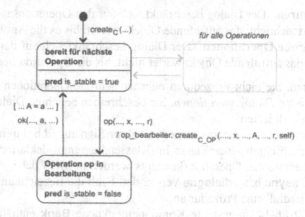

Abb. 6-13 Verhaltensschema von Objekten einer Klasse **C**

Bemerkungen

- Das den Zuständen zugeordnete Prädikat markiert die stabilen und instabilen Zustände der Objekte (vgl. 4.3.4).
- Das Zustandsdiagramm definiert ein Schema für jede Klasse; es wird nicht vererbt. Durch die Vererbungsbeziehung der Operationsbearbeiter wird aber sichergestellt, dass sich Operationen von Super- und Subklassen ähnlich verhalten.
- In einer einfachen Erweiterung kann die Kreierungsnachricht Auslöser für eine *Kreierungsoperation* sein, die einen komplexen Dienst realisiert und in analoger Weise zu den anderen Operationen der Klasse behandelt wird.
- Von den Operationsbearbeitern nehmen wir an, dass sie eine einzige Operation, nämlich die Kreierungsoperation, besitzen. Diese Kreierungsoperation übernimmt nach der Objektkreierung automatisch die Ausführung der zugehörigen Operation und steht im Dialog mit dem Aufrufer. Die Struktur der Operationsbearbeiter wird in 6.3.3 noch näher diskutiert werden.
- Das Schema in Abb. 6-13 beachtet die in 4.3.4 postulierte *reaktive* Sicht der Objekte in den stabilen Zuständen, da in diesen Zuständen jede Operationsnachricht der Klasse akzeptiert wird.

6.3.2 Operationsschemata

Operationen strukturieren das Gesamtverhalten eines Objekts. In der Modellierungssicht stellen sie zunächst beliebige Dialoge zwischen dem aufrufenden und dem aufgerufenen Objekt (bzw. dem Operationsbearbeiter) dar. Dieser allgemeine Operationsbegriff erleichtert z.B. die Modellierung des Informationsflusses zwischen System und externen Akteuren in den Anwendungsfallklassen (vgl. 3.3.4.) und die Modellierung komplexer interner Abläufe.

Daneben unterstützt MOS aber auch zwei spezielle Dialogformen, die üblichen Operationsbegriffen entsprechen – Prozeduren und asynchrone Operationen.

> **Prozeduren.** Der Dialog beschränkt sich auf den Operationsaufruf und eine Antwortnachricht; das aufrufende Objekt wartet, bis es die Antwort erhält.
> **asynchrone Operationen.** Der Dialog beschränkt sich auf den Operationsaufruf; das aufrufende Objekt wartet nicht, bis die Operation beendet ist.

Operationen, die nicht Prozeduren oder asynchrone Operationen sind, nennen wir im folgenden *Dialogoperationen*. Sie beschreiben beliebige Dialoge zwischen den beteiligten Objekten.

Die Operationen werden zusammen mit ihrer Signatur (d.h. ihren Parametern) im Operationsabschnitt einer Klasse im Klassendiagramm deklariert. Zur Festlegung eines bestimmten Operationskonzepts werden in MOS dabei die Schlüsselwörter **proc**, **async** bzw. **dialogue** verwendet. Fehlt die Bezeichnung, so nehmen wir als Standardfall eine Prozedur an.

Die in Abb. 6-14 dargestellte Komponentenklasse **Bank** enthält als Beispiel Prozeduren gutschreiben und abbuchen, eine asynchrone Operation bericht_ erstellen und eine Dialogoperation kredit_beantragen.

Bank
gutschreiben (ko:Konto, betrag:Real)
abbuchen (ko:Konto, betrag:Real)
async bericht_erstellen
dialogue kredit_beantragen

Abb. 6-14 Operationen einer Bank

Zusätzlich kann eine Klasse eine benutzerdefinierte Kreierungsoperation definieren, die Kontoklasse z.B. die Kreierungsoperation

> **create** eröffnen (inhaber: String).

Die Kreierungsoperation ersetzt in diesem Fall die standardmäßige Kreierungsoperation create$_{Konto}$.

Für Prozeduren können im Klassendiagramm zudem die Antwortnachrichten spezifiziert werden. Der Typ der Standardantwort wird dabei in üblicher Weise nach den Eingabeparametern angegeben, Nachrichten in Ausnahmefällen werden nach dem Schlüsselwort **exceptions** deklariert. Abb. 6-15 zeigt dies für die Operationen abbuchen und kontostand der Bank.

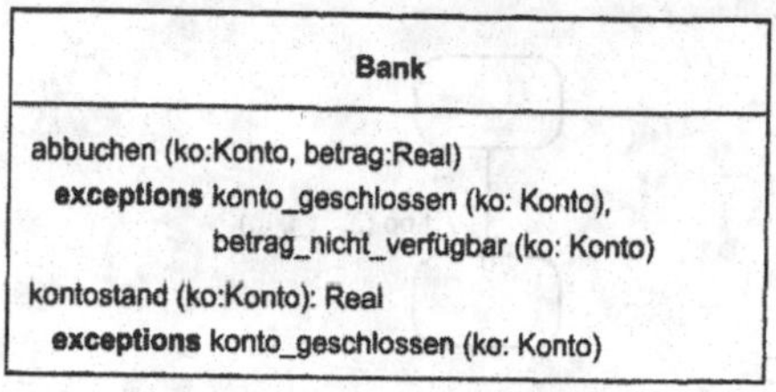

```
┌─────────────────────────────────────────────────────┐
│                        Bank                           │
├───────────────────────────────────────────────────── │
│  abbuchen (ko:Konto, betrag:Real)                     │
│     exceptions konto_geschlossen (ko: Konto),         │
│                     betrag_nicht_verfügbar (ko: Konto)│
│  kontostand (ko:Konto): Real                          │
│     exceptions konto_geschlossen (ko: Konto)          │
└─────────────────────────────────────────────────────┘
```

Abb. 6-15 Antwortnachrichten

Wie üblich sprechen wir von einer *Funktion*, wenn die Prozedur einen Wert oder ein Objekt im Standardfall zurückliefert; kontostand im Beispiel oben ist eine Funktion.

Die mit Prozeduren und Funktionen verbundenen Nachrichten sind somit

- die Aufrufnachricht (kontostand(ko: Konto))[1],
- die Rückgabenachricht im Standardfall (im Beispiel für die Funktion konto-stand die Nachricht return(x:Real); Rückgabenachricht einer Prozedur ist die parameterlose Nachricht return),
- die Rückgabenachricht(en) im Ausnahmefall
  (z.B. konto_geschlossen (ko: Konto)).

Diese Nachrichten können in den Spezifikationen der Ablaufsicht (in Zustands- und Sequenzdiagrammen) verwendet werden. Bei der Rückgabe im Standardfall kann der Nachrichtenname return auch fehlen, wenn der Kontext klar ist (die Nachricht 3 steht dann für die Nachricht return(3)).

Für asynchrone Operationen induziert die Operationssignatur bereits die einzige in die Operationsausführung involvierte Nachricht. Für Dialogoperationen werden die zugehörigen Nachrichten nicht im Klassendiagramm deklariert, sondern direkt in den Ablaufspezifikationen verwendet.

Das Verhalten der aufrufenden Objekte kann für die Ausführung von Prozeduren und asynchronen Operationen schematisch charakterisiert werden. Abb. 6-16 zeigt das Schema für die Ausführung einer asynchronen Operation in einem Zustandsdiagramm des Aufrufers, Abb. 6-17 zeigt das Schema für Prozeduren.

Bei der asynchronen Operationsausführung sendet das aufrufende Objekt die Aufrufnachricht und ist anschließend aufnahmebereit für neue Nachrichten. Die Bearbeitung der Operation im aufgerufenen Objekt (bzw. in dessen Operationsbe-arbeiter) und weitere Aktivitäten des Senders können somit parallel erfolgen.

Bei der Prozedurausführung sendet der Aufrufer die Aufrufnachricht und wartet anschließend auf eine Antwort des aufgerufenen Objekts (bzw. dessen Operationsbearbeiter). Die möglichen Antwortnachrichten sind aus der Signatur der Operation im Klassendiagramm abzulesen.

---

[1] Im internen Schema beinhaltet die Aufrufnachricht als weiterer Parameter die Identität des Aufrufers (um das Senden der Antwortnachricht zu ermöglichen). Dieser Parameter bleibt dem Anwender durch die in 6.3.3.2 vorgenommene Erweiterung aber verborgen.

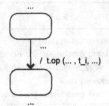

Abb. 6-16 Aufruf einer asynchronen Operation op

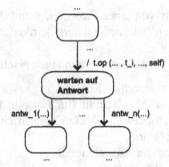

Abb. 6-17 Aufruf einer Prozedur op

Obiges (internes) Schema der Operationsaufrufe ist Grundlage für die Spezifikation von Operationen in der Ablaufsicht, die im nächsten Unterabschnitt diskutiert wird.

6.3.3 Ablauforientierte Operationsspezifikation

In der ablauforientierten Sichtweise werden Operationen als Folgen von Nachrichten spezifiziert, entweder in exemplarischer Weise durch Sequenzdiagramme oder in vollständiger Weise durch Zustandsdiagramme.

6.3.3.1 *Sequenzdiagramme*

Abb. 6-18 zeigt die Spezifikation der Operation prüfe_verfügbar aus dem Beispiel der Autovermietung. Die Operation prüft, ob ein Autotyp in einem gegebenen Zeitraum verfügbar ist.

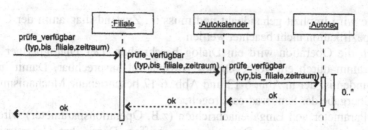

Abb. 6-18 Sequenzdiagramm der Operation prüfe_verfügbar

Sequenzdiagramme werden dazu benutzt, die prinzipielle Aufrufstruktur einer Operation, auch über mehrere Objekte hinweg, zu veranschaulichen. Im Beispiel wird ein Aufruf der Operation prüfe_verfügbar an gleichnamige Operationen in einem Kalender bzw. dessen zugeordnete Tage weitergeleitet. Der Aufruf der Operation in der Klasse **Autotag** kann dabei mehrmals erfolgen (für alle Tage im gegebenen Zeitraum).

Sequenzdiagramme, verwendet zur Operationsspezifikation, haben typischerweise folgende Struktur:

– Erste Nachricht im Diagramm ist der Operationsaufruf; der Nachricht ist kein Senderobjekt zugeordnet.
– Jede Operationsausführung wird durch einen Aktivierungsbereich markiert. Alle innerhalb der Operationsausführung versendeten und empfangenen Nachrichten sind diesem Aktivierungsbereich zugeordnet.
– Erste Nachricht in jedem Aktivierungsbereich ist der Operationsaufruf. Bei Prozeduren ist die Antwortnachricht die letzte Nachricht im Aktivierungsbereich; sie wird durch eine gestrichelte Linie dargestellt (und kann auch fehlen).

Die Operation prüfe_verfügbar der Kalenderklasse wird im Beispiel streng genommen nicht von der Filiale aufgerufen, sondern von einem ihr zugeordneten Operationsbearbeiter. Da dieser der Filiale durch Aggregation zugeordnet ist, ist das Diagramm mit dem Verhaltensschema von Objekten (Abb. 6-13) im Einklang.

6.3.3.2 Zustandsdiagramme

Mit Zustandsdiagrammen können Operationen vollständig beschrieben werden. Verbindet man dies mit dem internen Objektschema, so wird ein Zustandsdiagramm, das eine Operation spezifiziert, mit der Klasse des entsprechenden Operationsbearbeiters assoziiert.

Für die Operationsspezifikation müssen die Zustandsdiagramme allerdings mit einer Reihe von syntaktischen Erweiterungen und Hilfskonstruktionen versehen werden, damit die spezifische Struktur von Operationsausführungen effektiv unterstützt wird:

– Die im Objektschema von Abb. 6-13 skizzierte Übergabe von Attributwerten an den Operationsbearbeiter und die anschließende Rückgabe der veränderten

Werte wird implizit gehandhabt und muss im Zustandsdiagramm der Operationsspezifikation nicht beachtet werden.
- Durch die Operation wird ein Dialog beschrieben. Der Dialogpartner ist im Diagramm durch ein vorgegebenes Attribut ret ansprechbar. Damit implizit verbunden ist der in Abb. 6-13 und Abb. 6-17 beschriebene Mechanismus, der die Übergabe der Senderadresse regelt.
- Auf Parameter von Eingabenachrichten (z.B. Operationsparameter) wird typischerweise im gesamten Diagramm zugegriffen. Durch ihre Unterstreichung wird ein Mechanismus in Gang gesetzt, der die Parameter in Attributen des Operationsbearbeiters hält und sie so im gesamten Diagramm verfügbar macht (Variablenbelegungen in Zustandsdiagrammen sind ansonsten nur über eine Transition gültig).
- Das Zustandsdiagramm kann eine Deklaration temporärer Variablen beinhalten; im internen Schema werden diese Variablen als Attribute des Operationsbearbeiters modelliert.

Eine genaue Beschreibung dieser syntaktischen Besonderheiten von Zustandsdiagrammen zur Operationsspezifikation und die detaillierte Struktur der Operationsbearbeiter ist in Anhang D.5 zu finden.

Abb. 6-19 zeigt ein Zustandsdiagramm, das die Operation prüfe_verfügbar einer Filiale spezifiziert. Wir nehmen dazu an, dass **Fillale** ein Attribut autokalender besitzt.

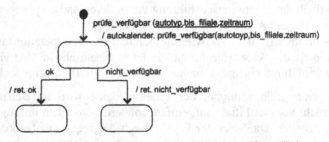

Abb. 6-19 Zustandsdiagramm der Operation prüfe_verfügbar

Das Diagramm in Abb. 6-19 zeigt, dass die Spezifikation von Operationen, die Prozeduren anderer Objekte aufrufen, das Schema von Abb. 6-17 beinhaltet.

Die oben spezifizierte Operation prüfe_verfügbar reicht die von der aufgerufenen Operation erhaltenen Antworten einfach an den Aufrufer weiter. Eine alternative Implementierung dieser Operation ist die *Delegation* der Operationsbearbeitung.

Eine Operation, die ihre Bearbeitung delegiert, ruft eine andere Operation asynchron auf und überträgt dieser die Pflicht der Rückgabenachricht. Abb. 6-20 enthält die Spezifikation einer Delegation der Operation prüfe_verfügbar und das damit verbundene (interne) Zustandsdiagramm. Beim Senden der Delegationsnachricht wird im Unterschied zum Prozeduraufruf nicht die eigene Identität, sondern die Identität des Aufrufers ret übergeben, an die die Rückantwort gesendet werden soll. Das Sequenzdiagramm verdeutlicht den Nachrichtenfluss bei der Delegation.

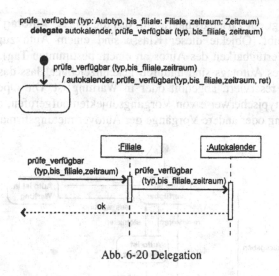

Abb. 6-20 Delegation

Das Beispiel in Abb. 6-19 deutet bereits an, dass für Operationen von Fachklassen die vollständige graphische Spezifikation in der Praxis oft zu umständlich ist und ein direktes Übergehen auf (Pseudo-)Code sinnvoll ist, vor allem wenn keine automatische Übersetzung der Diagramme verfügbar ist.

Für Operationen von Vorgangsklassen hingegen, die komplexe Steuerungen beschreiben und für die die Abfolge von Nachrichten ungleich schwieriger zu erfassen ist, kann die vollständige Spezifikation den Entwickler bei der Konzeption des Kommunikationsverhaltens effektiv unterstützen.

Oft ist hier die Steuerungsoperation sogar die einzige Operation der Vorgangsklasse und zudem Kreierungsoperation (Beispiel: die Anwendungsfallklasse **VgDokumentenabrufLM** aus Kapitel 3 mit der Operation dokument_abrufen). Für diese Klassen verschmelzen wir Objektverhalten und Operationsbearbeiter, d.h. Zustandsdiagramme, die einer Vorgangsklasse zugeordnet sind, beschreiben strenggenommen das Verhalten der zugeordneten Steuerungsoperation. In den Zustandsdiagrammen von Vorgangsklassen können somit die syntaktischen Erweiterungen, die für die Operationsspezifikation definiert wurden, verwendet werden.

6.3.4 Zustandsdiagramme der Schnittstellensicht

Während die Spezifikationen der Ablaufsicht die innere Struktur einer Operation beschreiben und damit eine implementierungsorientierte Sicht einnehmen, betrachten die im folgenden diskutierten Spezifikationstechniken eine Operation als atomare Einheit und nehmen damit eine abstrakte, implementierungsunabhängige Sichtweise ein.

Ein Zustandsdiagramm der Schnittstellensicht ist einer Klasse zugeordnet und beschreibt

– eine Menge abstrakter Zustände der Objekte,
– den Effekt von Operationsausführungen auf die abstrakten Zustände.

Abb. 6-21 zeigt ein Zustandsdiagramm, das die Klasse **Autotag** der Autovermietung beschreibt (Objekte dieser Klasse sind einem Auto zugeordnet und
vermerken die Verfügbarkeit des Autos an einem bestimmten Tag). Die abstrakten Zustände eines Autotags sind dadurch gekennzeichnet, dass das zugeordnete
Auto verfügbar, reserviert, abgeholt oder in Wartung ist. Die Operationen von
Autotag werden typischerweise von Vorgangsobjekten aufgerufen, die die Reservierung, Abholung oder andere Vorgänge der Autovermietungsfirma steuern.

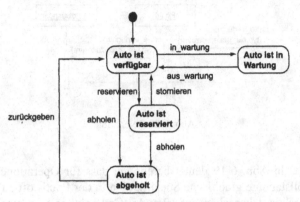

Abb. 6-21 Zustandsdiagramm von **Autotag**

Die Operationen, die die Zustandsänderungen bewirken, können in der ablauforientierten Sicht komplexe Folgen von Nachrichten sein, werden in den
Zustandsdiagrammen der Schnittstellensicht aber als atomare Transaktionen
betrachtet. Dies wird durch ausgefüllte Pfeile der Transitionen gekennzeichnet.
Jede Transition kann zusätzlich mit einer Vorbedingung assoziiert werden.

Abb. 6-22 zeigt die allgemeine Form einer solchen sogenannten *langen Transition*.

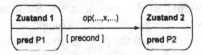

Abb. 6-22 Lange Transition

Zur Integration von Zustandsdiagrammen der Schnittstellensicht in den nachrichtenbasierten Kontext der Objektlebenszyklen wird jede lange Transition intern
in der in Abb. 6-23 dargestellten Weise als Folge zweier (durch Nachrichten
ausgelöste) Transitionen interpretiert. Abb. 6-23 bezieht sich dabei auf das
Verhaltensschema von Abb. 6-13. Bei einer langen Transition wartet das Objekt
also, bis die zugeordnete Operation beendet ist.

Zusätzlich sind die Diagramme mit dem Paradigma der Reaktivität in Einklang
zu bringen. Wurde in 4.3.4 gefordert, dass Objekte in den stabilen Zuständen
reaktiv sind, d.h. auf jeden Operationsaufruf reagieren, so enthalten die Zustandsdiagramme der Schnittstellensicht meist nur die signifikanten Zustandsänderungen.

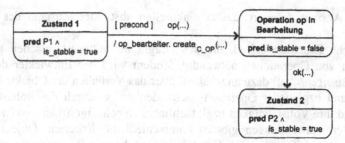

Abb. 6-23 Interne Interpretation einer langen Transition

Um der Reaktivitätseigenschaft zu genügen, werden die Zustandsdiagramme der Schnittstellensicht intern in *vollständiger* Weise interpretiert. Dies bedeutet, dass vom Entwickler in einem abstrakten Zustand nicht spezifizierte Operationsaufrufe als nicht-zustandsverändernde Transitionen (Schlingen) implizit ins Diagramm eingefügt werden.[2] Abb. 6-24 zeigt als Beispiel die interne Vervollständigung des Zustands **Auto ist abgeholt** im Zustandsdiagramm von Abb. 6-21.

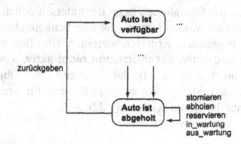

Abb. 6-24 Vollständige Interpretation des Zustandsdiagramms von **Autotag**

Nicht im Diagramm dargestellte Operationsaufrufe stellen oft Fehlerfälle dar, in denen eine Meldung an den Aufrufer gesendet wird, der Objektzustand aber nicht verändert wird (z.B. beim Aufruf der Operation aus_wartung im Zustand **Auto ist abgeholt**). Falls ein separater Fehlerzustand erwünscht ist, muss dieser explizit im Diagramm modelliert werden.

Die Erstellung von Zustandsdiagrammen der Schnittstellensicht ist nur für Klassen sinnvoll, deren Objekte signifikante abstrakte Zustände annehmen. Dies ist meist nur bei einigen Klassen im System, vor allem Fachklassen, der Fall. Für diese Klassen ist die Schnittstellensicht sowohl für den Entwurf als auch für die Dokumentation von großem Wert, da sie eine grobe Charakterisierung des Objektverhaltens liefert.

Beim Entwurf ist es dabei oftmals von Vorteil, die Zuordnung von Attributen und Operationen zu einer Klasse und die Entwicklung der Schnittstellensicht ineinander zu verzahnen. Die abstrakten Zustände einer Klasse ergeben sich oft aus der Anwendung und geben einen Hinweis auf Attribute (im einfachsten Fall

---

[2] Für Transitionen mit einer Vorbedingung precond im Diagramm werden in der internen Vervollständigung Schlingen mit der Vorbedingung [¬ precond] eingefügt.

wird ein Attribut definiert, das den aktuellen abstrakten Zustand des Objekts markiert).

Mögliche Zustandswechsel, die das Diagramm induziert, machen auch die Definition von Operationen notwendig. Zudem wird der Entwickler durch die Reaktivitätseigenschaft dazu angehalten, über das Verhalten der Objekte in jedem Zustand und bzgl. jeder Operation nachzudenken, wodurch die Robustheit der Klasse und ihre Vollständigkeit bzgl. fachlicher Regeln signifikant erhöht wird.

In vielen Anwendungen gibt es unterschiedliche Kriterien, Objektzustände abstrakt zu klassifizieren (ein Graphikelement kann z.B. geschützt und nicht geschützt sein, aber auch aktiv und nicht aktiv). In diesem Fall gibt es mehrere Möglichkeiten, die Schnittstellensicht der Klasse zu beschreiben.

Im einfachsten Fall konzentriert man sich auf eines der Kriterien und entwickelt das Zustandsdiagramm für die damit verbundenen abstrakten Zustände (im allgemeinen sind viele mögliche Kriterien für das Verständnis der Klasse unerheblich oder trivial). Ist die Modellierung mehrerer Kriterien jedoch erwünscht, können mehrere Zustandsdiagramme für eine Klasse entwickelt werden (im Beispiel ein Diagramm mit den abstrakten Zuständen **geschützt**, **nicht geschützt** und ein Diagramm mit den abstrakten Zuständen **aktiv**, **nicht aktiv**).

Falls das Verhalten der Operationen bzgl. der unterschiedlichen Kriterien nicht unabhängig ist, besteht als weitere Lösung die Möglichkeit, abstrakte Zustände zu definieren, die die gegebenen Kriterien vereinen (im Beispiel sind dies die Zustände **geschützt und aktiv**, **geschützt und nicht aktiv**, usw.). Diese Lösung ist für das Beispiel angebracht, da z.B. das Schützen eines Objekts nur möglich ist, wenn das Objekt auch aktiv ist. Ein weiteres Beispiel für eine solche Modellierung ist das Diagramm der Konto-Klasse in Abb. 3-30.

6.3.5 Vor- und Nachbedingungen

Die Spezifikation prozeduraler Programme mit Vor- und Nachbedingungen geht zurück auf die Arbeiten Hoares [Hoa 69] und zählt zu den klassischen formalen Techniken der Informatik. Heute finden prädikative Techniken wie Invarianten und Vor- und Nachbedingungen langsam Einzug in die Praxis. Vorreiter dieser Entwicklung waren die Spezifikationssprache Z [PST 91], die Programmiersprache Eiffel [Mey 88] und die Entwurfsmethode Fusion [CAB+ 94].

Für die Entwurfsphase ist weniger die Formalität dieser Techniken von Bedeutung, sondern die abstrakte Sichtweise, die sie auf Klassen und Operationen legen. Die Formulierung von Bedingungen durch informellen Text hat deshalb im Entwurf eine ebenso große Bedeutung wie die Formulierung durch Prädikate. Da letzterer Ansatz eine präzise Untersuchung erlaubt, soll er jedoch im folgenden im Vordergrund stehen.

Vor- und Nachbedingungen beschreiben die Änderung von Systemzuständen durch Ausführung von Operationen. Eine Operation wird dabei als unteilbare Einheit verstanden, die alle Unteraufrufe mit einschließt. Wie für die Zustandsdiagramme der Schnittstellensicht wird eine implementierungsunabhängige Sicht der Operationen eingenommen, die für Entwurf und Dokumentation gleichermaßen von Bedeutung ist. Vor- und Nachbedingungen erweitern im Vergleich zu den Zustandsdiagrammen der Schnittstellensicht die Ausdrucksmöglichkeit von Eigenschaften der einzelnen Operationen.

Was den zugrundeliegenden Operationsbegriff betrifft, so schränken wir uns im folgenden auf Prozeduren ein. Für die Spezifikation von asynchronen Operationen und Dialogoperationen ist die Beschreibungstechnik der Vor- und Nachbedingungen, wie wir noch sehen werden, nicht geeignet.

Vieles, was in Abschnitt 5.3 über Invarianten bemerkt wurde, gilt für Vor- und Nachbedingungen in gleicher Weise. Wie Invarianten kann Vor- und Nachbedingungen eine Außen- und eine Innenwirkung zugeschrieben werden – sie stellen einen Vertrag zwischen dem Benutzer und dem Entwickler der Operation dar. Wie Invarianten durchbrechen sie jedoch das Datenkapselungsprinzip und sind in einer verteilten Objektumgebung wie MOS mit Einschränkungen verbunden.

Nach einem einführenden Abschnitt, in dem die Sprache der Vor- und Nachbedingungen vorgestellt wird, wird die Interpretation von Vor- und Nachbedingungen detailliert diskutiert. Wie bei den Invarianten werden dabei *lokale* und *globale* Vor- und Nachbedingungen unterschieden.

6.3.5.1 Die Sprache der Vor- und Nachbedingungen

Abb. 6-25 zeigt die Spezifikation der Operation überweisen der Bankenklasse.

überweisen (x: Real, von_konto: Konto, zu_konto: Konto)

pre von_konto.kontostand ≥ x

post (von_konto.kontostand = von_konto.kontostand@pre – x ∧
zu_konto.kontostand = zu_konto.kontostand@pre + x)

Abb. 6-25 Vor- und Nachbedingung der Operation überweisen

Allgemein ist die Spezifikation einer Operation op in Klasse **C** von folgender Form:

Vorbedingung. Eine Vorbedingung ist ein P-MOS-Prädikat, das die Variable self:C enthalten kann.

Nachbedingung. Eine Nachbedingung ist ein P-MOS-Prädikat, das die Variable self:C enthalten kann und zusätzlich Ausdrücke der folgenden Art:

- Ausdrücke x.A@pre, wobei A Attribut einer Klasse D und x Variable vom Typ D ist; x.A@pre bezeichnet den Wert des Attributs A im Zustand des durch x beschriebenen Objekts vor Ausführung der Operation. Die Verwendung von Ausdrücken dieser Form in anderen Ausdrücken ist auf die Anwendung von Funktionen der Datentypen beschränkt.
- eine ausgezeichnete Variable op:D, falls op Funktion mit Rückgabetyp D ist; mit dieser Variable lässt sich der von der Operation zurückgegebene Wert spezifizieren.

Neben der Variable self können Vor- und Nachbedingungen auch andere Variablen enthalten, insbesondere Variablen, die den Operationsparametern entsprechen.

Falls die Vor- und Nachbedingung einer Operation zusätzlich die Kriterien von Lokalität (vgl. 2.3.3) erfüllen, sprechen wir von einer *lokalen* Vor- und Nachbedingung, sonst von einer *globalen*. Lokale Vor- und Nachbedingungen hängen nur vom Zustand des durch self referenzierten Objekts ab.

Die Nachbedingung der Funktion fläche eines Rechtecks in Abb. 6-26 ist lokal. Wir nehmen dazu an, dass die Klasse Attribute höhe und breite enthält (der Ausdruck höhe * breite ist dabei wie in den vorangegangenen Kapiteln eine abkürzende Schreibweise für self.höhe * self.breite).

```
fläche ( ) : Real
post fläche = höhe * breite
```

Abb. 6-26 Lokale Nachbedingung

Im Fall von Dialogoperationen ist die Nachbedingung im allgemeinen nicht nur von den Eingabeparametern, sondern auch von sonstigen Eingabenachrichten abhängig, auf die im Prädikat nicht zugegriffen werden kann. Aus diesem Grund sind Vor- und Nachbedingungen für die Spezifikation von Dialogoperationen nicht geeignet. Ohnehin steht für diese die Modellierung des Ablaufs und nicht die abstrakte Sichtweise im Vordergrund.

In den Systemzuständen eines Systemmodells werden Vorbedingungen in der in Anhang C.2 definierten Weise interpretiert; wir schreiben

$$\rho_{pre}, \beta \vDash P_{pre},$$

falls die Vorbedingung P_{pre} bzgl. einer Variablenbelegung β im Systemzustand ρ_{pre} gültig ist. Eine fehlende Vorbedingung wird durch das Prädikat true ersetzt.

Die Gültigkeit einer Nachbedingung P_{post} ist neben dem Systemzustand nach Ausführung der Operation ρ_{post} und einer Variablenbelegung β auch vom Systemzustand vor Ausführung der Operation ρ_{pre} abhängig; wir schreiben dafür

$$\rho_{post}, \rho_{pre}, \beta \vDash P_{post},$$

und sagen, dass die Nachbedingung P_{post} im Zustand ρ_{post} relativ zum Vorzustand ρ_{pre} erfüllt ist.

Die Interpretation von Nachbedingungen ist eine natürliche Erweiterung der Interpretation von Prädikaten. Ausdrücke der Form x.A in P_{post} werden dabei im Folgezustand ρ_{post} interpretiert, Ausdrücke der Form x.A@pre im Vorzustand ρ_{pre}.

6.3.5.2   Die Interpretation von Vor- und Nachbedingungen

Ausgangspunkt für die folgenden Überlegungen zur Interpretation von Vor- und Nachbedingungen in den Systemlebenszyklen der Systemmodelle soll die klassische Hoare'sche Interpretation einer Spezifikation mit Vorbedingung P_{pre}, Nachbedingung P_{post} und einem sequentiellen, prozeduralen Programm prog sein:

Ist die Vorbedingung P_{pre} erfüllt und terminiert das Programm prog, dann ist nach Ausführung von prog die Nachbedingung P_{post} erfüllt.

Operationen in MOS sind sequentielle Abläufe und damit grundsätzlich geeignet, mit Vor- und Nachbedingungen in obiger Weise verbunden zu werden. Die Grenze der Sequentialität bildet dabei das ausführende Objekt. Wird diese Grenze durchbrochen, muss die Operation in den verteilten Kontext der gesamten Objektumgebung gestellt werden. Dies ist bei globalen Vor- und Nachbedingungen der Fall.

Für globale Vor- und Nachbedingungen können als Folge unerwünschte Verhaltensphänomene auftreten, wie am Beispiel der Operation überweisen kurz erläutert werden soll. Dazu nehmen wir an, dass die Operation die Konten sukzessiv aufruft und den Betrag abbucht bzw. gutschreibt. In unserem intuitiven Sinn ist die Operation also korrekt bzgl. der Vor- und Nachbedingung aus Abb. 6-25.

Bei der Operationsausführung von überweisen kann allerdings die in Abb. 6-27 skizzierte Situation auftreten, in der beliebige andere Objekte den Zustand der Konten verändern, bevor die Überweisungsoperation beendet ist. In diesem Fall ist die Nachbedingung nach Ausführung der Operation überweisen nicht erfüllt.

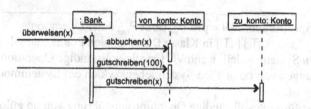

Abb. 6-27 Die Operation überweisen in einem verteilten Kontext

Dieses Beispiel verdeutlicht, dass Sequentialität ein unverzichtbares Kriterium zur Spezifikation mit Vor- und Nachbedingungen ist. Aus diesem Grund müssen die Operationsausführungen in den Systemmodellen für die Interpretation von globalen Vor- und Nachbedingungen in einen sequentiellen Kontext gestellt werden. Da asynchrone Operationen inhärent mit einer verteilten Umgebung verbunden sind, betrachten wir diese im folgenden nicht weiter.

Zuvor soll aber der einfachere Fall der lokalen Vor- und Nachbedingungen modelliert werden, bei dem die Sequentialität bereits durch das Verbleiben innerhalb der Objektgrenze gesichert ist.

Zur Definition der Gültigkeit einer Spezifikation **pre** P_{pre} **post** P_{post} einer Operation op der Klasse **C** wird aus den Systemlebenszyklen die nötige Information gefiltert (Abb. 6-28). Dies sind

– der Operationsaufruf mit den zugehörigen stabilen Vor- und Nachzuständen
– für Funktionen zusätzlich die Rückgabenachricht.

Jede solche aus einem Systemlebenszyklus extrahierte Information nennen wir eine *vollständige Operationsausführung*. Operationsausführungen, bei denen der stabile Folgezustand nicht im Systemlebenszyklus enthalten ist (z.B. weil die Operation nicht terminiert oder das System abgebrochen wurde), werden damit nicht erfasst.

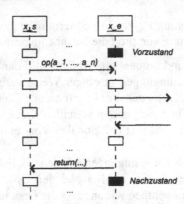

Abb. 6-28 Operationsausführung in einem Systemmodell

Die Gültigkeit von lokalen Vor- und Nachbedingungen kann damit in folgender Weise informell definiert werden. Die formale Definition ist in Anhang D.6 zu finden.

– Die Spezifikation VN = **pre** P_{pre} **post** P_{post} einer Operation
$op(x_1:T_1, ..., x_n:T_n)$ [:T] in Klasse **C** mit lokalen Prädikaten gilt in
einem Systemmodell, wenn VN für alle vollständige Operationsausführungen von op in allen Systemlebenszyklen des Systemmodells gültig ist.
– VN ist für eine vollständige Operationsausführung von op gültig,
falls für alle Variablenbelegungen gilt:
Falls die Vorbedingung P_{pre} im Vorzustand der Operationsausführung gilt, dann gilt die Nachbedingung P_{post} im Nachzustand (relativ zum Vorzustand).

Def. 6-1 Die Interpretation lokaler Vor- und Nachbedingungen

Bei Funktionsausführungen wird zusätzlich gefordert, dass die zurückgegebene Nachricht (bei Gültigkeit der Vorbedingung) die Standardantwort ist; diese wird an die ausgezeichnete Variable op der Nachbedingung gebunden. Nachrichten in Ausnahmefällen werden in der Spezifikation nicht berücksichtigt. Eine Vor- und Nachbedingung beschreibt also nur „gutes" Verhalten einer Operation.

Für die Interpretation von globalen Vor- und Nachbedingungen schwächen wir die Forderung an die Systemlebenszyklen so ab, dass die Vor- und Nachbedingung nicht in allen vollständigen Operationsausführungen gelten muss, sondern nur mehr in den *isolierten* Operationsausführungen. Isolierte Operationsausführungen sind vollständige Operationsausführungen, die mit solchen Abschnitten im Systemverhalten verbunden sind, bei denen die Bearbeitung einer Operation unter Ausschluss anderer Nachrichten im System erfolgt. Das in Abb. 6-27 skizzierte Szenario beschreibt keine isolierte Operationsausführung, weshalb in diesem Fall die Gültigkeit der Nachbedingung nach Beenden der Operation nicht gefordert wird.

Ein einfaches Kriterium für Isoliertheit in der betrachteten Systemumgebung ist, dass der Abschnitt im Systemlebenszyklus, der der Operationsausführung entspricht, eine Nachrichtenkette bildet. In einer Nachrichtenkette ist der Empfänger einer Nachricht immer der Sender der nächsten Nachricht. Die genaue Definition isolierter Operationsausführungen ist in Anhang D.7 zu finden.

Eine globale Vor- und Nachbedingung VN = **pre** P_{pre} **post** P_{post} einer Operation op in Klasse **C** gilt in einem Systemmodell, wenn VN für alle isolierten Operationsausführungen von op in allen Systemlebenszyklen des Systemmodells gültig ist.

Def. 6-2 Die Interpretation globaler Vor- und Nachbedingungen

Wie bei globalen Invarianten gibt es also auch bei Vor- und Nachbedingungen Lebenszyklen, in denen die Nachbedingung nie erfüllt ist, nämlich wenn die Operationsbearbeitungen stets mit anderen Operationen verzahnt sind. Wie Invarianten sind Vor- und Nachbedingung einer Operation deshalb vor allem auf die Innenwirkung, d.h. auf die korrekte Implementierung der Operation, gerichtet und weniger auf die Außenwirkung, also auf die Garantie von Eigenschaften dem Aufrufer gegenüber.

Eine weitere Einschränkung der Spezifikation mit Vor- und Nachbedingungen ist mit ihrer Ausdrucksfähigkeit verbunden. Die verwendete Sprache der P-MOS-Prädikate spezifiziert Eigenschaften von Systemzuständen auf der Basis von Objektidentitäten und Objektbezügen (gegeben durch die Assoziationen und Attribute im Klassendiagramm).

Die Erfahrung zeigt, dass eine solche Sprache zur Beschreibung von Operationseigenschaften zu wenig abstrakt ist. Beispielsweise bezeichnet ein Prädikat s1 = s2 die Gleichheit der durch die Ausdrücke s1 und s2 referenzierten *Objektidentitäten*; intendiert wird durch eine solche Gleichung jedoch oft die Gleichheit der *Objekte* als abstrakte Entitäten.

Aus diesem Grund gibt es einige Ansätze, die Operationsspezifikationen mit einem Abstraktionsmechanismus versehen, der Objekt(identifikatoren) mit einer abstrakten Sicht verbindet (z.B. ein Objekt der Klasse **Set** mit einer mathematischen Mengenrepräsentation, [Bre 91, Win 87, Ame 91]). Für den üblichen Einsatz von Vor- und Nachbedingungen in der Entwurfsphase, in der meist nur einfache Abhängigkeiten und Attributänderungen formuliert werden, ist ein solcher Abstraktionsmechanismus allerdings nur von untergeordneter Bedeutung.

Trotz dieser Einschränkungen erweisen sich Vor- und Nachbedingungen, ob formal oder informell ausgedrückt, auch in der Praxis als geeignetes Instrument, das Verhalten von Operationen kurz und prägnant zu charakterisieren.

7 Generalisierung

Nach einer Zusammenfassung der Grundkonzepte von Generalisierungsbeziehungen wird in diesem Kapitel der Aspekt der Verhaltensähnlichkeit behandelt, insbesondere die Spezialisierung von Zustandsdiagrammen. Den Abschluss bilden methodische Betrachtungen über die Generalisierung von Fach- und Vorgangsklassen:

> 7.1 Grundkonzepte
> 7.2 Verhaltensähnlichkeit von Zustandsdiagrammen
> 7.3 Methodische Aspekte

7.1 Grundkonzepte

Das Konzept der Generalisierung in einer Sprache wie MOS dient der Dokumentation von Ähnlichkeiten im System. Diese Ähnlichkeiten sind struktureller Natur, betreffen aber auch das Verhalten der Objekte.

Generalisierung bzw. Spezialisierung ist zunächst eine Beziehung zwischen zwei Klassen, der *Super-* und der *Subklasse*. Die Basis für den Entwurf bilden jedoch *Generalisierungshierarchien*, also Familien von Super- und Subklassen. Abb. 7-1 zeigt einen Ausschnitt aus der Generalisierungshierarchie der Dokumente aus der Fallstudie der elektronischen Bibliothek.

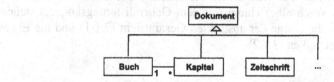

Abb. 7-1 Generalisierungshierarchie der elektronischen Dokumente

Es ist die gesamte Klassenhierarchie, die den Datentyp der Dokumente bildet und damit Grundeinheit des Entwurfs ist. Die Rolle der Superklassen ist es dabei, die gemeinsamen Eigenschaften der Subklassen zu extrahieren und zu dokumentieren.

Die Bildung von Generalisierungshierarchien wird weiter dadurch motiviert, dass

– Generalisierungshierarchien erweiterbar sind und
– die zugehörigen Objekte einheitlich verwendet werden können.

Im Beispiel ist die Erweiterung der elektronischen Bibliothek um andere Medienformen, wie etwa Videos, Hördokumente, Programme o.ä. ohne Probleme durch Hinzufügen weiterer Subklassen möglich. Die Erweiterbarkeit des Systems ist dabei keine Eigenschaft, die das objektorientierte Vorgehen schon allein garantiert, sondern sie muss in einer geeigneten Klassenstruktur vorbereitet werden.

Der zweite Aspekt, die einheitliche Verwendbarkeit von Objekten einer Generalisierungshierarchie, ist eng verbunden mit dem Konzept des Subtyp-Polymorphismus. Jedes Objekt einer Subklasse ist gleichzeitig auch Objekt der Superklasse und kann somit in allen Kontexten verwendet werden, in denen Objekte der Superklasse erwartet werden. Dadurch können im Beispiel Bücher, Zeitschriften und andere Dokumente unter ihren allgemeinen Eigenschaften als elektronische Dokumente einheitlich verwendet werden, z.B. bei ihrer Übertragung oder der Kostenabrechnung.

Anders als das Konzept der Aggregation wird Generalisierung in den objektorientierten Programmiersprachen konzeptionell unterstützt, nämlich durch den Vererbungsoperator. Insofern lassen sich Generalisierungshierarchien in direkter Weise implementieren. Aber auch bei der Verwendung nicht-objektorientierter Sprachen für die Implementierung ist die Dokumentation von Ähnlichkeiten in der Entwurfsphase aus den oben genannten Gründen von Vorteil.

Wie bereits in 2.1.4 diskutiert wurde, ist Generalisierung in MOS und auch der UML damit ein klassifizierender Mechanismus zur Modellierung von Ähnlichkeiten. Der konstruktive Aspekt des Vererbungskonzepts auf programmiersprachlicher Ebene, der auf die Anpassung einer Klasse an einen neuen Kontext zielt, spielt für die frühen Phasen des Entwurfs nur eine untergeordnete Rolle. Für eine Diskussion unterschiedlicher Sichtweisen von Vererbung und Generalisierung sei auf [BB 95] verwiesen.

Das Konzept der Generalisierung ist in die Beschreibungstechniken und die formale Fundierung von MOS bereits integriert und wurde in den vorangegangenen Kapiteln vorgestellt. Der Rest dieses Abschnitts ist eine Zusammenstellung der Aspekte, die in Wechselbeziehung mit dem Generalisierungskonzept stehen. Getrennt wird dabei die Ebene der abstrakten Gesamtsicht (7.1.1) und die Ebene der Beschreibungstechniken (7.1.2).

7.1.1 Generalisierung in den Systemmodellen

Objektidentifikatoren

Die Identifikatormengen von Subklasse und Superklasse stehen in Teilmengenbeziehung zueinander. Diese Beziehung schafft die Basis für das Konzept des Subtyp-Polymorphismus.

Attribute

Objekte von Subklassen besitzen alle Attribute ihrer Superklasse in identischer Typisierung und möglicherweise weitere Attribute.

Nachrichten

Objekte von Subklassen können alle Nachrichten empfangen, die Objekte ihrer Superklasse empfangen können. Insbesondere besitzt eine Subklasse damit die Operationen ihrer Superklasse. Eine Ausnahme bildet die Kreierungsoperation, die nicht an die Subklasse vererbt wird. Für die Kreierungsoperation einer Subklasse wird allerdings gefordert, dass sie mindestens die Parameter der Kreierungsoperation ihrer Superklasse besitzt.

Lebenszyklen

Die Lebenszyklen von Objekten von Sub- und Superklassen stehen zunächst in keiner bestimmten Beziehung zueinander. Verhaltensähnlichkeit wird indirekt über die Beschreibungstechniken induziert.

7.1.2 Generalisierung in den Beschreibungstechniken

Invarianten

(Lokale) Invarianten der Superklasse werden an die Subklassen vererbt. In der Subklasse neu eingeführte Operationen müssen somit die Invarianten der Superklasse respektieren. Auch für globale Invarianten, in denen Objekte der Superklasse involviert sind, muss dies gelten.

Für Subklassen können weitere Invarianten formuliert werden, was einem logischen „und" von geerbten und neuen Invarianten entspricht. Abb. 7-2 zeigt dies für das Beispiel von Rechteck und Quadrat. Für Quadrate gilt also sowohl die Gleichheit von Länge und Breite als auch die Flächenformel.

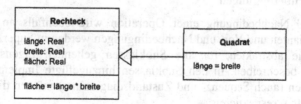

Abb. 7-2 Spezialisierung von Invarianten

Für die in der Subklasse neu eingeführten Invarianten muss die Korrektheit aller Operationen der Klasse, also sowohl geerbten als auch neuen, gelten.

Sequenzdiagramme

Der in einem Sequenzdiagramm dargestellte Ablauf kann bzgl. der darin enthaltenen Klassen auch Objekte von Subklassen involvieren.

Zustandsdiagramme

Ein Zustandsdiagramm, das einer Superklasse zugeordnet ist, wird an Subklassen vererbt, beschränkt also auch das Verhalten von Objekten der Subklassen. In vielen Fällen kann das Verhalten von Objekten einer Subklasse in spezialisierter Weise (wieder durch ein Zustandsdiagramm) beschrieben werden, indem z.B. die zusätzlichen Nachrichten der Subklasse miteinbezogen werden.

Um die Konsistenz der Systemspezifikation zu erhalten, sollten die Diagramme von Super- und Subklasse dabei in einer Verfeinerungsbeziehung zueinander stehen. Im nächsten Abschnitt wird ein Verfeinerungsbegriff für Zustandsdiagramme definiert und Regeln vorgestellt, die die Gültigkeit der Verfeinerungsbeziehung garantieren, wenn das Diagramm der Subklasse durch Anwendung der Regeln aus dem Diagramm der Superklasse gebildet wird.

Beschreibt das Zustandsdiagramm die Operation einer Superklasse, so muss auch die Subklasse diese Spezifikation erfüllen. Dies wird durch die Vererbungsbeziehung der Operationsbearbeiter im internen Schema induziert. Da man sich bei der Operationsspezifikation in Zustandsdiagrammen auf der Implementierungsebene bewegt, ist die Vererbung von Zustandsdiagrammen zur Operationsspezifikation jedoch nicht in allen Fällen angebracht.

Durch ein Schlüsselwort (**redefine**) im Automatendokument der Operation in der Subklasse wird angezeigt, dass die Operation das Zustandsdiagramm der Superklasse nicht notwendigerweise erfüllt und eine eigene Implementierung besitzt. Im internen Schema wird dies dadurch modelliert, dass die zugehörigen Operationsbearbeiter nicht in Generalisierungsbeziehung zueinander stehen. Wie das Schlüsselwort bereits andeutet, entspricht dieses Konzept der Neudefinierung von Operationen in Subklassen auf programmiersprachlicher Ebene.

Vor- und Nachbedingungen

Die Vor- und Nachbedingung einer Operation wird ebenfalls an Subklassen vererbt. Invarianten und Vor- und Nachbedingungen werden in Superklassen dazu verwendet, die abstrakten, für alle Subklassen geltenden Eigenschaften des Datentyps zu beschreiben. In den Subklassen hinzugefügte Implementierungen der Operationen (auch Sequenz- und Zustandsdiagramme) müssen diese abstrakten Eigenschaften respektieren.

Die zusätzlich verfügbare Information in der Subklasse kann dazu genutzt werden, die Vor- und Nachbedingung einer Operation zu verfeinern. Abb. 7-3 zeigt ein Beispiel aus einer Spezifikation von Graphikelementen mit Spezialisierungen wie Ellipsen, Polygonen und Linien.

Die Spezifikation der Operation verschieben in der Superklasse **Graphik_Element** fordert nur, dass die Operation invariant bzgl. der Fläche des Graphikelements ist (fläche sei ein Attribut in **Graphik_Element**). Die Spezifikation in der Subklasse **Ellipse** spezifiziert zusätzlich den Effekt der Operation auf die neuen Attribute zentrum, länge und breite.

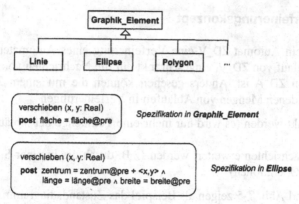

Abb. 7-3 Spezialisierung von Vor- und Nachbedingungen

Ganz allgemein können

– Vorbedingungen in Subklassen abgeschwächt und
– Nachbedingungen in Subklassen verstärkt werden.

Das bedeutet, dass die Vorbedingung in der Superklasse die Vorbedingung in der Subklasse impliziert und die Nachbedingung in der Subklasse die Nachbedingung in der Superklasse impliziert. Zusätzlich kann die Gültigkeit von lokalen Invarianten miteinbezogen werden.

Im Beispiel folgt aus der Gültigkeit der Nachbedingung der Operation verschieben in **Ellipse** und der lokalen Invariante fläche = länge*breite*pi in **Ellipse** die Gültigkeit der Nachbedingung in der Superklasse **Graphik_Element**. Die Spezifikation der Operation verschieben in **Graphik_Element** ist damit redundant für Ellipsenobjekte.

Dadurch dass Vorbedingungen in Subklassen höchstens abgeschwächt, aber nicht verstärkt werden dürfen, wird die Verwendbarkeit von Objekten der Subklasse als Objekte der Superklasse gesichert. Der formale Zusammenhang zwischen Vor- und Nachbedingungen in Super- und Subklassen ist in Anhang D.7 zu finden.

7.2 Verhaltensähnlichkeit von Zustandsdiagrammen

Die Frage, wann zwei Zustandsdiagramme ähnliches Objektverhalten beschreiben, bzw. wann ein Zustandsdiagramm eine Verfeinerung eines anderen Zustandsdiagramms darstellt, bezieht sich nicht nur auf das Verhalten von Super- und Subklassen, sondern auch auf die Entwicklung einer Verhaltensspezifikation im Sinne eines schrittweisen Entwurfs. Um Regeln auf Ebene der Beschreibungstechniken aufstellen zu können, muss zunächst einmal das zugrundeliegende Verfeinerungskonzept festgelegt werden.

7.2.1 Das Verfeinerungskonzept

Intuitiv stellt ein Automat ZD_V eine Verfeinerung eines Automaten ZD_A dar, wenn jeder Ablauf von ZD_V, eingeschränkt auf die Nachrichten von ZD_A, auch ein Ablauf von ZD_A ist. Anders gesehen können die mit einem Zustandsdiagramm verbundenen Mengen von Abläufen in Verfeinerungen

- eingeschränkt werden (es wird nur mehr eine Teilmenge der Abläufe beschrieben)
- um neue Nachrichten erweitert werden (z.B. durch die in einer Subklasse neu definierten Operationen).

  Abb. 7-4 und Abb. 7-5 zeigen als Beispiel das Zustandsdiagramm des Geldautomaten aus Kapitel 2 zusammen mit einer Verfeinerung, die

- die Abläufe so einschränkt, dass eine falsche Eingabe der Geheimnummer höchstens einmal erfolgen darf und
- der Benutzer den Ablauf durch eine Nachricht abbruch beenden kann.
  Endzustände in den Automaten sind informell mit einem Punkt gekennzeichnet.

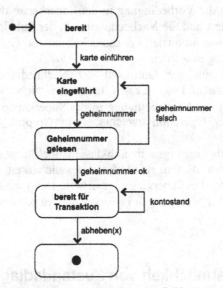

Abb. 7-4 Zustandsdiagramm des Geldautomaten

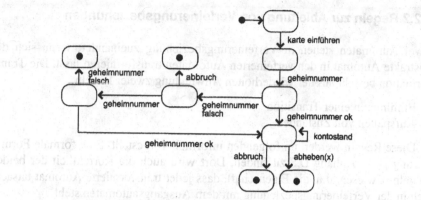

Abb. 7-5 Verfeinerung des Geldautomaten

Formal definieren wir im Sinne der in Abschnitt 4.4 vorgestellten Sicht des Entwurfsprozesses folgende Verfeinerungsbeziehung zwischen zwei Zustandsdiagrammen ZD_V und ZD_A. Wir nehmen dabei an, dass die Automaten der gleichen Klasse zugeordnet sind.

Ein Zustandsdiagramm ZD_V ist eine *Verfeinerung* eines Zustandsdiagramms ZD_A, wenn jedes Systemmodell von ZD_V auch Systemmodell von ZD_A ist.

Def. 7-1 Verfeinerung von Zustandsdiagrammen

Verbunden mit der in Abschnitt 6.2 definierten Interpretation von Automatendokumenten bedeutet dies, dass jeder Ablauf von ZD_V (in einem Systemmodell von ZD_V) auch Ablauf von ZD_A ist. Die Projektion auf die Nachrichten des abstrakten Automaten ist dabei bereits im Ablaufbegriff enthalten, der in offener Weise definiert wurde.

Der so festgelegte Verfeinerungsbegriff ist dazu geeignet, eine Intuition für den Entwickler zu bilden. Nicht möglich sind damit jedoch (halb-)automatische Überprüfungen von Verfeinerungsbeziehungen zwischen Automaten. So kann die Verfeinerungsbeziehung zwischen den Automaten in Abb. 7-4 und Abb. 7-5 zwar auf modelltheoretischer Ebene bewiesen werden, diese Ebene soll dem Anwender jedoch verborgen bleiben. Aus diesem Grund müssen Bedingungen auf Ebene der Automaten gefunden werden, die die Gültigkeit von Verfeinerungsbeziehungen garantieren.

Im nächsten Unterabschnitt werden zwei Regeln vorgestellt, mit denen Verfeinerungsbeziehungen zwischen Automaten abgeleitet werden können. Ein ähnlicher Ansatz wurde in [Rum 96, SHB 96] entwickelt.

7.2.2 Regeln zur Ableitung von Verfeinerungsbeziehungen

Zwei Automaten stehen in Verfeinerungsbeziehung zueinander, wenn sich der abstrakte Automat in den verfeinerten Automaten transformieren lässt. Die Transformation besteht aus der wiederholten Anwendung zweier Regeln:

- Eliminieren einer Transition
- Aufspalten von Zuständen

Diese Regeln werden im folgenden informell vorgestellt. Eine formale Formulierung ist in Anhang D.8 zu finden. Dort wird auch die Korrektheit der beiden Regeln bewiesen, d.h. die Eigenschaft, dass jeder transformierte Automat tatsächlich in der Verfeinerungsbeziehung mit dem Ausgangsautomaten steht.

Eliminieren einer Transition

Vom abstrakten Automaten wird eine Transition entfernt. Die Menge der Eingabenachrichten des Automaten muss dabei konstant bleiben. Abb. 7-6 skizziert dies graphisch.

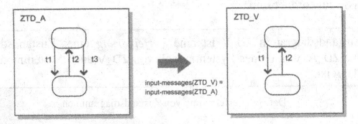

Abb. 7-6 Eliminieren einer Transition

Durch das Eliminieren von Transitionen wird die Menge der Abläufe eines Automaten eingeschränkt.

Aufspalten von Zuständen

Diese Regel erlaubt die Einführung neuer Zustände und Nachrichten durch Aufspalten eines existierenden Zustands in zwei neue Zustände. Für die Transitionen von und zu den neuen Zuständen und deren Prädikate gelten folgende Bedingungen:

- Für jede Transition, die im alten Zustand beginnt, gibt es zwei entsprechende Transitionen, die in den neuen Zuständen beginnen.
- Für jede Transition, die im alten Zustand endet, gibt es zwei entsprechende Transitionen, die in den neuen Zuständen enden.
- Für jede Schleife im alten Zustand (d.h. für jede Transition, die im alten Zustand beginnt und endet), gibt es zwei entsprechende Schleifen in den neuen Zuständen.
- Für jede Schleife im alten Zustand gibt es zwei Transitionen, die jeweils in dem einen neuen Zustand beginnen und in dem anderen enden.

- Der verfeinerte Automat kann beliebige neue Transitionen enthalten, die in den neuen Zuständen starten und enden und mit neuen (im alten Automaten nicht auftauchenden) Eingabenachrichten markiert sind.
- Die Prädikate der neuen Zustände sind stärker, d.h. jedes dieser Prädikate impliziert das Prädikat des alten Zustands.

Abb. 7-7 zeigt ein Schema für diese Regel. Die formale Formulierung der Verfeinerungsregel in Anhang D.8 erweitert die informelle Darstellung um die Möglichkeit der Aufspaltung eines Zustands in beliebig viele Zustände.

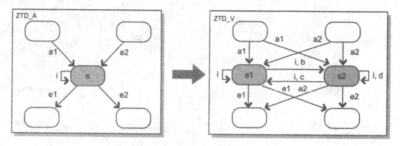

b,c,d $\notin$ input-messages(ZTD_A)
P[s1] $\Rightarrow$ P[s]
P[s2] $\Rightarrow$ P[s]

Abb. 7-7 Aufspalten von Zuständen

Die Zustandsaufspaltung erlaubt die Einführung neuer Nachrichten, dient im Zusammenspiel mit der Transitionseliminierung aber auch zur Einschränkung von Abläufen.

Zu beachten ist, dass die Aufspaltung von Zuständen nicht vollständig auf Ebene der Beschreibungstechniken formuliert ist, da sie die Implikationsbeziehung der Prädikate in den Automatenzuständen beinhaltet. Durch Integration eines prädikatenlogischen Ableitungskalküls kann hier jedoch ebenfalls die modelltheoretische Ebene verlassen werden.

Als Beispiel kann der verfeinerte Geldautomat durch wiederholte Anwendung der beiden Regeln aus der abstrakten Beschreibung abgeleitet werden. Abb. 7-8 skizziert diese Ableitung, wobei aufgespaltene Zustände und eliminierte Transitionen (auszugsweise) grau markiert werden.

Das Beispiel zeigt, dass die vorgestellten Regeln auf einem abstrakten Niveau angesiedelt sind und die Transformation in realen Beispielen die vielmalige Anwendung der Regeln erfordert. In diesen Ableitungen treten aber bestimmte Folgen von Regelanwendungen immer wieder auf und können zu Verfeinerungsschemata zusammengefasst werden. Im folgenden Abschnitt, in dem methodische Aspekte von Generalisierungsbeziehungen diskutiert werden, werden einige Beispiele für solche Verfeinerungsschemata vorgestellt, die für die Spezialisierung von Fach- und Vorgangsklassen typisch sind.

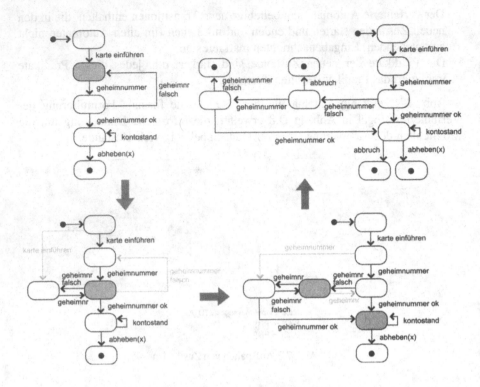

Abb. 7-8 Ableitung des verfeinerten Geldautomaten

7.3 Methodische Aspekte

In diesem Abschnitt werden die spezifischen Aspekte von Generalisierungsbeziehungen untersucht, die für die in 3.3 identifizierten Arten von Klassen von Bedeutung sind. Die Erfahrung zeigt, dass für Komponenten-, Interaktions- und Verwalterklassen Generalisierung nur eine untergeordnete Rolle spielt. Im folgenden konzentrieren wir uns deshalb auf die Generalisierung bzw. Spezialisierung von Fach- und Vorgangsklassen.

7.3.1 Generalisierung von Fachklassen

Die Frage, in welchen Fällen eine Generalisierungsbeziehung zwischen Fachklassen angebracht und sinnvoll ist, wird oft gestellt, kann aber natürlich nicht pauschal beantwortet werden. Generell kann allerdings festgestellt werden, dass die Existenz von gemeinsamen Attributen allein noch kein Indiz für eine Subklassen-Beziehung ist.

Das Beispiel, in dem bei der Modellierung des Informationssystems eines Zoos die Bediensteten und die Tiere in eine gemeinsame Generalisierungshierarchie gesteckt werden, da beide ein Geburtsdatum und einen Namen besitzen, treibt dieses Prinzip sicherlich ins Extrem. Es zeigt aber auch, dass für eine sinnvolle Generalisierungshierarchie noch andere Faktoren maßgeblich sind:

- Die Superklasse muss eine fachliche Entsprechung besitzen.
  Dies ist z.B. in der Dokumentenhierarchie der elektronischen Bibliothek der Fall, nicht jedoch im Zoobeispiel (eine Superklasse **Lebewesen** hat für die Anwendung keine Bedeutung).
- Die Generalisierungshierarchie bereitet eine mögliche Erweiterung des Systems vor.
  Wie bereits diskutiert, erlaubt die Dokumentenhierarchie die leichte Erweiterung des Systems um andere Medienformen. Im Zoobeispiel gibt es keine Erweiterungen.
- Die Objekte der Generalisierungshierarchie werden in gemeinsamen Kontexten verwendet.
  Die elektronischen Dokumente werden in Recherchen und Dokumentenabrufen einheitlich behandelt. Basis für diese einheitliche Verwendung ist der Subtyp-Polymorphismus. Im Zoobeispiel gibt es keine gemeinsamen Kontexte für Tiere und Bedienstete.
- Es gibt mehrere Subklassen.
  Die oft zu findende Subklassenbeziehung zwischen Klassen **Person** und **Kunde** beschreibt keine Generalisierungsbeziehung im Sinne einer echten Klassifikation von Konzepten.
- Die Klassen in einer Generalisierungshierarchie zeigen ähnliches Verhalten.
  Die Verhaltensähnlichkeit von Super- und Subklassen ist mit dem Generalisierungskonzept untrennbar verbunden, wird in den frühen Phasen des Entwurfs jedoch oft vernachlässigt. Ausdruck von Verhaltensähnlichkeit ist die Existenz von Operationen in der Superklasse.

Die Modellierung von Generalisierungshierarchien, die signifikante Ähnlichkeiten im System dokumentieren und die Erweiterbarkeit des Systems unterstützen, ist schwierig, verlangt eine tiefe Kenntnis der (Anwendungs-) Konzepte und sollte deshalb sparsam eingesetzt werden. Die obigen Faktoren in Betracht ziehend, kann es im Entwurf auch oft sinnvoll sein, Generalisierungshierarchien erst im Nachhinein, nach gründlicher Recherche der Ähnlichkeiten, zu bilden.

Generalisierung und die Zustandsdiagramme der Schnittstellensicht

Was die im letzten Abschnitt besprochene Verfeinerung von Automatendokumenten betrifft, so ist für Fachklassen vor allem die Verfeinerung von Zustandsdiagrammen der Schnittstellensicht von Bedeutung. Dabei treten typischerweise folgende Fälle auf:

- Die Menge der abstrakten Zustände ändert sich nicht
  In diesem Fall werden die neuen Operationen der Subklasse implizit (als Schleifen) in das Diagramm integriert. Beispiel: die Zustände **geöffnet**, **geschlossen** von Konten gelten auch für Spezialisierungen wie Sparkonten oder Girokonten.

– Die Menge der abstrakten Zustände wird um einzelne Zustände erweitert; die
  neuen Operationen führen in die neuen Zustände.
  Beispiel: Bei der Modellierung von Verträgen bei einer Versicherung werden
  Verträgen allgemein Zustände wie **beantragt, abgeschlossen** oder **gekündigt**
  zugeordnet. Spezielle zusätzliche Zustände in Subklassen sind der Zustand
  in_Prüfung bei einer Lebensversicherung, in dem das Gesundheitszeugnis des
  Vertragnehmers noch abgängig ist, oder Zustände bei einer KFZ-Haftplichtver-
  sicherung, die den jeweiligen Schadensfreiheitsrabatt berücksichtigen.
– Die abstrakten Zustände der Superklasse werden in der Subklasse um ein
  Klassifikationskriterium erweitert.
  Dieser Typ von Verfeinerung in Subklassen tritt dann auf, wenn die neuen
  Operationen der Subklasse vor allem auf den neuen Attributen der Subklasse
  operieren. In diesem Fall sind die Operationen der Subklasse oft mit einem
  neuen Klassifikationskriterium der Objektzustände verbunden.

Als Beispiel für den letzten Verfeinerungstyp sollen wieder die Graphikele-
mente dienen, denen in der Superklasse die Zustände **aktiv** und **nicht aktiv** zugeordnet werden. Abb. 7-9 zeigt das Zustandsdiagramm der Superklasse
Graphik_Element.

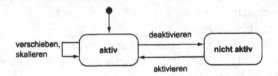

Abb. 7-9 Zustandsdiagramm der Superklasse **Graphik_Element**

In einer Spezialisierung, die füllbare Primitive (wie Polygone und Ellipsen)
zusammenfasst, sind nun zusätzliche Zustände **gefüllt** bzw. **nicht gefüllt** von
Interesse. Anknüpfend an die Diskussion in 6.3.4 gibt es zwei Möglichkeiten der
Spezifikation der Subklasse.

– Für die Subklasse wird ein Zustandsdiagramm entwickelt, das die Zustände des
  neuen Kriteriums enthält. Abb. 7-10 zeigt dies für das Beispiel. Die Subklasse
  wird in diesem Fall mit zwei Zustandsdiagrammen assoziiert.
– Das geerbte Diagramm der Superklasse wird so verfeinert, dass die Zustände in
  der Subklasse die Klassifikationskriterien vereinen. Abb. 7-11 zeigt das so
  entwickelte Diagramm der Subklasse **Füllbares_Element**.
  Es lässt sich leicht zeigen, dass das Zustandsdiagramm in Abb. 7-11 durch
  Anwendung der Verfeinerungsregeln aus dem Zustandsdiagramm der Superklasse gewonnen werden kann (dazu muss das Zustandsdiagramm zuerst in
  seine interne Repräsentation, wie in 6.3.4 beschrieben, transformiert werden).

Genauer betrachtet ist die erste Modellierungsvariante sogar ein Spezialfall der
zweiten Variante, denn das Verhalten der Subklasse **Füllbares_Element** kann im
ersten Fall äquivalent durch einen Automaten mit Produktzuständen wie in Abb.
7-11 dargestellt werden (dieser Automat enthält die Transitionen füllen/leeren
auch zwischen den nicht aktiven Zuständen).

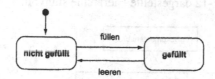

Abb. 7-10 Neues Zustandsdiagramm der Subklasse **Füllbares_Element**

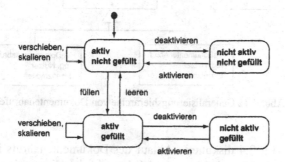

Abb. 7-11 Erweitertes Zustandsdiagramm der Subklasse **Füllbares_Element**

7.3.2 Generalisierung von Vorgangsklassen

Neben der Beschreibung von Generalisierungshierarchien von Fachklassen kann bei einer Systemspezifikation auch die Generalisierung von Vorgangsklassen, insbesondere von Anwendungsfallklassen, nutzbringend eingesetzt werden.

Bei der Generalisierung von Vorgangsklassen steht die Klassifikation von ähnlichen Abläufen im Vordergrund. Generalisierungshierarchien von Anwendungsfallklassen beschreiben etwa einen (abstrakten) Anwendungsfall zusammen mit seinen Varianten (den *konkreten* Anwendungsfällen). Der der Superklasse zugeordnete Ablauf spezifiziert dabei ein abstraktes Verhaltensmuster, das von den Subklassen erfüllt und konkretisiert wird.

Varianten von Anwendungsfällen treten in praktischen Anwendungen recht häufig auf. Beim Dokumentenabruf der elektronischen Bibliothek lassen sich beispielsweise Fälle unterscheiden, in denen

– der Benutzer registriert, nicht-registriert, Einzelnutzer oder einer Benutzergruppe zugehörig ist,
– dem Dokument eine Lizenz zugeordnet ist oder der Abruf einzeln abgerechnet wird.

Wie bei den Fachklassen ist es meist nicht ratsam, alle möglichen Varianten in Generalisierungsbeziehungen zu dokumentieren. Einige Varianten können über spezielle Pfade in den Abläufen modelliert werden oder auch auf Generalisierungshierarchien von Fachklassen verlagert werden. Für den Dokumentenabruf erscheint die in Abb. 7-12 dargestellte Hierarchie sinnvoll.

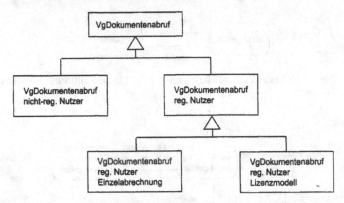

Abb. 7-12 Generalisierungshierarchie von Dokumentenabrufen

Der in Abschnitt 3.4 diskutierte Ablauf des Dokumentenabrufs im Spezialfall des registrierten Nutzers mit Lizenzmodell kann in der Hierarchie der Dokumentenabrufe somit der Subklasse **VgDokumentenabruf reg. Nutzer Lizenzmodell** zugeordnet werden. Abb. 7-13 zeigt noch einmal die fachliche Beschreibung dieses Anwendungsfalls (vgl. Abb. 3-31). Für den allgemeinen Dokumentenabruf kann das Diagramm in Abb. 7-14 modelliert werden.

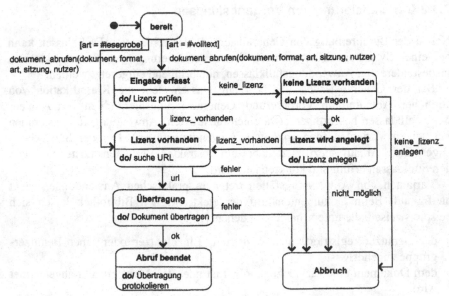

Abb. 7-13 ZD für die Subklasse **VgDokumentenabruf reg. Nutzer Lizenzmodell**

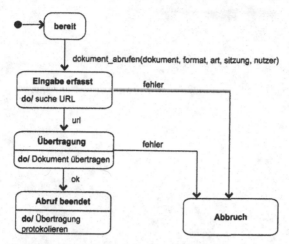

Abb. 7-14 ZD für die Superklasse **VgDokumentenabruf**

Für Generalisierungshierarchien von Vorgangsklassen gilt in noch größerem Umfang als für Fachklassen, dass sie oft nicht von vornherein definiert werden können, sondern erst während des Entwurfs gebildet werden. Die oft äußerst komplexen Abläufe müssen verstanden werden, bevor Ähnlichkeiten herausgearbeitet werden können. Die Dokumentation dieser Ähnlichkeiten in der Systemspezifikation führt dann allerdings zu einem tiefen Verständnis der Systemabläufe. Die Beschreibung der Abläufe beschränkt sich dabei meist, wie in Abb. 7-14, auf die fachliche Ebene.

Von der Bildung von Generalisierungshierarchien für Vorgangsklassen zu trennen ist der iterative Entwurf von Beschreibungen für Vorgangsklassen. Hierbei kann eine Vorgangsklasse mit einer Serie von Zustandsdiagrammen verbunden sein, die das Verhalten der Vorgangsobjekte sukzessive verfeinern.

Das Ausgangsdiagramm beschreibt dabei den Kern der Funktionalität. In den Verfeinerungen werden die Abläufe typischerweise eingeschränkt (wie im Beispiel des Geldautomaten, in dem die Eingabe einer falschen Geheimnummer in der verfeinerten Spezifikation nicht mehr beliebig oft möglich war) und um neue Nachrichten und Zustände erweitert (z.B. um Abbruchfälle und Fehlerzustände). Um die Konsistenz der Systemspezifikation zu wahren, sollten die Diagramme durch Anwendung der Verfeinerungsregeln auseinander hervorgehen.

Anhang

Anhang A – Mathematische Grundlagen und Notationen

A.1 Mengen und Relationen

Sei M eine Menge. Mit $I\!P(M)$ bezeichnen wir die Potenzmenge, $I\!P_{fin}(M)$ die Menge der endlichen Teilmengen von M. Die Kardinalität einer Menge M sei mit $\#M$ bezeichnet. Für zwei Mengen M und N bezeichne $M–N$ die Differenz der beiden Mengen, also für alle Elemente x gilt: $x \in M–N$ gdw. $x \in M$ und $x \notin N$.

Eine *Relation* R auf Mengen X und Y ist eine Teilmenge von $X \times Y$. Eine *Funktion* f zwischen Mengen X und Y ist eine Relation auf X und Y, wobei jedem $x \in X$ höchstens ein $y \in Y$ zugeordnet wird. Wir schreiben $def(f)$ für die Urbildmenge X und $im(f)$ für die Bildmenge Y. Die Funktionsapplikation schreiben wir wahlweise $f(x)$, $f[x]$ oder $f.x$.

Falls $X = \{x_1,...,x_n\}$ endlich ist, beschreiben wir eine Funktion auch in der Form $[x_1 \rightarrow y_1,...,x_n \rightarrow y_n]$. Gegeben eine Funktion f bezeichne $f[x \rightarrow y]$ die Funktion f', für die gilt: $f'[x'] = f[x']$, falls $x' \neq x$ und $f'[x] = y$.

Die Menge der Funktionen mit Urbild $def(f) = X$ und Bild $im(f) = Y$ bezeichnen wir mit $X \rightarrow Y$. Die Menge der partiellen Funktionen $X \rightarrow_p Y$ bezeichnet die Menge aller Funktionen f mit Urbild $def(f) = X$ und Bild $im(f) \subseteq Y$. Für $f \in X \rightarrow Y$ schreiben wir auch $f\colon X \rightarrow Y$.

Sei $Y \subseteq X$, $f\colon X \rightarrow Z$. Wir definieren $f(Y) = \{f(y)\colon y \in X\}$.

Eine Funktion heißt *surjektiv*, falls $im(f) = Y$. Sie heißt *injektiv*, falls für alle $x, y \in def(f)$ gilt: aus $f(x) = f(y)$ folgt $x = y$.

Ein *Prädikat* über einer Menge X ist eine Teilmenge von X (oder eine Funktion aus $X \rightarrow I\!B$, wobei $I\!B$ die Menge der Booleschen Werte $I\!B = \{tt,ff\}$ ist). $P(x)$ ist gleichbedeutend mit $x \in P$.

Eine *(partielle) Ordnung* auf einer Menge X ist eine Relation $\leq$ auf $X \times X$, die reflexiv, transitiv und antisymmetrisch ist (d.h. es gilt $x \leq x$ für alle $x \in X$, $x \leq y$ und $y \leq z$ impliziert $x \leq z$ für alle $x, y, z \in X$ und $x \leq y$, $y \leq x$ impliziert $x = z$ für alle $x, y \in X$). Ein Element *max* ist *größtes Element* in X bzgl. $\leq$, falls gilt $x \leq max$ für alle $x \in X$. Ein *minimales Element min* hat die Eigenschaft, dass es kein Element $x \leq min$ in X gibt mit $x \leq min$.

A.2 Sequenzen

Sei X eine Menge. Mit X^* bezeichnen wir die Menge der Sequenzen über X. X^* ist induktiv definiert über

- $\varepsilon \in X^*$,
- falls $s \in X^*$, dann auch $s\, x \in X^*$.

Für zwei Sequenzen $s1$, $s2 \in X^*$ bezeichne $s1\ s2$ die Konkatenation, die definiert ist durch

- $s1\ \varepsilon = s1$,
- $s1\ (s2\ x) = (s1\ s2)\ x$.

Anhang B – Systemmodelle

Jedes Systemmodell SM besteht aus folgenden Komponenten:

- der Attributsignatur $Attr\text{-}Sig$ (**B.1**),
- Mengen von Objektidentifikatoren ID_C für alle Klassen C der Attributsignatur (**B.2**),
- Mengen von Werten VAL_s für alle Typen s der Attributsignatur (**B.3**),
- Mengen von Objektzuständen $STATE_C$ für alle Klassen C der Attributsignatur (**B.4**),
- eine Menge $SYS\text{-}STATE$ von Systemzuständen (**B.5**),
- eine Menge MSG von Nachrichten (**B.6**) und
- eine Menge $SYS\text{-}TRACE$ von Systemlebenszyklen (**B.7**).

B.1 Die Attributsignatur

Die Attributsignatur enthält folgende Konzepte:

- eine Menge von Typen S mit einer Teilmenge $C \subseteq S$ von Klassen(namen),
- eine Ordnung $\sqsubseteq$ auf der Menge der Klassen C mit größtem Element ANY; $\sqsubseteq$ beschreibt die *Subtypordnung* (bei $C1 \sqsubseteq C2$ bezeichnet $C1$ die Subklasse und $C2$ die Superklasse),
- eine Ordnung $\to$ auf der Menge der Klassen C; $\to$ beschreibt die *Aggregationsordnung* (bei $C1 \to C2$ bezeichnet $C1$ die aggregierte „Teil"-Klasse, $C2$ das Aggregat),
- eine Menge von Attributen $Attrs(C)$ für jede Klasse C aus C. Jedes Attribut in $Attrs(C)$ ist von der Form $X{:}s$, wobei $s \in S$. Die Attributmengen sind mit der Vererbungsordnung verträglich, d.h. es gilt:

    $Attrs(D) \subseteq Attrs(C)$ für alle Klassen $C \sqsubseteq D$,

- einer Menge von Zustandsfunktionen der Form $f{:}(s_1, ..., s_n)\ s$ mit Typen aus S.

Für die Menge S von Typen nehmen wir an, dass sie primitive Grunddatentypen
enthält (z.B. Boolean, Integer), aber auch zusammengesetzte Typen (z.B. Set[s]
zur Konstruktion von Mengen über Elementen des Typs s). Den Typen ist außerdem eine Menge von Funktionen zugeordnet, z.B.

> _ + _: (Integer, Integer) Integer oder _ ∈ _: (s, Set[s]) Boolean

für alle Typen s.
Zustandsfunktionen stellen Selektionen auf Systemzuständen dar (im Unterschied
zu den oben beschriebenen Funktionen auf den Datentypen, die zustandsunabhän-
gig sind).

B.2 Objektidentifikatoren

Ein Systemmodell mit Attributsignatur $Attr\text{-}Sig$ enthält Mengen ID_C von Objektidentifikatoren für alle Klassen C in C. Die Objektidentifikatoren erfüllen
folgende Eigenschaften:

– Jeder Identifikator einer Subklasse ist auch Identifikator der Superklasse, d.h.

> $ID_C \subseteq ID_D$ für alle Klassen $C \sqsubseteq D$.

Mit ID bezeichnen wir die Vereinigungsmenge aller Objektidentifikatormengen.
– Jedem Identifikator ist eindeutig seine Klasse zugeordnet, d.h. für alle $id \in ID$
gibt es eine (in der Vererbungsordnung) minimale Klasse C mit $id \in ID_C$. Wir
schreiben dann

> $class(id) = C$.

B.3 Werte

Jeder der Typen s in der Attributsignatur ist eine Menge von Werten VAL_s zugeordnet, z.B.

$$VAL_{Integer} = \mathbb{Z}, VAL_{Boolean} = \mathbb{B}, VAL_{Set[s]} = \mathbb{P}_{fin}(VAL_s).$$

Für die Klassen $C \in C$ gilt

> $VAL_C = ID_C$;

dadurch werden Objekte immer durch ihre Identifikatoren angesprochen. Die
Menge VAL sei die Vereinigungsmenge aller Wertemengen.
Auf den Datentypen sei außerdem die Interpretation der zugeordneten Funktionen
gegeben, z.B.

$$\_ + \_: VAL_{Integer} \times VAL_{Integer} \rightarrow VAL_{Integer}.$$

Die Wertemengen VAL_s zusammen mit den Funktionen bilden damit eine Algebra
über der Signatur der Grunddatentypen im Sinn der üblichen algebraischen
Modelltheorie [Wir 86].

B.4 Objektzustände

Die Menge $STATE_C$ der Objektzustände einer Klasse C beschreibt alle (korrekt getypten) Belegungen der Attribute. Wir modellieren diese Zustände als Abbildungen der Form

$$STATE_C = \{\sigma \in Attrs(C) \rightarrow VAL: \sigma.X{:}s \in VAL_s \text{ für alle } X{:}s \in Attrs(C)\}.$$

Durch die Art der Mengen VAL_C werden Attribute, deren Typ eine Klasse ist, mit Objektidentifikatoren belegt. Wir schreiben im folgenden auch einfach $\sigma.X$ statt $\sigma.X{:}s$ für die Belegung eines Attributs X des Typs s im Zustand σ.
Analog zu oben bezeichne $STATE$ die Vereinigungsmenge aller Zustandsmengen.

B.5 Systemzustände

Die Menge $SYS\text{-}STATE$ beschreibt die Menge der Systemzustände. Ein Systemzustand ist gekennzeichnet durch die Objektzustände aller Objekte im System, formal

$$SYS\text{-}STATE \subseteq ID \rightarrow STATE.$$

Den Zustand eines Objekts mit Identifikator id im Systemzustand ρ notieren wir im folgenden mit $\rho[id]$.
Die Systemzustände sind mit einer Reihe von Bedingungen verknüpft. Sie betreffen

- die korrekte Typisierung, d.h. aus $class(id) = C$ muss folgen $\rho[id] \in STATE_C$ für alle $\rho \in SYS\text{-}STATE$,
- die dynamische Existenz von Objekten. Diese Bedingungen werden in Anhang B.7 formuliert.

Mit jedem Systemzustand verbunden ist eine Ordnung $\rightarrow$ auf Objektidentifikatoren, die Aggregationsbeziehungen auf Ebene der Objekte beschreibt. Sie muss mit der Aggregationsbeziehung der Attributsignatur verträglich sein, d.h. wir fordern

$$\text{aus } id1 \rightarrow id2 \text{ folgt } class(id1) \rightarrow class(id2) \text{ für alle } id1, id2 \text{ aus } ID.$$

Weitere Eigenschaften der Aggregationsbeziehung werden in Anhang C.3 definiert.
Für jede Zustandsfunktion $f{:}(s_1, ..., s_n)\,s$ in der Attributsignatur gebe es außerdem eine Selektionsfunktion auf Systemzuständen mit Funktionalität

$$f: SYS\text{-}STATE \times VAL_{s_1} \times ... \times VAL_{s_n} \rightarrow VAL_s.$$

Parameter einer Zustandsfunktion mit Klassentyp beziehen sich damit auf Objekte des gegebenen Systemzustands.

B.6 Nachrichten

In den Systemmodellen beschreiben wir Nachrichten durch

- eine Nachrichtensignatur *Msg-Sig* und der durch sie induzierten
- Menge von Nachrichteninstanzen *MSG*.

Eine Nachrichtensignatur *Msg-Sig* besteht aus folgenden Komponenten:

- Mengen *In-MsgC)* und *Out-Msg(C)*, die jeder Klasse *C* eine Menge von Ein- bzw. Ausgabenachrichten(bezeichnern) zuordnet. Eine Teilmenge *Opns(C)* $\subseteq$ *In-Msg(C)* bezeichnet die Operationen der Klasse *C*.
- einer Abbildung *msig$_C$*, die für jede Klasse *C* den Nachrichtennamen eine Signatur zuordnet. Die Signatur *msig$_C$(m)* einer Nachricht *m* ist von der Form

$$(x_1:s_1, ..., x_n:s_n)$$ mit Identifikatoren x_i und Typen s_i aus der Attributsignatur.

Nachrichten sind damit durch ihren Namen eindeutig identifizierbar und in den Klassen nicht überladen. Wir schreiben wie üblich $m(x_1:s_1, ..., x_n:s_n)$.

Für Subklassen fordern wir, dass sie die Nachrichten ihrer Superklassen mit identischer Signatur besitzen. Eine Ausnahme hierbei bildet die Kreierungsnachricht *create$_C$*, die jeder Klasse *C* zugeordnet ist und mit der die Objekte der Klasse kreiert werden. Sie wird nicht an die Subklassen vererbt. Für alle Klassen $C \subseteq D$ gilt also

$$In\text{-}Msg(D) - In\text{-}Msg(C) = \{create_D\}, \ Out\text{-}Msg(D) \subseteq Out\text{-}Msg(C) \text{ und}$$

$$msig_C(m) = msig_D(m) \text{ für alle Nachrichten } m \neq create_D \text{ aus}$$
$$In\text{-}Msg(D) \cup Out\text{-}Msg(D).$$

Nachrichteninstanzen *msg* in MOS sind von der Form

$$msg = id_s : id_e.\ m(a_1, ..., a_n),$$ wobei id_s das sendende Objekt, id_e das empfangende Objekt und $m(a_1, ..., a_n)$ der Nachrichteninhalt mit Parametern a_i ist.

Die einzelnen Komponenten einer Nachricht $msg = id_s : id_e.\ m(a_1, ..., a_n)$ bezeichnen wir mit *sender(msg)* = id_s, *receiver(msg)* = id_e und *name(msg)* = *m*.
Die Menge *MSG* aller Nachrichten(instanzen) wird dann durch die Nachrichtensignatur in folgender Weise induziert:

$$MSG = \{id_s : id_e.\ m(a_1, ..., a_n) \mid id_s, id_e \in ID \text{ und}$$
$$m(x_1:s_1, ..., x_n:s_n) \in In\text{-}Msg(C), class(id_e) = C$$
$$\text{oder } m(x_1:s_1, ..., x_n:s_n) \in Out\text{-}Msg(C), class(id_s) = C$$
$$\text{und } a_i \in VAL_{s_i} \text{ für alle } i = 1, ..., n\}$$

B.7 Lebenszyklen

Systemlebenszyklen

Jedes Systemmodell enthält eine Menge *SYS-TRACE* von Systemlebenszyklen. Jeder Lebenszyklus *sys-tr* $\in$ *SYS-TRACE* ist von der Form

$sys\text{-}tr = \rho_0\,msg_1\,\rho_1\,msg_2\,\rho_2\,...\,\rho_{n-1}\,msg_n\,\rho_n$,
wobei $\rho_i \in SYS\text{-}STATE$, $msg_i \in MSG$ und $n \in IN$; ρ_0 sei ein ausgezeichneter *Initialzustand* in *SYS-STATE*; ρ_n nennen wir *Endzustand*.

Wir fordern von den Lebenszyklen in *SYS-TRACE* eine Reihe von Eigenschaften:

– Die Menge von Lebenszyklen ist abgeschlossen in folgendem Sinn:

Falls $\rho_0\,msg_1\,\rho_1\,...\,\rho_{n-1}\,msg_n\,\rho_n \in SYS\text{-}TRACE$ und $n{\geq}2$, dann ist auch
$\rho_0\,msg_1\,\rho_1\,...\,\rho_{n-2}\,msg_{n-1}\,\rho_{n-1} \in SYS\text{-}TRACE$; außerdem ist
$\rho_0 \in SYS\text{-}TRACE$.

– Für alle Nachrichten in einem Lebenszyklus muss gelten: ihr Effekt auf den Systemzustand ist lokal, d.h.

für alle $\rho_{i-1}\,msg_i\,\rho_i$ in einem Lebenszyklus
$sys\text{-}tr = \rho_0\,msg_1\,\rho_1\,...\,\rho_{n-1}\,msg_n\,\rho_n$ gilt:
$\rho_{i-1}[id] = \rho_i[id]$ für alle $id{\neq}receiver(msg_i)$.

Wir bezeichnen ρ_{i-1} und ρ_i auch als *Vor-* bzw. *Nachzustand* der Nachricht msg_i im Lebenszyklus *sys-tr* und schreiben $pre(msg_i)$ für ρ_{i-1} und $post(msg_i)$ für ρ_i, falls der Kontext klar ist.
– Weitere Einschränkungen der betrachteten Lebenszyklen werden im Zusammenhang mit dem Operationsbegriff und der dynamischen Existenz von Objekten weiter unten formuliert.

Objektlebenszyklen

Objektlebenszyklen extrahieren aus einem Systemlebenszyklus die ein Objekt *id* betreffenden Nachrichten. Ein Objektlebenszyklus $obj\text{-}trace_{id}(sys\text{-}tr)$ sei induktiv wie folgt definiert. Dazu sei ein Systemlebenszyklus
$sys\text{-}tr = \rho_0\,msg_1\,\rho_1\,...\,\rho_{n-1}\,msg_n\,\rho_n$ gegeben.

$obj\text{-}trace_{id}(\rho_0) = \rho_0$,
$obj\text{-}trace_{id}(\rho_0\,msg_1\,\rho_1\,...\,\rho_{n-1}\,msg_n\,\rho_n) = obj\text{-}trace_{id}(\rho_0\,...\,\rho_{n-2})\,msg_n\,\rho_n$,
falls $sender(msg_n) = id$ oder $receiver(msg_n) = id$,
$obj\text{-}trace_{id}(\rho_0\,msg_1\,\rho_1\,...\,\rho_{n-1}\,msg_n\,\rho_n) = obj\text{-}trace_{id}(\rho_0\,...\,\rho_{n-2})$, sonst.

Stabile Zustände

Zur Modellierung stabiler und instabiler Objektzustände sei jeder Systemzustand
in einem Systemlebenszyklus mit einem Prädikat

   $is\_stable \subseteq ID$

verbunden, das die in diesem Zustand stabilen Objekte markiert (*is_stable* kann
z.B. durch ein Attribut *is_stable: Boolean* in den Objektzuständen modelliert
werden).

Dynamische Existenz von Objekten

Die dynamische Objektkreierung in den Systemmodellen wird auf der Basis eines
Aktivierungsmechanismus modelliert. Dazu gibt es in jedem Systemmodell eine
Funktion

   $active\_objects: SYS\text{-}STATE \rightarrow I\!P_{fin}(ID)$,

die jedem Systemzustand eine endliche Menge von aktiven Objektidentifikatoren
zuordnet. Objekte, die in einem Systemzustand nicht aktiv sind, heißen *passiv*.
Für Systemlebenszyklen gelten folgende Abgeschlossenheitseigenschaften bzgl.
der aktiven Objekte:

– Passive Objekte können keine Nachrichten senden und empfangen und können
  nicht als Parameter weitergegeben werden.
  Für alle Nachrichten $msg = id_s: id_e. m(a_1, ..., a_n)$ in einem Systemlebenszyklus
  sys-tr$\in$*SYS-TRACE* gelte also

   $\{id_s, a_1, ..., a_n\} \cap ID \subseteq active\_objects(pre(msg))$ und
   $id_e \in active\_objects(pre(msg))$, falls *m* nicht die Kreierungsnachricht ist.

– Objekte in stabilen Zuständen sind immer aktiv, d.h. für alle *id*$\in$*ID* und alle
  Systemzustände ρ in den Lebenszyklen gilt:

   aus $is\_stable(id)$ in ρ folgt $id \in active\_objects(\rho)$.

Mit der Kreierungsnachricht werden Objekte aus ihrem passiven Zustand geweckt
und somit empfangsbereit für weitere Nachrichten gemacht. Die Kreierung neuer
Objekte erfolgt von beliebigen anderen, bereits aktiven Objekten im System, aus.
Für das Bereitstellen von neuen, aktivierbaren Objektidentifikatoren gibt es zwei
Möglichkeiten der Modellierung:

– eine zentrale Organisation, bei der für jede Klasse ein Klassenmanager neue
  Identifikatoren verteilt; möchte ein Objekt *A* ein Objekt kreieren, schickt *A* eine
  Nachricht an den Klassenmanager, dieser sendet die Kreierungsnachricht zu
  einem passiven Objekt und dessen Objektidentität zurück zu *A*.
– eine dezentrale Organisation, bei der jedem Objekt in seinem Zustand eine
  Menge von passiven Objekten zugeordnet ist. Möchte ein Objekt ein neues
  Objekt kreieren, entnimmt es einen Objektidentifikator aus dem Fundus passi-

ver Objekte. Dabei muss gefordert werden, dass die Mengen von kreierbaren Objekten in den Objektzuständen disjunkt sind.

Obwohl die zentrale Organisation einer operativen Sicht der Objektkreierung in vielen Programmiersprachen entspricht, wird in diesem Ansatz doch die dezentrale Organisation gewählt, da sie das formale Modell beträchtlich vereinfacht und eine abstraktere Sichtweise bietet.
Wir fordern also, dass jede Klasse C implizit Attribute

$new_D:Set[D]$ für alle Klassen D besitzt, d.h. $new_D:Set[D] \in Attrs(C)$.

Mit new_D bezeichnen wir die Menge aller kreierbaren Objekte der Klasse D.

Für alle Lebenszyklen sys-tr in SYS-$TRACE$ und Systemzustände ρ in sys-tr soll gelten:

− Die Mengen der kreierbaren Objekte sind nicht leer und korrekt getypt, d.h.

$\rho[id].new_D \neq \emptyset$ und $class(id') = D$ für alle $id \in ID$, Klassen D und
$id' \in \rho[id].new_D$

− Die Mengen der kreierbaren Objekte sind disjunkt, d.h.

$\rho[id_1].new_D \cap \rho[id_2].new_D = \emptyset$ für alle $id_1 \neq id_2 \in ID$ und Klassen D.

− Die Mengen kreierbarer Objekte enthalten nur passive Objekte, d.h.

$\rho[id].new_D \cap active\_objects(\rho) = \emptyset$ für alle $id \in ID$ und Klassen D.

Weiter sei für jede Klasse C eine Kreierungsnachricht

$create_C(x_1:s_1, ..., x_n:s_n)$

definiert. (Die Nachricht kann wahlweise auch mit einem benutzerdefinierten Namen behaftet sein, z.B. *eröffnen (Name:String)* für ein Konto; dieser benutzerdefinierte Name wird jedoch in der formalen Modellierung im folgenden aus Vereinfachungsgründen vernachlässigt.)
Die folgende Bedingung setzt Kreierungsnachrichten und die Menge der aktiven Objekte *active_objects* in einem Systemzustand zueinander in Beziehung.

Für alle Lebenszyklen sys-tr und Nachrichten
$msg = id_s : id_e . create_C(a_1, ..., a_n)$ in sys-tr gelte
$active\_objects(post(msg)) = active\_objects(pre(msg)) \cup \{id_e\}$ und
$id_e \in pre(msg).new_C$.
Für alle Nachrichten msg in sys-tr, die keine Kreierungsnachricht sind, gelte
$active\_objects(post(msg)) = active\_objects(pre(msg))$.

Mit $active\_objects(sys$-$tr)$ bezeichnen wir im folgenden die Menge aller in den Systemzuständen des Lebenszyklus sys-tr aktiven Objekte, d.h.

$active\_objects(sys$-$tr) = active\_objects(\rho_{fin})$, wobei ρ_{fin} der Endzustand von sys-tr ist.

Zusammenfassend besteht das Kreieren von Objekten in den Systemmodellen

– aus dem Auswählen eines passiven Objektidentifikators aus dem lokalen
  Zustandsraum und
– aus dem Senden der Kreierungsnachricht.

Anhang C – Klassendiagramme

C.1 Interpretation von P-MOS-Prädikaten

C.2 Formale Interpretation von Invarianten

C.3 Formale Interpretation von Aggregationsbeziehungen

C.1 Interpretation von P-MOS-Prädikaten

Gegeben sei ein P-MOS-Ausdruck e des Typs T, der auf der Basis eines Klassendiagramms CD gebildet ist. Wir betrachten im folgenden ein beliebiges Systemmodell SM, das das Klassendiagramm erfüllt, und definieren die Interpretation

$\quad I_{\rho,\beta}[e]$,

wobei ρ ein Systemzustand in SM ist und β eine Belegung der Variablen in e ist;
$I_{\rho,\beta}[e]$ bezeichnet damit einen Wert in VAL_T. Eine Belegung β von Variablen X ist
eine korrekt getypte Abbildung $\beta: X \rightarrow VAL$, d.h. es gilt $\beta[x:T'] \in VAL_T$ für alle
Variablen x:T'.
Die Interpretation von P-MOS-Ausdrücken ist in induktiver Weise definiert.

– $I_{\rho,\beta}[f(e\_1, ..., e\_n)] = f^{SM}(I_{\rho,\beta}[e\_1], ..., I_{\rho,\beta}[e\_n])$,

  falls f die Funktion eines Datentyps ist; f^{SM} bezeichne die korrespondierende
  Funktion im Systemmodell SM.

– $I_{\rho,\beta}[x] = \beta[x]$, falls x:T Variable in X ist.

– $I_{\rho,\beta}[e.A] = \rho[id].A$,

  falls A Attribut der Klasse C ist und $id = I_{\rho,\beta}[e]$ ein Objektidentifikator aus ID_C.

Die Interpretation von Assoziationsausdrücken erfolgt analog durch Einsetzen der
zugeordneten Attribute.

– $I_{\rho,\beta}[f(e\_1, ..., e\_n)] = f^{SM}(\rho, I_{\rho,\beta}[e\_1], ..., I_{\rho,\beta}[e\_n])$,

  falls f Zustandsfunktion ist; f^{SM} bezeichne die korrespondierende Zustandsfunktion im Systemmodell SM (vgl. Anhang B.5).

C.2 Formale Interpretation von Invarianten

- Eine Invariante Inv gilt in einem Systemmodell, wenn Inv in allen Systemlebenszyklen gilt.
- Eine lokale Invariante Inv_loc einer Klasse C gilt in einem Systemlebenszyklus *sys-tr*, wenn für alle Objektidentifikatoren $id \in ID_C$ gilt: die Invariante ist in allen stabilen Zuständen ρ der Objektlebenszyklen *obj-trace*$_{id}$*(sys-tr)* gültig, d.h. *is_stable(id)* in ρ impliziert ρ, *[self→id]* $\models$ Inv_loc.
- Eine globale Invariante Inv gilt in einem Systemlebenszyklus *sys-tr*, wenn Inv in allen Systemzuständen ρ in *sys-tr* erfüllt ist, für die gilt:

$$id \notin active\_objects(\rho) \text{ oder } is\_stable(id) \text{ für alle } id \in ID.$$

C.3 Formale Interpretation von Aggregationsbeziehungen

Aggregation auf Klassenebene

Gegeben sei eine Aggregationsbeziehung auf Klassenebene

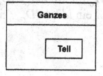

Für die Systemmodelle fordern wir die Beziehung

Teil → Ganzes

in der Aggregationsordnung auf Klassen. (Enthält die Aggregatklasse mehrere Teilklassen, so wird die obige Beziehung für alle Teilklassen gefordert.)

Aggregation auf Objektebene

Gegeben sei eine Aggregationsbeziehung auf Klassenebene

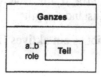

Für die Gültigkeit der Aggregation in den Systemmodellen wird die Beziehung zunächst in die folgende Assoziationsbeziehung umgeformt:

Zusätzlich werden folgende zwei Eigenschaften gefordert:

- die Aggregationsbeziehung *Teil → Ganzes* auf Klassennamen,

- Aggregationsbeziehungen auf Objektebene in den Systemzuständen:
  In den Systemmodellen gelte für alle Systemzustände ρ

$id_T \rightarrow id_G$ für alle Objektidentifikatoren id_T, id_G mit $id_T \in \rho[id_G].role$.

Konstante Aggregation

Gegeben sei eine konstante Aggregationsbeziehung

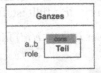

und ein Systemmodell, das die Eigenschaften einer Aggregationsbeziehung auf Objektebene erfüllt. Zusätzlich fordern wir für jeden Lebenszyklus
$sys\text{-}tr = \rho_0 \, msg_1 \, \rho_1 \, msg_2 \, \rho_2 \dots \rho_{n-1} \, msg_n \, \rho_n$ im Systemmodell und jeden Objektidentifikator $id_T \in ID_{Teil}$, dass gilt:

> Das Teilobjekt ist im Laufe seiner Lebenszeit höchstens einem Aggregatobjekt zugeordnet, d.h. falls $id_T \rightarrow id1_G$ für ein $id1_G \in ID_{Ganzes}$ in einem Systemzustand ρ_i, $i=0,\dots,n$, und $id_T \rightarrow id2_G$ für ein $id2_G \in ID_{Ganzes}$ in einem Systemzustand ρ_j, $j=0,\dots,n$, dann gilt $id1_G = id2_G$.

Abhängige Aggregation

Gegeben sei eine abhängige Aggregationsbeziehung

und ein Systemmodell, das die Eigenschaften einer Aggregationsbeziehung auf Objektebene erfüllt. Zusätzlich fordern wir für jeden Lebenszyklus
$sys\text{-}tr = \rho_0 \, msg_1 \, \rho_1 \, msg_2 \, \rho_2 \dots \rho_{n-1} \, msg_n \, \rho_n$ im Systemmodell und jeden Objektidentifikator $id_T \in ID_{Teil}$, dass für alle Zustände ρ_i gilt:

> Falls id_T stabil ist in ρ_i, dann gibt es ein aktives Objekt $id_G \in ID_{Ganzes}$ in ρ_i mit $id_T \rightarrow id_G$.

Gekapselte Aggregation

Gegeben sei eine gekapselte Aggregationsbeziehung

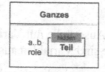

und ein Systemmodell, das die Eigenschaften einer Aggregationsbeziehung auf
Objektebene erfüllt. Zusätzlich fordern wir für jeden Lebenszyklus
$sys\text{-}tr = \rho_0\, msg_1\, \rho_1\, msg_2\, \rho_2 \ldots \rho_{n-1}\, msg_n\, \rho_n$ im Systemmodell und jeden Objektidentifikator $id_T \in ID_{Teil}$, dass gilt:

> Falls $id_T \rightarrow id_G$ in ρ_i für ein $i=0,\ldots,n-1$, $id_G \in ID_{Ganzes}$ und
> $name(msg_{i+1}) \in Opns(Teil)$, dann gilt
> > $sender(msg_{i+1}) \in agg\_objects(id_G)$,
>
> wobei $agg\_objects(id_G)$ die Menge der von id_G aggregierten Objekte
> bezeichnet, d.h. $agg\_objects(id_G)=\{id: id \rightarrow id_G\}$.

Anhang D – Die Beschreibungstechniken der Dynamik

D.1 Abstrakte Darstellung von Sequenzdiagrammen

D.2 Formale Modellierung von Sequenzdiagrammen

D.3 Abstrakte Darstellung von Zustandsdiagrammen

D.4 Formale Modellierung von Zustandsdiagrammen

D.5 Ablauforientierte Operationsspezifikation

D.6 Interpretation von Vor- und Nachbedingungen

D.7 Vor- und Nachbedingungen in Super- und Subklassen

D.8 Verfeinerung von Zustandsdiagrammen

D.1 Abstrakte Darstellung von Sequenzdiagrammen

Zur leichteren Handhabung der formalen Modellierung von Sequenzdiagrammen
wird eine abstrakte textuelle Darstellung der Diagramme in folgender Weise
definiert.

Ein *Sequenzdiagramm* SD besteht aus einer Menge vars(SD) von Variablen und
aus einer Sequenz msg-spec$_1$ ... msg-spec$_n$ von Nachrichtenspezifikationen, für
die gilt:

– Die Variablenmenge enthält eine ausgezeichnete Menge $X \subseteq$ vars(SD); die
  Menge X repräsentiert die Objekte, denen eine Lebenslinie zugeordnet ist.
– Die Nachrichtenspezifikationen msg-spec$_i$ sind von der Form

$\quad$ $x_s : x_e . m(t_1, ..., t_m)$.

Die Parameter t_i sind P-MOS-Ausdrücke mit Variablen in vars(SD); die
Sender- und Empfangsobjekte sind Variablen aus X.

Bei der Überführung eines Diagramms in die abstrakte Form werden Lebenslinien
und markierte Pfeile in natürlicher Weise in Variablen und Nachrichtenspezifikationen überführt. Anonyme Objekte erhalten dabei einen eindeutigen internen
Identifikator. Im Fall von Nachrichten ohne Sender oder Empfänger fungiert ein
einmalig benutzter Identifikator als Sender- bzw. Empfangsobjekt. Der Typ des
Senders ist dabei beliebig.

Als Beispiel ist eine abstrakte Darstellung des Sequenzdiagramms

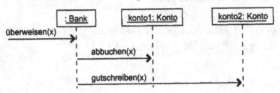

gegeben durch

– die Variablenmenge {b: Bank, konto1: Konto, konto2: Konto, ext: Kunde} und
– die Nachrichtenfolge
  ext : b. überweisen(x)   b : konto1. abbuchen(x)   b : konto2. gutschreiben(x).

Dadurch dass der Typ von Senderobjekten und Nachrichtenparametern in
bestimmten Fällen frei wählbar ist, ist die abstrakte Repräsentation eines
Diagramms im allgemeinen nicht eindeutig. Dies wird in die formale Modellierung in offener Weise miteinbezogen.

D.2   Formale Modellierung von Sequenzdiagrammen

Die formale Modellierung verwendet Notationen, die sich auf die Interpretation
von P-MOS-Ausdrücken beziehen, wie der Begriff der Belegung oder die
Interpretationsfunktion I; dazu sei auf Anhang C.1 verwiesen. Zwei weitere
Notationen sind die Funktion *messages(sys-tr)* und die Teilsequenzordnung $\sqsubseteq$;
messages extrahiert die Nachrichten aus einem Lebenszyklus und *s1* $\sqsubseteq$ *s2*, falls
sich *s1* aus *s2* durch Eliminieren von Elementen gewinnen lässt. Die Definition
dieser Notationen ist unten zu finden.

– Ein Systemmodell *erfüllt ein Sequenzdiagramm*, wenn es eine abstrakte
  Darstellung SD des Diagramms erfüllt.
– Ein Systemmodell *erfüllt* ein Sequenzdiagramm SD mit Variablenmenge
  vars(SD) und Nachrichtenfolge msg-spec$_1$ ... msg-spec$_n$, falls folgende
  Bedingung erfüllt ist:

Es gibt eine Belegung β der Variablen in SD und einen Lebenszyklus *sys-tr* $\in$ *SYS-TRACE*, für den gilt:
Es gibt eine Teilsequenz $msg_1...msg_n \sqsubseteq messages(sys\text{-}tr)$, für die für alle $i=1,...,n$ gilt:

$msg_i = id_s : id_e . m(..., a_j, ...)$, wobei $msg\text{-}spec_i$ von der Form
$msg\text{-}spec_i = x_s : x_e . m(..., t_j, ...)$ ist mit Variablen $x_s{:}C_s$, $x_e{:}C_e$;

außerdem

$a_j = I_{pre(msg_i),\beta}[t_j]$,
$id_s = \beta[x_s]$ oder $id_s \in ID_C$ für eine Teilklasse C von C_s, d.h. $C \rightarrow C_s$,
$id_e = \beta[x_e]$ oder $id_e \in ID_D$ für eine Teilklasse D von C_e, d.h. $D \rightarrow C_e$.

Wir nennen $msg\text{-}spec_1 ... msg\text{-}spec_n$ auch den *syntaktischen Ablauf*, $msg_1...msg_n$ den *semantischen Ablauf* des Sequenzdiagramms.

Die Funktion *messages* und die Teilsequenzordnung $\sqsubseteq$ seien folgendermaßen definiert; dazu sei $sys\text{-}tr = \rho_0\, msg_1\, \rho_1\, msg_2\, \rho_2 ... \rho_{n-1}\, msg_n\, \rho_n$ ein Lebenszyklus in *SYS-TRACE*:

- $messages(sys\text{-}tr) =_{def} msg_1 ... msg_n$.
- $msg_1 ... msg_n \sqsubseteq msg_1' ... msg_m'$ genau dann, wenn es Sequenzen $\alpha_1, ..., \alpha_n, \alpha_{n+1}$ von Nachrichten gibt, so dass $msg_1' ... msg_m' = \alpha_1\, msg_1\, \alpha_2 ... \alpha_n\, msg_n\, \alpha_{n+1}$.

D.3 Abstrakte Darstellung von Zustandsdiagrammen

Die abstrakte textuelle Repräsentation eines Zustandsdiagramms ZD besteht aus folgenden Komponenten:

$$ZD = (S, \delta, P, trans_0, s_0, C)$$

- **C** ist die Klasse, der das Diagramm zugeordnet ist.
- **S** ist eine Menge von Zuständen mit Anfangszustand $s_0 \in S$.
- **P** ist eine Abbildung, die jedem Zustand **s** ein lokales Prädikat P[s] mit (einziger freier) Variable self:C zuordnet.
  Für Zustände s ohne Prädikat im Diagramm definieren wir P[s] = true.
- δ ist die Übergangsrelation $\delta \subseteq S \times T \times S$ mit Transitionen T. Jede Transition trans in T ist von der Form

      trans = (precond, inmsg-spec, outmsg-spec, postcond)

wie in 6.2.1 beschrieben. Im folgenden werden aus Gründen der Vereinfachung nur Transitionen mit genau einer Ausgabenachricht outmsg-spec betrachtet. Eine Erweiterung auf den Fall einer fehlenden Ausgabenachricht (oder auch einer Folge von Ausgabenachrichten) ist ohne Probleme möglich. Fehlen Vor- oder Nachbedingung im Diagramm, werden sie in der abstrakten Darstellung durch das Prädikat true ersetzt.
Die Komponenten einer Transition trans bezeichnen wir mit precond(trans), postcond(trans), in-msg(trans) und out-msg(trans); mit vars(trans) bezeichnen

wir die freien Variablen, die in den Bedingungen und den Ausdrücken der
Transition verwendet werden.
- $trans_o$ ist die initiale Transition. Sie ist von der Form

$$trans_o = (\text{inmsg-spec, outmsg-spec, postcond}),$$

wobei inmsg-spec = $create_c(x_1, ..., x_n)$ die Kreierungsnachricht ist und
outmsg-spec, postcond Ausgabenachricht bzw. Nachbedingung wie oben.

Mit class(ZD) bezeichnen wir im folgenden die Klasse, der das Diagramm
zugeordnet ist; die Menge input-messages(ZD) enthalte die Namen aller Eingabenachrichten in den Transitionen.

D.4   Formale Modellierung von Zustandsdiagrammen

Die im folgenden verwendete Funktion $\_|_{M.id}$ ist eine Extraktionsfunktion, die
Nachrichten mit Name aus M und Empfänger id aus einer Sequenz von Nachrichten filtert. Sie ist unten definiert. Mit $pre(msg_i)$ und $post(msg_i)$ bezeichnen wir
den Systemzustand vor bzw. nach dem Nachrichtenaustausch an Stelle i in einem
gegebenen Systemlebenszyklus (vgl. Anhang B.7).
Die Gültigkeit einer Nachbedingung P_{post} ist von zwei Zuständen, dem Vorzustand
ρ_{pre} und dem Folgezustand ρ_{post}, und einer Belegung β abhängig; dies wird mit
$\rho_{post}, \rho_{pre}, \beta \vDash P_{post}$ notiert. Dieser Gültigkeitsbegriff ist analog zur Gültigkeit von
P-MOS-Prädikaten definiert.
Für die übrigen Notationen sei auch auf Anhang D.2 verwiesen.

- Ein Systemmodell *erfüllt ein Zustandsdiagramm*, wenn es seine abstrakte
  Darstellung ZD erfüllt.
- Ein Systemmodell erfüllt ein Zustandsdiagramm

$$ZD = (S, \delta, P, trans_o, s_o, C),$$

falls für alle Lebenszyklen *sys-tr* $\in$ *SYS-TRACE* und $id \in ID_C$ mit
$id \in active\_objects(sys\text{-}tr)$ gilt:

   $obj\text{-}tr = obj\text{-}trace_{id}(sys\text{-}tr)$ ist ein *(semantischer) Ablauf* des Zustandsdiagramms.

Dafür müssen folgende Bedingungen erfüllt sein:
Es gibt einen *syntaktischen Ablauf* von ZD, d.h. eine Sequenz

   $trans_o\, s_o\, trans_1\, s_1 ... s_{n-1}\, trans_n\, s_n$ mit $n \geq 0$ und $(s_i, trans_i, s_{i+1}) \in \delta$

und eine Teilsequenz *msgs* mit

   $messages(obj\text{-}tr)|_{\text{input-messages(ZD)},id} \sqsubseteq msgs \sqsubseteq messages(obj\text{-}tr),$

so dass *msgs Instanz* des syntaktischen Ablaufs ist:

- $msgs = in\text{-}msg_o\; out\text{-}msg_o\, in\text{-}msg_1\; out\text{-}msg_1 ... in\text{-}msg_n\; out\text{-}msg_n$
- Die Prädikate der Automatenzustände sind erfüllt, d.h.

$pre(in\text{-}msg_i),\ [self\rightarrow id] \vDash P[s_{i\text{-}1}]$ für $i=1,...,n$,

$post(in\text{-}msg_i),\ [self\rightarrow id] \vDash P[s_i]$ für $i=0,...,n$.

- Die Nachrichten $in\text{-}msg_i$, $out\text{-}msg_i$ sind *Instanz* der Transition $trans_i$, $i = 1$, ..., n, d.h. es gibt Belegungen β_i der Variablen vars($trans_i$) mit $\beta_i[self]=id$, für die gilt:

  $pre(in\text{-}msg_i),\ \beta_i \vDash$ precond($trans_i$),

  $post(in\text{-}msg_i),\ pre(in\text{-}msg_i),\ \beta_i \vDash$ postcond($trans_i$),

  $in\text{-}msg_i = id_s$: $id.$ m-in($\beta_i[x_1], ..., \beta_i[x_m]$) für ein $id_s \in ID$, falls
    in-msg($trans_i$) = m-in($x_1, ..., x_m$),

  $out\text{-}msg_i = id$: $|_{post(in\text{-}msg_i),\beta_i}$ [t]. m-out($|_{post(in\text{-}msg_i),\beta_i}$ [t$_1$], ..., $|_{post(in\text{-}msg_i),\beta_i}$ [t$_k$]),
    falls out-msg($trans_i$) = t. m-out(t$_1$, ..., t$_k$).

- Die Nachrichten $in\text{-}msg_o$, $out\text{-}msg_o$ sind Instanz der Transition $trans_o$, d.h. es gibt eine Belegung β_o der Variablen vars($trans_o$) mit $\beta_o[self]=id$, für die gilt:

  $post(in\text{-}msg_o),\ \beta_o \vDash$ postcond($trans_o$),
  $in\text{-}msg_o = id_s$: $id.create_D(..., \beta_o[x_i], ...)$ für ein $id_s \in ID$,
    falls *class(id)=D*,
  $out\text{-}msg_o$ wie oben.

Falls der Kontext klar ist, nennen wir auch *msgs* den *semantischen Ablauf* von ZD.

Die Extraktionsfunktion $\_|_{M,id}$ ist wie folgt definiert. Dazu sei M eine Menge von Nachrichtenbezeichnern, id ein Objektidentifikator. Wir definieren induktiv

- $\varepsilon|_{M,id} = \varepsilon$,
- $msg_1 ... msg_{n+1}|_{M,id} = msg_1 ... msg_n|_{M,id} msg_{n+1}$, falls $name(msg_{n+1}) \in M$ und $receiver(msg_{n+1}) = id$,
- $msg_1 ... msg_{n+1}|_{M,id} = msg_1 ... msg_n|_M$ sonst.

D.5 Ablauforientierte Operationsspezifikation

Im folgenden wird die Struktur der Operationsbearbeiter und die interne Interpretation von Zustandsdiagrammen zur Operationsspezifikation definiert.
Das Zustandsdiagramm einer Operation op der Klasse **C** spezifiziert das Verhalten von Objekten der Operationsbearbeiterklasse **C_OP**. Von der Klasse **C_OP** nehmen wir an, dass sie nur die Kreierungsoperation create$_{C\_OP}$ enthält. Diese Operation übernimmt nach der Objektkreierung die Ausführung der Operation op. Die Kreierungsoperation besitzt die Parameter der Operation op, Parameter zur Übergabe der Attributwerte des aufgerufenen Objekts und zwei weitere Parameter, die die Identität des Aufrufers und des aufgerufenen Objekts übergeben (vgl. das Schema in Abbildung 6-13).
Die Operationsbearbeiterklasse **C_OP** besitzt Attribute, die den Parametern der Kreierungsnachricht entsprechen. Falls op (... x:T ...) Signatur von op ist und ... a:T' ... die Attribute von **C** sind, hat **C_OP** damit die folgende Struktur (die Großschreibung der Attribute dient der Unterscheidung von den Parametern der

Kreierungsoperation; mit *Server* bezeichnen wir im folgenden das aufgerufene
Objekt):

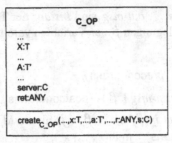

Für Zustandsdiagramme, die eine Operation op (... x:T ...) spezifizieren, werden
folgende syntaktische Erweiterungen und Hilfskonstruktionen definiert:

– Die initiale Transition des Zustandsdiagramms ist von der Form

Intern wird die initiale Nachricht übersetzt in die Kreierungsnachricht

$create_{c\_OP}$ (...,x,...,a,...,r,s)

mit Nachbedingung

[... $\wedge$ X = x $\wedge$ ... $\wedge$ A = a $\wedge$ ... $\wedge$ ret = r $\wedge$ server = s].

– Von der Operation an den Aufrufer zurückgesendete Antworten werden im
Diagramm durch Ausgabenachrichten der Form

ret. antw(...)

ausgedrückt. Eine solche Ausgabenachricht führt in einen *Endzustand* (d.h. in
einen Zustand ohne ausgehende Transitionen) und wird intern begleitet durch
die Antwortnachricht an das aufgerufene Objekt, in der die veränderten Attributwerte übergeben werden:

server. ok (...A...)

– Jeder Operationsaufruf von op durch eine Nachricht

t. op(... t_i ...)

in anderen Diagrammen wird intern übersetzt in die Nachricht

t. op(... t_i ..., self),

d.h. die Identität des Senders wird zusätzlich als Parameter übergeben und so
im Diagramm des Empfängers zugänglich gemacht.
– Unterstrichene Parameter im Diagramm sind global zugänglich, d.h. eine
Transition

induziert, dass

- – y einem Attribut Y in **C_OP** entspricht,
- – die Transition intern mit der Nachbedingung

$$[... \wedge Y = y \wedge ...]$$

verbunden wird,

- – jedes Auftreten des Parameters y in anderen Transitionen des Diagramms intern übersetzt wird in den Ausdruck Y (genauer self.Y).

– Das Automatendokument kann einen Abschnitt enthalten, in dem Variablen

$$... \text{temp:T} ...$$

definiert sind. Diese temporären Variablen werden als weitere Attribute von **C_OP** interpretiert.

D.6   Interpretation von Vor- und Nachbedingungen

Interpretation lokaler Vor- und Nachbedingungen

Zur Definition der Gültigkeit einer Spezifikation **pre** P_{pre} **post** P_{post} einer Operation op der Klasse **C** wird aus den Systemlebenszyklen die nötige Information gefiltert. Dies sind

- – der Operationsaufruf $x_s : x_e \cdot op(a_1, ..., a_n)$ mit den zugehörigen stabilen Vor- und Nachzuständen ρ_{pre} und ρ_{post},
- – für Funktionen zusätzlich die Rückgabenachricht *return-msg*.

Jede solche aus einem Systemlebenszyklus extrahierte Information nennen wir eine *vollständige Operationsausführung*.

Die Spezifikation VN = **pre** P_{pre} **post** P_{post} einer Operation

$$op(x_1:T_1, ..., x_n:T_n) \; [\; :T \;] \text{ in Klasse } \textbf{C} \text{ mit lokalen Prädikaten}$$

gilt in einem Systemmodell, wenn VN für alle vollständige Operationsausführungen aller Systemlebenszyklen *sys-tr* des Systemmodells gültig ist.

VN ist für eine vollständige Operationsausführung
$(\rho_{pre}, x_s : x_e \cdot op(a_1, ..., a_n), \rho_{post})$ gültig, falls für alle Variablenbelegungen β mit $\beta[\text{self}] = x_e,\ \beta[x_i] = a_i$ gilt:

$$\text{Falls } \rho_{pre}, \beta \vDash P_{pre}, \text{ dann gilt auch } \rho_{post}, \rho_{pre}, \beta \vDash P_{post}.$$

Falls op eine Funktion mit Antwortnachricht *return-msg* ist, dann muss unter der obigen Vorbedingung gelten

$$return\text{-}msg = x: x_s \, . \, return(a) \text{ und } \rho_{post}, \rho_{pre}, \beta[op \rightarrow a] \vDash \mathsf{P}_{post}.$$

Interpretation globaler Vor- und Nachbedingungen

Eine globale Vor- und Nachbedingung VN = **pre** P_{pre} **post** P_{post} einer Operation op in Klasse **C** gilt in einem Systemmodell, wenn VN für alle isolierten Operations-ausführungen aller Systemlebenszyklen des Systemmodells gültig ist.

Eine isolierte Operationsausführung einer Operation op in einem Systemlebens-zyklus *sys-tr* eines Systemmodells ist dabei eine vollständige Operationsausfüh-rung, bestehend aus

– dem Operationsaufruf $x_s : x_e \, . \, op \, (a_1, ..., a_n)$ mit zugehörigem stabilen Vor- und Nachzustand ρ_{pre} bzw. ρ_{post} und evtl.
– der Antwortnachricht *return-msg*, falls op eine Funktion ist.

Zusätzlich gilt für den Abschnitt $op\text{-}tr = \rho_{pre} \, x_s : x_e \, . \, op(a_1, ..., a_n) ... \rho_{post}$ in *sys-tr*:

$op\text{-}tr$ ist eine Nachrichtenkette,

d.h. für die Nachrichtensequenz $messages(op\text{-}tr) = msg_1 ... msg_k$ gilt:

$$sender(msg_i) = receiver(msg_{i-1}) \text{ für } i = 2,..., k.$$

D.7   Vor- und Nachbedingungen in Super- und Subklassen

Der folgende Satz setzt Vor- und Nachbedingungen in Super- und Subklassen formal zueinander in Beziehung.
Gegeben sei

– eine Klasse **Super** mit Subklasse **Sub**,
– eine Operation op $(x_1: T_1, ..., x_n: T_n)$ in **Super** mit Spezifikation
  VN_{Super} = **pre** Pre_{Super} **post** $Post_{Super}$,
– eine Spezifikation VN_{Sub} = **pre** Pre_{Sub} **post** $Post_{Sub}$ von op in **Sub**,
– eine lokale Invariante I_{Sub} von **Sub**.

Gegeben sei außerdem ein Systemmodell *SM*, das die lokale Invariante I_{Sub} und die Spezifikation VN_{Sub} erfüllt.
Weiter gelte in *SM* folgende Eigenschaft für alle isolierten Operationsausführun-gen von op $(\rho_{pre}, x_s : x_e \, . \, op(a_1, ..., a_n), \rho_{post})$ und Belegungen β mit $\beta[self] = x_e$, $\beta[x_i] = a_i$:

  – aus $\rho_{pre}, \beta \vDash Pre_{Super}$ folgt $\rho_{pre}, \beta \vDash Pre_{Sub}$ und

  – aus $\rho_{post}, \rho_{pre}, \beta \vDash Post_{Sub} \wedge I_{Sub}$ folgt $\rho_{post}, \rho_{pre}, \beta \vDash Post_{Super}$.

Dann gilt VN_{Super} für alle isolierten Operationsausführungen mit Empfängerobjekt aus ID_{Sub}.

Die analoge Eigenschaft gilt auch für Funktionen. Der Beweis folgt sofort aus der Definition der Gültigkeit von Vor- und Nachbedingungen und der Gültigkeit lokaler Invarianten.

D.8 Verfeinerung von Zustandsdiagrammen

Im folgenden werden die beiden Regeln zur Verfeinerung von Zustandsdiagrammen formal aufgeschrieben und ihre Korrektheit bewiesen. Die Automaten werden dazu in der abstrakten Darstellung von Anhang D.3 notiert.

Eliminieren einer Transition

Gegeben seien zwei Zustandsdiagramme

$$ZD\_A = (S, \delta, P, trans_o, s_o, C) \text{ und } ZD\_V = (S, \delta', P, trans_o, s_o, C)$$

und es gelte $\delta' \subseteq \delta$ und input-messages(ZD_A) = input-messages(ZD_V). Dann ist ZD_V eine Verfeinerung von ZD_A.

Beweis

Sei *SM* Systemmodell von ZD_V, d.h. für jeden beliebigen Lebenszyklus *sys-tr* in *SM* und aktive Objekte $id \in ID_C$ gilt: $obj\text{-}trace_{id}(sys\text{-}tr)$ ist Ablauf von ZD_V.
Zu zeigen ist, dass gilt: $obj\text{-}trace_{id}(sys\text{-}tr)$ ist auch Ablauf von ZD_A.
Da $obj\text{-}trace_{id}(sys\text{-}tr)$ Ablauf von ZD_V ist, gibt es eine Folge
$trans_o\ s_o\ trans_1\ s_1 \dots s_{n-1}\ trans_n\ s_n$ mit $(s_i, trans_i, s_{i+1}) \in \delta'$ und eine Instanz *msgs*.
Wegen $\delta' \subseteq \delta$ ist $trans_o\ s_o\ trans_1\ s_1 \dots s_{n-1}\ trans_n\ s_n$ auch syntaktischer Ablauf von ZD_A. Da die Menge der Eingabenachrichten konstant bleibt, folgt auch sofort, dass *msgs* Instanz des syntaktischen Ablaufs ist.

Aufspalten von Zuständen

Gegeben seien zwei Zustandsdiagramme
$$ZD\_A = (S, \delta, P, trans_o, s_o, C) \text{ und } ZD\_V = (S', \delta', P', trans_o', s_o', C)$$
mit einer surjektiven, totalen Abbildung $\alpha: S' \to S$, und es gelten folgende Bedingungen:

- $\delta' = \delta_\alpha \cup \underline{\delta}$ mit $\delta_\alpha = \{(s_1, trans, s_2): (\alpha(s_1), trans, \alpha(s_2)) \in \delta\}$ und für alle $(s_1, trans, s_2) \in \underline{\delta}$ gilt: $\alpha(s_1) = \alpha(s_2)$ und in-msg(trans) $\notin$ input-messages(ZD_A).
- $s_o = \alpha(s_o')$ und $trans_o' = trans_o$.
- In jedem Systemmodell von ZD_V gelte für alle Systemzustände ρ und Identifikatoren *id*: ρ, $[self \to id] \models P'[s']$ impliziert ρ, $[self \to id] \models P[\alpha (s')]$ für alle Zustände $s' \in S' \in ID_C$.

Dann ist ZD_V eine Verfeinerung von ZD_A.

Beweis

Sei *SM* Systemmodell von ZD_V, *sys-tr*∈*SYS-TRACE* und *id*∈*ID_C* aktives Objekt.
Dann ist *obj-tr* = *obj-trace$_{id}$(sys-tr)* Ablauf von ZD_V.
Zu zeigen ist: *obj-trace$_{id}$(sys-tr)* ist auch Ablauf von ZD_A.

Sei trans$_0$' s$_0$' trans$_1$ s$_1$' ... s$_{n-1}$' trans$_n$ s$_n$' syntaktischer Ablauf von ZD_V mit Instanz
msgs'. Wir zeigen, dass *obj-tr* Ablauf von ZD_A ist mit syntaktischem Ablauf
abl(trans$_0$' s$_0$' trans$_1$ s$_1$' ... s$_{n-1}$' trans$_n$ s$_n$'), der folgendermaßen induktiv definiert ist:

   abl(trans$_0$' s$_0$') = trans$_0$ α(s$_0$'),
   abl(trans$_0$' s$_0$' ... s$_{i-1}$' trans$_i$ s$_i$') = abl(trans$_0$' s$_0$' ... s$_{i-1}$') trans$_i$ α(s$_i$'),
       falls (s$_{i-1}$', trans$_i$, s$_i$') ∈ δ_α,
   abl(trans$_0$' s$_0$' ... s$_{i-1}$' trans$_i$ s$_i$') = abl(trans$_0$' s$_0$' ... s$_{i-1}$') sonst, für alle $1 \le i \le n$.

Die zugehörige Instanz *msgs* sei *msgs'*, eingeschränkt auf die Nachrichten, die zu
den in abl(trans$_0$' s$_0$' trans$_1$ s$_1$' ... s$_{n-1}$' trans$_n$ s$_n$') verbliebenen Nachrichtenspezifikationen korrespondieren.

– Wir zeigen zuerst: abl(trans$_0$' s$_0$' trans$_1$ s$_1$' ... s$_{n-1}$' trans$_n$ s$_n$') ist syntaktischer
  Ablauf von ZD_A.

  Sei abl(trans$_0$' s$_0$' trans$_1$ s$_1$' ... s$_{n-1}$' trans$_n$ s$_n$') = trans$_0$ s$_0$ trans$_1$ s$_1$ ... s$_{m-1}$ trans$_m$ s$_m$.
  Wir zeigen induktiv: Für alle $k \le m$ ist trans$_0$ s$_0$ trans$_1$ s$_1$ ... s$_{k-1}$ trans$_k$ s$_k$ syntaktischer Ablauf von ZD_A, und für
  trans$_0$ s$_0$ trans$_1$ s$_1$ ... s$_{k-1}$ trans$_k$ s$_k$ = abl(trans$_0$' s$_0$' ... s$_i$') gilt α(s$_i$') = s$_k$.

  k=0: abl(trans$_0$' s$_0$') = trans$_0$ α(s$_0$') = trans$_0$ s$_0$ ist syntaktischer Ablauf von
  ZD_A. Der zweite Teil der Behauptung gilt ebenfalls.

  k+1 $\le$ m: trans$_0$ s$_0$ trans$_1$ s$_1$ ... s$_{k-1}$ trans$_k$ s$_k$ ist syntaktischer Ablauf von ZD_A.
  Sei trans$_0$ s$_0$ trans$_1$ s$_1$ ... s$_{k-1}$ trans$_k$ s$_k$ = abl(trans$_0$' s$_0$' ... s$_i$'), $l \ge k$.
  Zu zeigen ist: (s$_k$, trans$_{k+1}$, s$_{k+1}$)∈δ.
  trans$_0$ s$_0$ trans$_1$ s$_1$ ... s$_k$ trans$_{k+1}$ s$_{k+1}$ = abl(trans$_0$' s$_0$' ... s$_i$' trans$_{i+1}$ s$_{i+1}$' ... trans$_{i+r}$ s$_{i+r}$')
  für ein $r \ge 1$, wobei (s$_{i+r-1}$', trans$_{i+r}$, s$_{i+r}$')∈δ_α und (s$_{i+i}$', trans$_{i+i+1}$, s$_{i+i+1}$')∈$\underline{\delta}$ für alle
  $0 \le i < r-1$.
  Aus (s$_{i+r-1}$', trans$_{i+r}$, s$_{i+r}$')∈δ_α folgt (α(s$_{i+r-1}$'), trans$_{i+r}$, α(s$_{i+r}$'))∈δ. Weiter gilt
  α(s$_i$') = α(s$_{i+1}$') = ... = α(s$_{i+r-1}$') und wegen α(s$_i$') = s$_k$ folgt s$_k$ = α(s$_{i+r-1}$'). Außerdem
  gilt trans$_{i+r}$, α(s$_{i+r}$') = trans$_{k+1}$ s$_{k+1}$. Daraus folgt (s$_k$, trans$_{k+1}$, s$_{k+1}$)∈δ.

– Weiter zeigen wir, dass gilt: *messages(obj-tr)*|$_{\text{input-messages(ZD\_A),id}}$ $\sqsubseteq$ *msgs* $\sqsubseteq$
  messages(obj-tr).

  Es gilt bereits *messages(obj-tr)*|$_{\text{input-messages(ZD\_V),id}}$ $\sqsubseteq$ *msgs'* $\sqsubseteq$ *messages(obj-tr)*,
  außerdem input-messages(ZD_A) $\subseteq$ input-messages(ZD_V). Nach der
  Konstruktion von *msgs* folgt
  msgs|$_{\text{input-messages(ZD\_A),id}}$ = *msgs'*|$_{\text{input-messages(ZD\_A),id}}$.
  Es folgt
  messages(obj-tr)|$_{\text{input-messages(ZD\_A),id}}$ =
  = *messages(obj-tr)*|$_{\text{input-messages(ZD\_V),id}}$ |$_{\text{input-messages(ZD\_A),id}}$ $\sqsubseteq$
  msgs'|$_{\text{input-messages(ZD\_A),id}}$ = *msgs*|$_{\text{input-messages(ZD\_A),id}}$ $\sqsubseteq$ *msgs'* $\sqsubseteq$ *messages(obj-tr)*.

– Weiter wird gezeigt, dass *msgs* eine Instanz von $trans_0 \, s_0 \, trans_1 \, s_1 \, \ldots \, s_{m-1} \, trans_m$ s_m, wie oben definiert, ist.

Dazu nehmen wir an, dass *msgs* von der Form
in-msg$_0$ out-msg$_0$ in-msg$_1$ out-msg$_1$ ... in-msg$_m$ out-msg$_m$ ist.
Außerdem sei *msgs'* von der Form
in-msg$_0$' out-msg$_0$' in-msg$_1$' out-msg$_1$' ... in-msg$_n$' out-msg$_n$'.

Wir zeigen, dass die Automatenzustände erfüllt sind. Für *msgs'* gilt

$pre(in\text{-}msg_i')$, $[self{\rightarrow}id] \models P'[s_{i-1}']$ für $i=1,\ldots,n$ und
$post(in\text{-}msg_i')$, $[self{\rightarrow}id] \models P'[s_i']$ für $i=0,\ldots,n$.

Aus der Vorbedingung folgt

$pre(in\text{-}msg_i')$, $[self{\rightarrow}id] \models P[\alpha(s_{i-1}')]$ für $i=1,\ldots,n$ und
$post(in\text{-}msg_i')$, $[self{\rightarrow}id] \models P[\alpha(s_i')]$ für $i=0,\ldots,n$.

Sei $j \in \{1,\ldots,m\}$. Für $(s_{j-1}, trans_j, s_j)$ gilt nach der Konstruktion $(s_{j-1}, trans_j, s_j) =$ $(\alpha(s_{k-1}'), trans_k, \alpha(s_k'))$ für ein $k \in \{1,\ldots,n\}$ und $in\text{-}msg_j = in\text{-}msg_k'$.
Daraus folgt $pre(in\text{-}msg_j)$, $[self{\rightarrow}id] \models P[s_{j-1}]$ und
$post(in\text{-}msg_j)$, $[self{\rightarrow}id] \models P[s_j]$. Für $j=0$ folgt die Behauptung analog.

Weiter muss gezeigt werden, dass die Nachrichten *in-msg$_j$ out-msg$_j$* Instanz der Transitionen $trans_j$, $j=0,\ldots,m$, sind.
Sei $j \in \{1,\ldots,m\}$. Dann gilt wieder $(s_{j-1}, trans_j, s_j) = (\alpha(s_{k-1}'), trans_k, \alpha(s_k'))$ für ein $k \in \{1,\ldots,n\}$ und $in\text{-}msg_j = in\text{-}msg_k'$, $out\text{-}msg_j = out\text{-}msg_k'$. Die Behauptung folgt sofort. Für $j=0$ folgt die Behauptung aus $trans_0 = trans_0'$,
sowie *in-msg$_0$ out-msg$_0$* = *in-msg$_0$' out-msg$_0$'*.

Literatur

[Ame 91]   P. America. *Designing an Object-Oriented Programming Language with Behavioural Subtyping.* In: J.W. de Bakker et al. (Hrsg.): Foundations of Object-Oriented Languages, Proc. REX School/Workshop, Noordwijkerhout, Niederlande. Lecture Notes in Computer Science 489, Springer, 1991, 60–90.

[AS 97]   K. Achatz, W. Schulte. *A Formal OO Method Inspired by Fusion and Object-Z.* In: J.P. Bowen, M.G. Hinchey, D. Till (Hrsg.): Proc. ZUM '97: The Z Formal Specification Notation. Lecture Notes in Computer Science 1212, Springer, 1997, 92–111.

[Boe 86]   B.W. Boehm. *A Spiral Model of Software Development and Enhancement.* Software Engineering Notes 11:4, 1986.

[Boo 91]   G. Booch. *Object Oriented Design.* The Benjamin/Cummings Publishing Company, 1991.

[Bre 91]   R. Breu. *Algebraic Specification Techniques in Object Oriented Programming Environments.* Lecture Notes in Computer Science 562, Springer, 1991.

[BAL 96]   H. Ben-Abdallah, S. Leue. *Architecture of a Requirements and Design Tool Based on Message Sequence Charts.* Technical Report 96–13, University of Waterloo, 1996.

[BB 95]   R. Breu, M. Breu. *A Methodology of Inheritance.* Software – Concepts and Tools 16:3, 113–123, 1995.

[BBE+ 98]   A. Barth, M. Breu, A. Endres, A. de Kemp (Hrsg.): *Digital Libraries in Computer Science: The MeDoc Approach.* Lecture Notes in Computer Science 1392, Springer, 1998.

[BC 89]   K. Beck, W. Cunningham. *A Laboratory for Teaching Object-Oriented Thinking.* SIGPLAN Notices 24:10, 1989.

[BFG+ 91]   M. Broy, Ch. Facchi, R. Grosu, R. Hettler, H. Hußmann, D. Nazareth, R. Regensburger, K. Stølen. *The Requirement and Design Specification Language SPECTRUM.* Technischer Bericht TUM–I9140, Technische Universität München, Institut für Informatik, 1991.

[BG 97]   R. Breu, R. Grosu. *Modeling the Dynamic Behaviour of Objects –*
             On Events, Messages and Methods. In: Ch. Lengauer, M. Griebl,
             S. Gorlatch (Hrsg.): Proc. Euro-Par '97 – Parallel Processing,
             Lecture Notes in Computer Science 1300, Springer, 1997, 572–575.

[BHK+ 97]   M. Broy, C. Hofmann, I. Krüger, M. Schmidt. *Using Extended*
             Event Traces to Describe Communication in Software Architectures.
             In: Proceedings of the Asia-Pacific Software Engineering
             Conference and International Computer Science Conference, IEEE
             Computer Society, 1997.

[BMR+ 96]   F. Buschmann, R. Meunier, H. Rohnert, P. Sommerlad, M. Stal.
             Pattern Oriented Software Architecture. Wiley&Sons, 1996.

[BMS 95]   B. Boehm, R. Madachy, R. Selby. *Cost Models for Future Software*
             Life Cycle Processes: COCOMO 2.0. Annals of Software
             Engineering, Special Volume on Software Processes and Product
             Measurement, 1995.

[BRJ 99]   G. Booch, J. Rumbaugh, I. Jacobson. *The Unified Modeling*
             Language User Guide. Addison-Wesley, 1999.

[BW 82]   M. Broy, M. Wirsing. *Partial Abstract Types.* Acta Informatica
             18:1, 47–64, 1982.

[BZ 96]   R. Breu, E. Zucca. *An Algebraic Semantic Framework for Object*
             Oriented Languages with Concurrency. Kurze Version in: Formal
             Aspects of Computing 8:6, 706–715, 1996. Lange Version im
             elektronischen Supplement unter
             http://www.cs.man.ac.uk/fmethods/facj/e-papers/.

[Chen 76]   P. Chen. *The Entity-Relationship Model – Toward a Unified View of*
             Data. ACM Transactions on Database Systems 1:1, 9–36, 1976.

[CAB+ 94]   D. Coleman, P. Arnold, S. Bodoff, C. Dollin, H. Gilchrist, F. Hayes,
             P. Jeremes. *Object-Oriented Development: The Fusion Method.*
             Prentice Hall, 1994.

[CD 94]   S. Cook, J. Daniels. *Designing Object Systems: Object-Oriented*
             Modeling with Syntropy. Prentice Hall, 1994.

[CY 91a]   P. Coad, E. Yourdon. *Object-Oriented Analysis.* Yourdon Press,
             Englewood Cliffs, 2. Auflage, 1991.

[CY 91b]   P. Coad, E. Yourdon. *Object-Oriented Design.* Yourdon Press,
             Englewood Cliffs, 1991.

[Day 93]   N. Day. *A Model Checker for Statecharts (Linking CASE Tools with Formal Methods).* Master's thesis, University of British Columbia, 1993.

[DeM 79]   T. DeMarco. *Structured Analysis and Systems Specification.* Prentice Hall, 1979.

[Den 91]   E. Denert. *Software-Engineering.* Springer-Verlag, 1991 (korr. Nachdruck 1992).

[Dou 99]   B. P. Douglass. *Doing Hard Time: Developing Real-Time Systems with UME, Objects, Frameworks and Patterns.* Addison-Wesley, 1999.

[DCC 92]   E. Downs, P. Clare, I. Coe. *Structured Systems Analysis and Design Method.* Prentice Hall, 1992.

[DR 95]   V. Diekert, G. Rozenberg. *The Book of Traces.* Singapore: World Scientific, 1995.

[DW 99]   D. D'Souza, A. Wills. *Objects, Components and Frameworks with UML – The Catalysis Approach.* Addison-Wesley, 1999.

[EE 94]   J. Ebert, G. Engels. *Observable or Invocable Behaviour – You Have to Choose!* Technical Report 94–38, Rijksuniversiteit de Leiden, Vakgroep Informatica, 1994.

[ESS 90]   H.-D. Ehrich, A. Sernadas, C. Sernadas. *From Data Types to Object Types.* Journal of Information Processing and Cybernetics (EIK) 26:1/2, 33–48, 1990.

[Fow 98]   M. Fowler. *UML Distilled.* Addison-Wesley, 1998.

[FM 91]   J. Fiadeiro, T. Maibaum. *Describing, Structuring and Implementing Objects.* In: J.W. de Bakker et al. (Hrsg.): Foundations of Object-Oriented Languages, Proc. REX School/Workshop, Noordwijkerhout, Niederlande. Lecture Notes in Computer Science 489, Springer, 1991, 275–310.

[FS 95]   O.K. Ferstl, E.J. Sinz. *Der Ansatz des Semantischen Objektmodells (SOM) zur Modellierung von Geschäftsprozessen.* Wirtschafts-informatik 37:3, 209–220, 1995.

[Gog 89]   M. Gogolla. *Algebraization and Integrity Constraints for an Extended Entity-Relationship Approach.* in: J. Diaz, F. Orejas (Hrsg.): Proc. TAPSOFT '89, Vol. 1, Lecture Notes in Computer Science 351, Springer, 1989, 259–274.

[GHJ+ 95]   E. Gamma, R. Helm, R. Johnson, J. Vlissides. *Design Patterns –
             Elements of Reusable Object-Oriented Software*. Addison-Wesley,
             1995.

[Har 87]   D. Harel. *Statecharts: A Visual Formalism for Complex Systems*.
             Science of Computer Programming, 8, 231–274, 1987.

[Hel 91a]   G. Held (Hrsg.). *Objektorientierte Systementwicklung*. Siemens
             Nixdorf Informationssysteme AG, 1991.

[Hel 91b]   G. Held (Hrsg.). *GRAPES Language Description*. Siemens Nixdorf
             Informationssysteme AG, 1991.

[Hoa 69]   C.A.R. Hoare. *An Axiomatic Basis for Computer Programming*.
             Commun. ACM 12:10, 576–583, 1969.

[Hol 96]   G. J. Holzmann. *Early Fault Detection Tools*. Software – Concepts
             and Tools 17:2, 63–69, 1996.

[Huß 94]   H. Hußmann. *Formal Foundations for SSADM*. Technische Univer-
             sität München, Habilitationsschrift, 1994.

[HHK+ 97]   C. Hofmann, E. Horn, W. Keller, K. Renzel, M. Schmidt.
             Approaches to Software Architecture. In: M. Broy, E. Denert,
             K. Renzel, M. Schmidt (Hrsg.): Software Architectures and Design
             Patterns in Business Applications. Technischer Bericht TUM–
             I9746, Technische Universität München, Institut für Informatik,
             1997.

[HK 99]   M. Hitz, G. Kappel. UML@Work – *Von der Analyse zur
             Realisierung*. dpunkt-Verlag, 1999.

[HLN+ 90]   D. Harel, H. Lachover, A. Naamad, A. Pnueli, M. Politi,
             R. Sherman, A. Shtull-Trauring, M. Trakhtenbrot. *STATEMATE: A
             Working Environment for the Development of Complex Reactive
             Systems*. IEEE Transactions on Software Engineering 16:4,
             403–414, 1990.

[HÖ 92]   M. Heym, H. Österle. *A Semantic Data Model for Methodology
             Engineering*. In: G. Forte, N.H. Madhavji, H. Müller (Hrsg.):
             Proc. 5th International Workshop on CASE, IEEE Computer
             Society Press, 1992, 142–155.

[HSG+ 94]   P. Hsia, J. Samuel, J. Gao, D. Kung, Y. Toyoshima, C. Chen.
             Formal Approach to Scenario Analysis. IEEE Software 11:2,
             33–41, 1994.

[IABG 97]   IABG: V-Modell 97. http://www.V-Modell.iabg.de/, 1997.

[IBM 95]   IBM: *Open Blueprint – Introduction to the Open Blueprint. A Guide to Distributed Computing*. IBM Corp., No. G326-0395, 1995.

[ITU 96]   ITU-TS. Z.*120 – Message Sequence Chart*. ITU-T, Geneva, 1996.

[Jac 92]   I. Jacobson. *Object-Oriented Software Engineering*. Addison-Wesley, 1992.

[JBR 99]   I. Jacobson, G. Booch, J. Rumbaugh. *The Unified Software Development Process*. Addison-Wesley, 1999.

[Kru 99]   Ph. Kruchten. *The Rational Unified Process – An Introduction*. Addison-Wesley, 1999.

[Kru 00]   I. Krüger. *Distributed System Design with Message Sequence Charts*. Dissertation, TU München, 2000.

[KRB 96]   C. Klein, B. Rumpe, M. Broy. *A Stream-Based Mathematical Model for Distributed Information Processing Systems – The SysLab Model*. In: E. Najm, J.-B. Stefani (Hrsg.): FMOODS 96, ENST France Telecom, 1996, 323–338.

[Mey 88]   B. Meyer. *Object-Oriented Software Construction*. Prentice Hall, 1988.

[Mül 98]   O. Müller. *A Verification Environment for I/O Automata Based on Formalized Meta-Theory*. Dissertation, Technische Universität München, Institut für Informatik, 1998.

[MA 98]   J. Meyer, H.-J. Appelrath. *Design and Implementation of the MeDoc Fulltext System*. In: [BBE+ 98], 21–33.

[MM 89]   D.A. Marca, C.L. McGowan. *Structured Analysis and Design Technique*. McGraw-Hill, 1989.

[Oes 97]   B. Oestereich. *Objektorientierte Softwareentwicklung: Analyse und Design mit der Unified Modeling Language*. Oldenbourg, 3. Auflage, 1997.

[Pau 91]   L. Paulson. *ML for the Working Programmer*. Cambridge University Press, 1991.

[PR 97]   B. Paech, B. Rumpe. *State Based Service Description*. In: H. Bowman, J. Derrick (Hrsg.): Formal Methods for Open Object-based Distributed Systems. Chapman-Hall, 1997, 293–302.

[PST 91]   B. Potter, J. Sinclair, D. Till. *An Introduction to Formal Specification and Z*. Prentice Hall, 1991.

[Roy 70]   W. Royce. *Managing the Development of Large Software Systems.*
              WESCON Proceedings, 1970. Nachdruck in Proc. of the 9th
              International Conference of Software Engineering, IEEE Computer
              Society Press, 1987, 328–338.

[Rum 96]   B. Rumpe. *Formale Methodik des Entwurfs verteilter objektorien-*
              tierter Systeme. Herbert Utz Verlag Wissenschaft, Dissertation,
              Technische Universität München, 1996.

[RBP+ 91]   J. Rumbaugh, M. Blaha, W. Premerlani, F. Eddy, and W. Lorensen.
              Object-Oriented Modeling and Design. Prentice Hall, 1991.

[RKW 95]   B. Regnell, K. Kimbler, A. Wesslén. *Improving the Use Case*
              Driven Approach to Requirements Engineering.
              Proc. 2. Symposium on Requirements Engineering, Computer
              Society Press, 1995, 40–47.

[Saa 93]   G. Saake. *Objektorientierte Spezifikation von Informationssystemen.*
              Teubner, 1993.

[Sche 92]   A.-W. Scheer. *Architektur integrierter Informationssysteme.*
              Grundlagen der Unternehmensmodellierung. Springer, 2. Auflage,
              1992.

[Sne 96]   H.M. Sneed. *Schätzung der Entwicklungskosten von objektorien-*
              tierter Software. Informatik-Spektrum 19:3, 133–146, 1996.

[Sym 91]   Ch. Symons. *Software Sizing and Estimating: Mk II FPA (Function*
              Point Analysis). Wiley&Sons, 1991.

[SGW 95]   B. Selic, G. Gullekson, P.Ward. *Real-Time Object-Oriented*
              Modeling. Wiley&Sons, 1994.

[SHB 96]   B. Schätz, H. Hußmann, M. Broy. *Graphical Development of*
              Consistent System Specifications. In: M.-C. Gaudel, J. Woodcock
              (Hrsg.). FME '96: Industrial Benefit and Advances in Formal
              Methods, Lecture Notes in Computer Science 1051, Springer, 1996,
              248–267.

[SM 88]   S. Shlaer, S.J. Mellor. *Object-Oriented Systems Analysis: Modeling*
              the World in Data. Prentice Hall/Yourdon Press, 1988.

[SM 92]   S. Shlaer, S.J. Mellor. *Object Life Cycles – Modeling the World in*
              States. Prentice Hall/Yourdon Press, 1992.

[TRC+ 89]   H. Tardieu, A. Rochefeld, R. Coletti, G. Panet, G. Vahée. *La*
              Méthode Merise (3 Bände). Les Editions d'Organisation, Paris,
              1989.

[UML1.3]   G. Booch, J. Rumbaugh, I. Jacobson. *The Unified Modeling Language for Object-Oriented Development*. Documentation Set Version 1.3, Juni 1999, verfügbar unter http://www.rational.com/uml/resources/index.jsp.

[Vos 94]   G. Vossen. *Datenmodelle, Datenbanksprachen und Datenbank-Management-Systeme*. Addison-Wesley, 2. Auflage, 1994.

[War 86]   P. Ward. *The Transformation Schema: An Extension of the Data Flow Diagram to Represent Control and Timing*. IEEE Transactions on Software Engineering 12, 198–210, 1986.

[Win 87]   J. Wing. *Writing Larch Interface Language Specifications*. ACM Transactions on Programming Languages and Systems 9:1, 1–24, 1987.

[Wir 86]   M. Wirsing. *Structured Algebraic Specifications. A Kernel Language*. Theoretical Computer Science 43, 123–250, 1986.

[WK 96]   M. Wirsing, A. Knapp. *A Formal Approach to Object-Oriented Software Engineering*. In. J. Meseguer (Hrsg.): Proc. 1st Int. Workshop on Rewriting Logic and 1st Applications, Vol. 4 of Electronic Notes Theor. Computer Science. Elsevier, 1996, 321–359.

[You 89]   Yourdon, E. *Modern Structured Analysis*. Prentice Hall/Yourdon Press, 1989.

Index

Druck- und Bindearbeiten: Legoprint, Italien